西南政法大学刑法学术文库

刑法中的“多次”研究

田恬　著

法律出版社 LAW PRESS · CHINA
——北京——

图书在版编目（CIP）数据

刑法中的“多次”研究 / 田恬著. -- 北京：法律出版社，2024. --（西南政法大学刑法学术文库）.

ISBN 978 -7 -5197 -9374 -6

Ⅰ. D924.04

中国国家版本馆 CIP 数据核字第 202454AA70 号

刑法中的“多次”研究
XINGFA ZHONG DE “DUOCI” YANJIU

田 恬 著

责任编辑 屈 瑶
装帧设计 臧晓飞

出版发行 法律出版社
编辑统筹 学术·对外出版分社
责任校对 裴 黎
责任印制 胡晓雅 宋万春
经　　销 新华书店

开本 710 毫米×1000 毫米 1/16
印张 16.5 **字数** 210 千
版本 2024 年 8 月第 1 版
印次 2024 年 8 月第 1 次印刷
印刷 北京新生代彩印制版有限公司

地址：北京市丰台区莲花池西里 7 号（100073）
网址：www.lawpress.com.cn
投稿邮箱：info@lawpress.com.cn
举报盗版邮箱：jbwq@lawpress.com.cn

销售电话：010 -83938349
客服电话：010 -83938350
咨询电话：010 -63939796

书号：ISBN 978 -7 -5197 -9374 -6　**定价**：69.00 元

凡购买本社图书，如有印装错误，我社负责退换。电话：010 -83938349

西南政法大学刑法学术文库
编辑委员会

总　序

七十载辉煌征程，七十载峥嵘岁月。全新打造的西南政法大学刑法学术文库（以下简称“西政刑法文库”）先后于2019年、2022年由中国检察出版社和法律出版社隆重推出，这既是庆祝中华人民共和国成立70周年和致敬中华人民共和国光辉成就的献礼，更是西南政法大学刑法学科再出发的前进号角，我们将伴随着中华人民共和国永不停息的发展脚步，迈入新征程，迎接新挑战，实现新跨越。

西南政法大学刑法学科源于1952年成立的西南人民革命大学政法系和1953年成立的西南政法学院刑法教研室（学校直辖的八个教研室之一），于1979年开始招收刑法学硕士研究生（是我国最早招收刑法硕士研究生的学科之一），于1995年被确定为省级重点学科，于2000年获得博士学位授权点，于2004年开始接收博士后研究人员。在七十年的发展历程中，以蔡燕荞、邓又天、赵念非、伍柳村、董鑫、赵长青、陈忠林、邓定一、杨显光、夏宗素、宣林泉、高绍先、李培泽、朱启昌、邱兴隆、张绍彦、朱建华、王利荣等老一辈教授为代表的西政刑法学人辛勤耕耘、默默奉献，为刑法学科的建设和发展做出了突出贡献。改革开放以来，邓又天教授、赵长青教授、陈忠林教授、梅传强教授和石经海教授先后担任学科带头人（负责人）。时至2022年，刑法学科的专任教师已达36人，形成了具有良好学历、职称、年龄和学缘结构的教学科研团队；拥有重庆市首批人文社科重点研究基地“毒品犯罪与对策研究中心”，与最高人民法院、国家禁毒办合作共建了“国家毒品问题治理研究中心”，此外，还有“重庆市新型犯罪研究中心”“量刑研究中心”“特殊群体权利保护与犯罪预防研究中心”“少年法学研究中心”“金融刑法研究中心”“外国与比较刑法研究中心”等研究基地。经过几代人的薪火相传和不懈努力，西南政法大学刑法学科已经成为具有雄厚学科基础和优良学术传统，在全国发挥着重要影响力并且具有一定国际知名度的省部级重点学科。

科学研究与人才培养是学科建设的“两翼”。西南政法大学刑法学科具有数量规模庞大、年龄结构合理、学历水平优化、学缘结构合理的学科团队，他们积极投身于教学科研任务一线，近年来，在科研项目立项、学术论文发表、科研成果获奖等方面成绩斐然，在科学研究方面也取得了优异的成绩。此外，在大力加强科学研究的同时，西南政法大学刑法学科也着力于人才培养。自获得博士学位授权点以来，本学科已培养了逾两百名博士，他们活跃在法学理论和司法实务的各个领域，他们所取得的成绩在一定意义上也是本学科所取得的成绩。为此，“西政刑法文库”将立足本学科，主要出版本学科教学科研人员的优秀著作；同时，也将选择本学科培养且已经毕业的部分博士的学位论文或其他优秀学术著作出版。为了发挥“西政刑法文库”的学术价值和社会效应，体现学术丛书的性质，将采取不定期常年出版的形式，对于拟出版的著作，由编辑委员会审定同意后出版，每本著作连续编号，力争将其打造成为规模较大、质量上乘、影响广泛的学术精品。“西政刑法文库”将秉承思想交流与学术创新的基本宗旨，着力打造学术精品，展示西南政法大学刑法学人形象，献力中国刑法学术发展。

学术的生命在于争鸣,思想的火花源于碰撞。“西政刑法文库”的出版将呈现每一个作者对当下中国刑法理论与实践问题的关注和思考,为学术交流搭建一个有益的平台,用文字和思考对中国法治发展献出自己的绵薄之力。我们期待“西政刑法文库”的出版发行能够为国内外同行了解和认识本学科提供一个窗口,也期待国内外同行能够以此为平台,加强与本学科的沟通交流,国内外同行和广大读者的真知灼见将是我们进一步加强学科建设的重要力量。

将西南政法大学刑法学科发展好、建设好,是全体西政刑法学人的使命和追求。处在新时代的激流之中,在“双一流”建设的大背景下,本学科的发展也面临着诸多新的挑战,加强学科建设刻不容缓。值此“西政刑法文库”出版之际,诚挚欢迎学界同仁以及各界朋友一如既往地关心和支持西南政法大学刑法学科的发展建设,共同促进我国法治事业的健步前行。

西南政法大学刑法学术文库编辑委员会

2022 年 10 月

目　录

导　论

一、选题缘起与研究意义

（一）选题缘起

犯罪形态问题的研究具有重要的理论意义与实践价值，刑法[1]中的“多次”规定使我国产生了特殊的犯罪形态。“多次”作为近年来我国刑法历次修订中的“热门”立法技术，呈逐渐增多的趋势。以“多次”作为升格法定刑条件的规定为例，自《刑法修正案（八）》之后，共有“窝藏、转移、隐瞒毒品、毒赃罪”“引诱、教唆、欺骗他人吸毒罪”等5个罪名增加了“多次”作为其加重处罚的条件，占到此类“多次”规定总数的三分之一。除此之外，将“多次”作为犯罪成立条件的规定增长态势更为明显，不仅《刑法修正案（八）》、《刑法修正案（九）》与《刑法修正案（十一）》

---

〔1〕 如无特别说明，本书中“刑法”均指1997年3月14日第八届全国人民代表大会（以下简称全国人大）第五次会议修订，并根据1998年12月29日第八届全国人民代表大会常务委员会（以下简称全国人大常委会）第六次会议《关于惩治骗购外汇、逃汇和非法买卖外汇犯罪的决定》及历次《刑法修正案》修正后的《刑法》，还包括相关的司法解释。

在6个罪名中增加了此类"多次"规定[1],而且,多部司法解释也将"多次"作为犯罪成立条件的规定。从1997年《刑法》中仅3个罪名设置"多次"作为入罪行为类型,增至目前刑法与相关司法解释中达到70个罪名。设置"多次"未经处理数额累计计算的规定同样也逐渐增多,从1997年《刑法》中仅涉及4个罪名,发展至目前共达29个罪名。

"多次"相关立法是对社会经济发展需求的现实回应,是我国刑事政策不断调整以及刑法作为社会治理手段功能调整的微观体现。与立法的"高涨"态势相比,理论界不乏诸多质疑之声。虽然部分观点为"多次"立法找寻出"能动立法的观念基础"[2],认为"多次"的增设是根据社会情势变化,维持社会生活基本秩序稳定的应然之举,或认为其是确保罪刑均衡的需要[3];但是,不少观点对"多次"立法规定的设置范围、立法目的提出质疑。就"多次"的设置范围而言,认为"多次"相关立法存在过度扩张的倾向[4],从而暴露出为追求体系外在完美而引发的立法内心燥热[5],不仅与刑法谦抑性原则相违背,而且存在社会效益与犯罪控制等方面隐忧[6]的质疑。就立法目的而言,"多次"相关规定存在"原则—例外"的立法目的论据不足、难以成立的问题[7];不如让位于刑法中的一般处理规则,根据具体不同情况,按照基本理论规则处理多次行为[8]。那么,为何立法日益重视"多次"这一立法技术,"多次"在社会转型期的刑法修正中发挥怎样的政策性功能以及"多次"增设投

[1] 《刑法修正案(八)》与《刑法修正案(九)》中增加了"多次敲诈勒索""多次抢夺""多次扰乱国家机关工作秩序""多次组织、资助他人非法聚集""走私货物、物品偷逃应缴税额较大或者一年内曾因走私被给予二次行政处罚后又走私"作为敲诈勒索罪,抢夺罪,扰乱国家工作秩序罪,组织、资助非法聚集罪与走私普通货物、物品罪的犯罪成立条件。

[2] 周光权:《转型时期刑法立法的思路与方法》,载《中国社会科学》2016年第3期。

[3] 参见高铭暄、孙道萃:《预防性刑法观及其教义学思考》,载《中国法学》2018年第1期。

[4] 参见张志勋、卢建平:《多次犯:刑法的制度化产物及其限制路径》,载《江西社会科学》2015年第6期。

[5] 参见谢望原、卢建平等:《中国刑事政策研究》,中国人民大学出版社2006年版,第334页。

[6] 参见石聚航:《刑法谦抑性是如何被搁浅的?——基于定罪实践的反思性观察》,载《法制与社会发展》2014年第1期。

[7] 论者认为就多次加重犯而言,是对实质竞合处理方式外的"例外"规定,体现了"原则—例外"的立法模式,其主要以人格作为考量因素,具有将人格责任凌驾于行为责任之上、颠倒责任与预防等诸多问题。参见邓超:《多次加重犯限缩论》,载《中国人民公安大学学报(社会科学版)》2007年第4期。

[8] 参见张小虎:《多次行为的理论定性与立法存疑》,载《法学杂志》2006年第3期。

射出刑法参与社会治理怎样的角色转变的问题需要深入探究。

根据相关司法解释,“多次”通常是指三次以上。这一看似“明确”的规范用语实际上存在诸多“不明确”之处。例如,“多次”是指三次以上的解释结论是否具有普适性?特别是对于设立数额累计规则的“多次”规定而言,是否需要次数达到三次以上数额才得以累计?又如,“多次”的次数累计是否具有期限限制?“二年内三次以上(盗窃)”中的期限限制对其他“多次”规定是否具有普适意义?再如,具体到“多次”中的“次”应该如何解读?已经受过行政处罚或者刑事处罚的行为是否可以作为“多次盗窃”“多次抢夺”中的“次”?已经受过行政处罚或者刑事处罚的行为涉及的违法犯罪数额是否予以累计?未遂行为是否可以视为“多次盗窃”、“多次抢夺”或者“多次抢劫”等作为入罪条件或者加重处罚条件的“多次”规定中的“次”?对于未遂行为是否可以从宽处罚?如此等等。以上关于“多次”的认定问题并非理论演说,而是与司法实践密切相关。从相关的司法裁判结果来看,由于学界与实务界的相关争议悬而未决,导致相似案件之间呈现出较大的量刑差异。[1]

---

〔1〕 以“多次抢劫”部分行为未遂时的裁量情况为例。在中国裁判文书网数据库中,笔者以“多次抢劫”“未遂”为关键词,对2014~2018年(截至2018年7月24日)全国基层人民法院审理案件进行检索,共收集到438份一审刑事判决书。之所以选择基层法院的判决书作为本书实证研究的统计样本,是因为统计样本的核心目的之一是考察犯罪未遂形态对量刑的影响情况,尤为关键的问题是否可适用“减轻”的从宽幅度,而此类判决主要集中在基层法院。在笔者检索到的438份文书中,去除42份关联性不大的判决书,共获得396份判决书。鉴于收集到支持作为加重处罚条件“多次”未遂形态否定说的判决书仅分布在“抢劫3次”的情形中,故本书选取“抢劫3次”的128份判决书;而在“抢劫3次”的判决书中,支持否定说的判决书仅覆盖“2次既遂1次未遂”的情形(共包括5种情形,即“2次既遂1次未遂”“1次既遂2次未遂”“1次既遂1次未遂1次中止”“1次既遂1次未遂1次预备”“2次未遂1次预备”),故抽取符合“2次既遂1次未遂”情形的110份判决书。在110份判决书中,支持作为加重处罚条件“多次”未遂形态肯定观点的判决,最高判处被告人15年有期徒刑,并处罚金180,000元[(2014)青刑初字第0105号刑事判决书];最低判处被告人3年2个月有期徒刑,并处罚金5000元[(2014)什加刑初字第237号刑事判决书]。支持作为加重处罚条件“多次”未遂形态否定观点的判决,刑期均在10年有期徒刑以上,最高判处被告人10年6个月的有期徒刑,并处罚金30,000元[(2014)永法刑初字第00360号刑事判决书];最低判处被告人10年有期徒刑,并处罚金2000元[(2016)川0104刑初75号刑事判决书]。因个案的量刑情节比较复杂,为凸显犯罪未遂这一情节对判决的影响程度,故抽取量刑情节少的案件进行横向对比。支持否定观点的判决至少包含“坦白”“犯罪未遂”这2个量刑情节,故抽取仅具有“坦白”“犯罪未遂”量刑情节的判决书21份。通过横向对比,持不同观点的判决中,相似案件量刑差异最高可达6年10个月有期徒刑[(2016)川0104刑初75号和(2014)什加刑初字第237号刑事判决书];最低达1年有期徒刑[(2014)永法刑初字第00360号刑事判决书和(2015)惠刑初字第167号刑事判决书]。

可见,“多次”立法存在理论与立法、实践与立法彼此“在不同道上跑车”。这需要对“多次”的犯罪形态进行系统性的专门研究。

(二)研究意义

对“多次”这一体现我国刑事政策不断调整以及刑法作为社会治理手段功能调整的立法现象展开研究具有三个方面的意义:第一,澄清学界对“多次”立法规定的认识误区,拓展理论研究的深度与广度;第二,解析我国“多次”规定司法适用的相关争议,提出司法适用的完善路径;第三,推进科学立法在“多次”这一立法类型中的微观贯彻。

1. 澄清学界对“多次”立法规定的认识误区,拓展理论研究的深度与广度。目前,学界关于刑法中“多次”的研究存在诸多认识误区。例如,由于缺乏对“多次”规定的全景式剖析,导致固守通常的用语习惯将“多次”中的“多”理解为三次以上,忽略了不同“多次”规定间的内涵差异。又如,由于缺乏对设立“多次”作为入罪条件或者加重处罚条件的“多次”规定内在动因(人身危险性)与处罚基础(多次行为的客观危害)的分层,相关理论依据无法充分发挥构成要件解释作用。另外,目前学界虽然就“多次”规定的渊源、立法表现、功能、现实根据等问题达成一定共识;但是,关于存续期限设置、“多次”有关规定的设立界限、“多次”的内在机理等问题,一直众说纷纭、莫衷一是,缺乏深入、系统的研究。所以,围绕上述问题展开对“多次”规定的研究可以澄清既有研究的认识误区,拓展研究的深度与广度。

2. 明晰我国“多次”规定的司法裁量规则,提出司法适用的完善路径,助力“多次”规定的合理适用。正如“法治实践是法学得以生存的土壤”〔1〕,“多次”规定的实践理性是其生命的源泉。然而,从当前司法适用的现状来看,“多次”规定适用的相关裁量规则存在一定程度的认识偏差。例如,由于

〔1〕 顾培东:《也论中国法学向何处去》,载《中国法学》2009 年第 1 期。

缺乏对禁止重复评价原则的合理释读,认为行政处罚与刑罚的性质差异可为两者并罚“背书”,导致受过行政处罚与刑罚的行为不仅可以作为次数予以累计,相关数额也可纳入整体数额,不当增加被处分人的责任非难。又如,由于未充分贯彻主客观相统一原则,致使相关认识通过设置诸多客观规则限制“多次”的次数认定,不同规则间难免存在矛盾之处。不仅如此,“多次”的内涵解读、“多次”在罪量体系中的释读、存续期限设置、适用范围(特别是具有数额累计功能的“多次”规定)、设立界限等问题在实践中同样争议较大。其实,“多次”规定的适用不能就“多次”言“多次”,相关裁量规则的提出应遵循罪刑法定原则、罪刑相适应原则等基本原则的实质内涵。所以,围绕以上问题,在罪刑相适应原则指引下完善“多次”规定的裁量规则,有利于其合理适用。

3. 推进科学立法在“多次”这一立法类型中的微观贯彻。党的十八大提出了社会主义法治建设的新十六字方针:科学立法、严格执法、公正司法、全民守法。就刑法中的“多次”规定而言,它对推进科学立法、保证公正司法、助力全民守法具有重要意义。具体而言,“科学立法”的内涵十分丰富,“多次”规定是不是规定明确的法、富有实效的法以及公平正义的法是检验这一立法是否“科学”的标准。〔1〕其中,“多次”规定明确是合理适用的基础,富有时效是立法效果的检验,公平正义是立法价值的保证。而从实践情况来看,“多次”立法存在“多”“次”的要件不明确、立法设置存在过罪化以及不当加重被处分人责任非难等质疑与问题。由此,研究这一立法现象,解决相关争议有助于推进科学立法在“多次”这一立法类型中的微观贯彻。

---

〔1〕 科学立法首先要求所立之法是良法,通过良法实现善治。结合刑法的特点,判断立法者所立之法是良法需要满足三个基本标准,即规定明确的法、富有实效的法以及公平正义的法。参见刘艳红:《以科学立法促进刑法话语体系发展》,载《学术月刊》2019年第4期。

二、研究现状与研究思路

(一)研究现状

我国刑法中的“多次”规定是我国较为有特色的刑事立法现象,由于“多次”规定在立法与司法解释中呈扩张态势,引起了学者的关注,并在犯罪构成、犯罪形态等刑法理论中开展研究。作为一种具有中国特色的犯罪形态,学者们一般定义为“多次犯”“多次犯罪”或者按照其功能在相关的制度中提及,如数额、数量累计处罚制度。多次犯或者多次犯罪的最初提出者目前已很难考证,就提出的时间来讲,应当是在1997年《刑法》颁布之后。

目前,有关刑法中“多次”规定这一立法现象的整体性研究较少,通常以“多次行为”为研究基础,探视在刑法中的相关立法现象。主要集中在以下论著中:张小虎教授较早地对“多次”这一立法现象予以研究,他针对“多次”的类型、涉及的犯罪形态、立法存疑等问题进行了总括性的研究。他认为多次行为的个别行为,表现为基本犯罪构成要素的实行行为、加重犯罪构成要素的犯罪既遂行为、累计数额处罚载体的实行行为或犯罪既遂行为。按照罪数形态理论,多次行为原本属于同种数罪或者连续犯或者数个违法行为,而刑法立法将之作为一罪的基本犯罪构成或者加重犯罪构成处置,这种立法模式不尽合理。[1] 王飞跃博士对“多次”规定中的“次”展开针对性的研究,对“多次”规定中“次”的概念、“次”的限定进行了开创性的研究。他提出,“次”是指在“同一时间、同一地点,在侵害行为侵害能力范围内针对所有对象的单个侵害行为”[2],并且“次”作为一个计量单位,在不同的场合还需进行价值限定。

---

〔1〕 参见张小虎:《多次行为的理论定性与立法存疑》,载《法学杂志》2006年第3期。
〔2〕 王飞跃:《论我国刑法中的“次”》,载《云南大学学报(法学版)》2006年第1期。

针对“多次”规定的研究主要是对其一种类型的“多次”规定展开的。总体而言，在专门研究“多次”规定的相关文献中，对于作为入罪条件的“多次”规定研究较为集中（学者们通常称为“多次犯”），作为加重处罚条件的“多次”规定以及视情况考察入罪或者加重处罚的“多次”规定研究相对较少。

就作为入罪条件的“多次”规定的研究而言，主要针对此种类型“多次”规定的入罪根据、规范结构、基本特征、与相关犯罪形态的关系等问题展开。主要涉及以下几个方面：

第一，针对入罪条件的“多次”规定的入罪根据或者理论根据。目前存在人身危险性说、量变到质变说、人格责任说、社会危害性说等学说。其中，刘艳红教授、赵永红博士、黄祥青博士赞同人身危险性说，认为“多次犯”（概念范畴与本书作为入罪条件“多次”规定相当）是“典型的人身危险性犯之一”[1]，因为每次行为不要求构成犯罪，多次行为入罪并非基于行为的客观危害，而是对“行为人人身危险性或主观恶性的综合评估”[2]，人身危险性是其处罚根据[3]。李恩民认为，“多次”入罪是量变到质变的原理。由于行为人多次实施违法行为，屡教不改，说明“采用行政处罚方式不足以遏制其违法行为”，有必要采用刑罚处理。[4] 刘德法、孔德琴、胡东平博士认为，“多次”入罪是基于人格责任。[5] 张志勋副教授认为，“多次”的处罚根据仍是行为的社会危害性。[6]

第二，针对作为入罪条件的“多次”规定的规范解构。主要是对此类“多

---

〔1〕 赵永红：《论人身危险性在刑法中的定位》，载《法学评论》2002年第2期。

〔2〕 刘艳红、马改然：《刑法主观主义原则：文化成因、现实体现与具体危害》，载《政法论坛》2012年第3期。

〔3〕 参见黄祥青：《盗窃罪的认定思路与要点》，载《人民司法》2014年第7期。

〔4〕 参见李恩民：《多次违法构成犯罪初探》，载《人民检察》1999年第2期。

〔5〕 参见刘德法、孔德琴：《论多次犯》，载《法治研究》2011年第9期；胡东平：《人格导入定罪研究》，武汉大学2010年博士学位论文，第103～104页。

〔6〕 参见张志勋：《多次犯研究——以系统论为视角》，南昌大学2016年博士学位论文，第46～48页。

次”规定是否要求数额、多个行为与“次”的关系、行政处罚行为是否算为一次、是否要求行政处罚前置、是否需要存续期间的问题展开。相关问题散见于学者们的论著中，除了一些著作之外，比较典型的有张明楷教授的《刑法学》（法律出版社 2016 年版）、陈兴良教授主编的《刑法总论精释》（人民法院出版社 2016 年版）、周光权教授的《刑法总论》（中国人民大学出版社 2016 年版），还有一些论文。本书选取其中几篇代表性文章加以介绍：就作为入罪条件的“多次”规定中的“次”是否包含受过行政处罚的行为的问题，陈伟教授认为，行政处罚算为多次犯的一次并不违反禁止重复评价原则，因为“多次”中纳入行政处罚并非对违法行为客观危害的评价，而是对行为人反复实施行为的主观危险性的评价，因为属之不同侧面，所以不能重复评价。[1] 针对“多次”的判断是否需要考虑其他情节要素的问题，周光权教授认为，多次索贿（作为入罪条件“多次”规定涉及的罪名之一）之所以被包含在受贿罪的构成要件之下，正是因为其已经符合犯罪行为的严重社会危害性之基本属性，如果掺杂着其他评价要素在其中，会削减次数作为基本要件范畴的效力，反而导致多次情节作为犯罪定性的依据丧失。[2] 针对存续期间的问题，刘德法、孔德琴认为，将多次犯的多次违法行为限定在 5 年内，因为我国刑法对犯罪的最短追诉期限是 5 年，而其适用犯罪的最高法定刑均不满 5 年有期徒刑。[3] 而张志勋博士认为，存续期限限制在 2 年之内比较合适。[4]

就作为加重处罚条件的“多次”规定而言，既有研究主要集中在对作为加重处罚条件的“多次”规定的立法目的、“次”的认定标准、加重处罚条件

---

〔1〕 参见陈伟、赵赤：《多次犯中的行政处罚与刑罚交叉适用问题研究》，载《西南政法大学学报》2017 年第 4 期。

〔2〕 参见周光权：《论受贿罪的情节——基于最新司法解释的分析》，载《政治与法律》2016 年第 8 期。

〔3〕 参见刘德法、孔德琴：《论多次犯》，载《法治研究》2011 年第 9 期。

〔4〕 参见张志勋：《多次犯研究——以系统论为视角》，南昌大学 2016 年博士学位论文，第 128 页。

“多次”规定的性质等问题。邓超博士认为，对于多次加重犯（与本书划分的作为加重处罚条件“多次”规定范围一致）的立法目的存在是否正当的疑问，为了防止司法适用的严重不公，有必要对多次加重犯进行目的论上的限缩。在单行为已经具备“情节严重”的情形时，可以采取“法定 + 实质考量”规则进行判断。在各单个行为均不具备“其他情节严重情形”时，在客观要件上可采取“相当规则”和“法定 + 实质考量”规则进行判断，在主观要件上可以采取类型观点进行判断。[1] 吴亚安博士针对此类“多次”规定中的“次”展开专门研究，对“次”的数目、次数认定标准以及“次”的犯罪形态问题进行了探讨。[2] 对于“次”的认定标准，学界还存在综合标准说、主观标准说、客观标准说以及以对结果具有相当程度危险的范围理论等[3]，争议较为明显。

就视情况考察入罪或者加重处罚的“多次”规定（有学者称为“累计数额”、“数量处罚制度”或“多次违法行为累计制度”）而言，既有研究主要围绕其理论定位、适用规则展开，即研究此规定是否具有普适性、何为“未经处理”、每次行为的危害程度等问题。王飞跃认为，这一规定是对数个侵害行为的危害结果、侵害对象、行为规模等反映数行为客观危害程度的数值累计，从而对数行为社会危害进行整体评判并予以刑事处罚的一种制度。[4] 陈航认为，这一规定是一项拟制性规定，适用时需要限缩。数个违法行为合并成一个犯罪处置，应当限缩为满足集合犯、徐行犯等罪数形态时才可适用。[5] 与此观点相似，叶良芳认为，将多次行为的数额累计处罚，折射出一

---

〔1〕 参见邓超：《多次加重犯限缩论》，载《中国人民公安大学学报（社会科学版）》2007 年第 4 期。

〔2〕 参见吴亚安：《论多次加重犯的“次”》，载《政治与法律》2015 年第 8 期。

〔3〕 参见王军仁：《管窥我国刑法中的“多次”》，载《法治论丛（上海政法学院学报）》2007 年第 2 期；邓超：《多次加重犯限缩论》，载《中国人民公安大学学报（社会科学版）》2007 年第 4 期；吴亚安：《论我国刑法中的多次犯》，上海交通大学 2016 年博士学位论文，第 28 ~ 31 页；贺平凡：《论刑事诉讼中的数量认定规则》，载《法学》2003 年第 2 期。

〔4〕 参见王飞跃：《论我国刑法中的“次”》，载《云南大学学报（法学版）》2006 年第 1 期。

〔5〕 参见陈航：《累计数额刑事处罚制度研究》，载《云南大学学报（法学版）》2007 年第 6 期。

种重刑倾向。[1] 唐世月认为“未经处理”不管是否属于连续犯、徐行犯或同种数额等,或兼而有之,均应适用累计规则。[2] 张勇认为,此规定是刑法中的数额处理特别规定,按照法条文义适用即可,但是仅限于明文规定的罪名。[3]

（二）研究思路

就研究范畴而言,“多次”是围绕我国刑法中的“多次”有关规定展开的,不是针对多次犯或者多次加重犯的研究,而是从刑事立法体系的整体性角度思考“多次”这一立法现象的相关问题。本书基于我国“多次”规定的理论和实践,运用系统性思维,针对“多次”规定立法、司法中所存在的问题与困境展开研究。总体而言,研究思路是:首先,对“多次”的基本内涵进行界定和解读,在检视当前对于“多次”规定诸多理论分类的基础上,遵循逻辑分类规则并结合本书的研究目的对“多次”规定进行分类,为探寻“多次”规定的处罚根据、设置机理以及具体问题的分析研究奠定一个合理的基点;并通过“横向”与“纵向”的对比,廓清“多次”规定的历史流变,明晰域内外针对行为人重复实施多次同种违法、犯罪行为这一现象的处理规则异同。其次,运用系统性思维,从“多次”规定的内部系统、“多次”与刑法其他规定系统以及“多次”与其他部门法律交互关系系统三个维度对“多次”规定的立法与司法现状进行检视,梳理“多次”规定在立法与实践中的问题与困境,并对问题与困境产生的缘由进行剖析。最后,针对引发“多次”规定立法与司法问题的症结,以刑法基本原则、刑事政策、刑罚权合宪性调控基本原理等为基本根据,明晰“多次”规定的处罚根据与内在机理、立法原则及司法裁量规则,从而为立法与司法提供完善路径。

---

〔1〕 参见叶良芳:《刑法中数额的性质及其计算》,载《云南大学学报(法学版)》2006年第4期。

〔2〕 参见唐世月:《数额犯论》,法律出版社2005年版,第153页。

〔3〕 参见张勇:《如何对犯罪数额进行累计计算》,载《甘肃政法学院学报》2006年第3期。

三、研究方法与研究创新

(一)研究方法

1. 系统研究法

系统研究法是辩证唯物主义关于事物之间普遍联系观点的内在要求,与刑法一体化思想高度契合。刑法典是一个有机的条文体系,刑事司法是一项系统工程。在刑法典中,具体的刑法条文之间是相互联系、互为指涉的。在刑事司法系统中,具体条文的运用与整个司法系统的运行状况不可分离。系统研究法在“多次”规定研究中的运用意味着,对某种类型“多次”规定的研究,不仅应建立在这种类型“多次”规定内部,而且应当建立在“多次”规定的体系之内。此外,还应当将“多次”规定放置在整体犯罪形态体系之内进行研究。唯有如此,才能避免就法条看法条的“盲人摸象”现象。本书运用系统研究法对刑法中“多次”规定与相关犯罪形态的内在关系展开细致辨析,以求在整个犯罪形态体系中开示出刑法“多次”规定的法治使命。

2. 实证研究法

实证研究法是人文社会科学领域的重要研究方法,也是理论与实践详解的基本前提。近年来,实证研究法在我国法学研究中越来越受到重视。通过实证研究可以开示“多次”的实践现状,将有助于深化对条文的司法实践认知与理解。作为一种立法现象,不仅需要从理论层面去分析与架构“多次”立法的体系以及设立“多次”的立法依据,而且真正条文的具体立法目标是否达成还需要通过司法实践去体现。所以,需要深入司法实践中,对于“多次”这一立法现象的司法问题进行微观探知。

3. 历史研究法

对中华人民共和国成立以来针对“重复实施同种多次违法、犯罪行为”的行为人设置的特别规则进行纵向梳理。由此以史为鉴,考究有关“多次”的刑事政策及立法,寻求不同时期“多次”的立法特点,继而针对当下转型时期的立法作出分析。

4. 比较研究法

比较研究法即指一种横向的研究法，是按照特定标准，对比考察若干相关联的事物，对事物与事物之间的相似性或者相异性进行分析与判断的研究方法。有学者认为，“多次”规定是一项具有中国特色的规定，在域外不存在“多次”规定，这似乎阻隔了“多次”规定的域外研究路径。透过“多次”规定的内在机理，实际上，“多次”规定是对行为人重复实施同种多次行为的处理规定。以此为基础去探究域外的法典与判例可发现，虽然域外没有明文规定“多次”规定，却存在处理重复实施多次同种行为的特别，并且通常作为“原则—例外”的规范模式，以此为平台即可对中外相关规定进行比较研究，并予以归纳、总结、反思。

（二）研究创新

本书的创新之处主要体现在研究路径和观点创新方面。

1. 就研究范畴而言，不是对多次犯的研究，也不是针对多次加重犯的研究，而是在刑事政策背景下，从刑事立法体系的整体性角度思考“多次”这一立法现象的相关问题。在刑法中“多次”有关规定的整体视域下，以“多次”在定罪量刑中的功能作为划分依据，将“多次”规定划分为作为入罪条件的“多次”规定、作为加重处罚条件的“多次”规定与视情况考察入罪或者加重处罚的“多次”规定，并以此分类为基础，以系统论思维为指导，整体性思考“多次”规定存在的立法问题与司法困境。

2. 就“多次”立法设置的原则而言，提出以适当性原则、必要性原则及均衡性原则作为未来“多次”规定设置的出发点和落脚点，即在肯定设置“多次”规定具有严密刑事法网、处理“抓了放、放了抓”等问题的积极作用的同时，也清楚地认识到将多次行为予以犯罪化或者拟制同种数罪的处理方式并非万能灵药，“多次”规定自身具有不可克服的局限性。我们仍需坚持谦抑节制的理念，在设置作为入罪条件“多次”规定与作为加重处罚条件“多次”规定时,应保持理性克制的态度,秉持适当性原则、必要性原则与均衡性原则,在社会治理体系中思考增设“多次”规定的合理性。

3. 就“多次”规定中“多”的数目而言,通过区分性分析,避免在适用中出现“移花接木”的情形。按照通常的理解,“多次”是指三次以上,这对于限制作为入罪条件的“多次”规定与作为加重处罚条件的“多次”规定的成立范围具有积极作用;然而,对于我国视情况考察入罪或者加重处罚的“多次”规定而言,将“多”限制为三次以上缺乏现实根据,并存在诸多不合理问题。所以“多次”并非一律指三次以上,不能混为一谈。

4. 就规范模式而言,运用整体性思维,审视“多次”规定规范要件设置的问题,提出应基于“多次”规定的不同类型讨论存续期限设置的规则。针对作为入罪条件的“多次”规定,因为行为违法性需要行为的间隔时间来“背书”,故具有设置存续期限的必要性;作为加重处罚条件的“多次”规定则与之不同,因为不需要存续期限为整体社会危害程度“背书”,故不需要存续期限的限制,但行为累计需要满足追诉时效的限制。视情况考察入罪或者加重处罚“多次”规定中的“多次”仅是数额累计的载体,行为的社会危害性判断仍以行为数额为根据,每次行为需要其在能够被规范评价为违法或者犯罪行为的期限之内,所以应当区分此类“多次”规定涵盖的不同形态予以类型化分析。

四、结构安排

从我国刑法立法的发展变化来看,“多次”相关立法规定在近年来的刑法修订中呈扩张趋势。这一现象并非偶然,而是社会转型期刑法立法对社会发展需求的现实回应,是我国刑事政策不断演进以及刑法的社会治理功能调整的微观体现。综观当前学界对“多次”相关立法的理论研究,主要围绕“多次”立法中的一种或者数种类型展开理论探究,对于“多次”这一立法现象缺乏系统性反思;局限于“多次”立法子系统的内部视角而忽视不同子系统的共性与差异，其研究所形成的结论难免缺乏体系性、背离立法初衷。有鉴于此，亟须对“多次”相关问题展开系统性研究，促进科学立法在刑法中的微观贯彻，为公正司法提供重要参考。

全书除导论和结语外，共分为五章。

第一章题为“刑法中‘多次’的基本范畴阐释”，作为全书的逻辑基础，除了对刑法中“多次”的基本内涵进行界定并将相关规定类型化之外，还对我国“多次”有关规定的历史演变、域外相关规定进行了必要的梳理。首先，过去人们对“多次”规定的理论界定与分类存在违反逻辑划分规则、母项“定义错误”、屏蔽分类目的等问题，从而导致概念外延不周延、子项特征混同，由此造成理论研究上的困扰；为遵守逻辑学的分类规则、凸显不同“多次”规定的立法特性，应以“多次”在定罪量刑中的作用作为划分依据，将相关规定分为作为入罪条件的“多次”规定、作为加重处罚条件的“多次”规定以及视情况考察入罪或者加重处罚的“多次”规定。其次，通过对“多次”规定的历史考察，可以发现，1979 年我国《刑法》中虽然没有明示的“多次”规定，但是倘若以其实质是对行为人多次实施同种侵害行为现象的特别规则，“多次”规定早已出现，呈现由“零星”走向“片状”、由模糊走向明确，并逐渐体现出对秩序、安全价值的诉求。最后，通过对域外相关规定的考察发现，域外虽然没有“多次”的立法，但是各国均在其刑事法律规范体系内，为重复实施同种多次行为的行为状态创设特别的处理规则；虽然域外“常习”“常业”等立法模式对我国不具有借鉴意义，但是其有关数额处理规则的立法模式以及“多次”规定的立法修正事由，对于我国立法与适用具有启示意义。

第二章题为“刑法中‘多次’有关规定的问题检视”，主要运用系统论的思维，从“多次”规定内部系统维度、“多次”规定与刑法其他规定系统维度以及“多次”规定与其他部门法系统维度对“多次”有关规定进行检视。其中，通过系统性梳理，发现在“多次”规定内部系统维度，存在“多”的内涵设定差异、存续期限设置“零散化”、“次”的内在涵义界定标准不清的问题；在“多次”规定与刑法其他规定系统维度，存在“多次”型罪量要素体系性释读不畅、部分行为未遂时定罪量刑遭遇掣肘、法定刑配置存在正当性质疑的问题；在“多次”规定与其他部门法交叉系统维度，存在“多次”有关规定设立界限不明，数额(数量)累计的“未经处理”认定规则不明，“多次”与受刑罚、行政处罚行为交叉时认定困惑问题。

第三章题为“刑法中‘多次’有关规定的问题剖析”，具体针对当前“多次”有关规定的问题与困境，剖析了它们的原因与症结，认为其很大程度上源于对“多次”有关规定的处罚机理以及立法、司法相关原则缺乏理性认识。其中包括：“多”的内涵设定差异、存续期限设置“零散化”问题及“多次”型罪量要素体系性释读不畅等问题体现了对“多次”有关规定的处罚根据与内在机理存在认识偏差，混淆了不同类型“多次”规定处罚根据与内在机理，或者对同一类型“多次”规定的处罚根据与内在机理存在认识差异；因“多次”有关规定设立界限不明引发的规制范围不合理、法益论立法批判机能陷入危机之质疑，以及“多次”加重处罚罪刑失衡等问题体现了相关立法缺乏对“多次”有关规定设置的正当、必要以及均衡性审视，表现为忽视解释合目的性的正当性限度、报应与功利的联动制约关系、刑法最后法的实质理性，对秩序安全焦虑过度回应，以及罪刑规范阶梯性不强；“多次”的次数认定、“次”与行政处罚刑罚交叉适用以及部分行为未遂时的适用问题，体现出对指导“多次”规定适用的禁止重复评价原则、主客观相统一原则及未遂情节全面评价原则存在误读。

第四章题为“破解刑法中‘多次’立法规定问题的基本立场”，作为全书破解问题的基本依据部分，主要是对刑法中“多次”规定的处罚根据与内在机理、设置“多次”规定的原则以及“多次”规定司法适用的基本规则进行阐释。首先，从处罚根据与内在机理来看，“多次”作为基本或者加重犯罪构成体现了立法对处罚行为人人身危险性的内在动因，但仍以行为人反复实施的侵害行为作为处罚基础；视情况考察入罪或者加重处罚“多次”规定体现了“合罪定刑”的内在机理，在犯罪个数判断层面突破了徐行犯与集合犯的主客观构成条件，在数罪的处罚层面突破了连续犯与同种数罪的并罚规则，将多个行为的数额整体合并处刑。其次，就“多次”规定的设立原则而言，应运用比例原则强化对刑罚权的合理约束，遵循适当性原则、必要性原则与均衡性原则。最后，就司法适用的基本规则而言，应贯彻主客观相统一原则、禁止重复评价原则以及全面评价原则。主客观相统一原则是刑法的基本价值诉求，要求定罪与量刑的主客观因素相统一，“多次”的次数判断作为定罪的重要内容，应贯彻主客观相统一原则；禁止重复评价原则不禁止不同侧面、属性的再次评价，但给予主观危险性两次评价属之“重复评价”，因为行政处罚与刑罚性质相异就一律双重处罚有违背“不得重复评价”之嫌；全面评价原则是罪刑相适应原则的内在要求，应秉持在刑罚裁量中对定罪事实与量刑情节的全面评价，厘清“多次”中未遂行为的评价基础以及未遂情节的量刑评价规则。

第五章题为“刑法中‘多次’有关规定的立法展望与司法协调”，针对前述问题并基于以上基本立场，提出对策建议。关于“多次”规定的设立界限，需满足“多次”立法适当性应具有目的正当性以及手段关联目的；满足“多次”立法必要性应满足刑罚的最后手段与经济性；满足“多次”立法均衡性应利益损益均衡、罪刑配置均衡。关于“多次”的存续期限，是作为入罪条件“多次”规定的必要要件，其具体设定无须采用同一化标准；视情况考察入罪或加重处罚的“多次”规定的部分类型也需设定存续期限。关于“多”的内涵，视情况考察入罪或加重处罚“多次”规定中的“多”应与其他两类“多次”规定相区分。关于“多次”中“次”的认定，作为入罪条件“多次”规定与作为加重处罚条件“多次”规定的次数判断，应结合主客观因素看待客观行为历程，以一个罪过作为判断次数的主要根据，结合时间、作案环境、行为人侵害范围等客观因素综合判断；视情况考察入罪或者加重处罚“多次”规定中的“次”既包括违法也包括犯罪的行为数额，多次行为的数额累计无须基于同一或概括故意,但是已受过行政处罚或刑事处罚的行为、数额不计算在内。“多次”的处罚需要考虑数额等情节要素,并且需注意对不同法定刑档次中的“多次”合理分层。关于部分行为未遂的问题,未遂行为可成为作为入罪条件“多次”规定中的“次”;虽然作为加重处罚条件“多次”规定整体不存在未遂形态,但是单次行为未遂时,应注意在裁量中“面”“点”结合,充分考虑未遂情节。

第一章 刑法中"多次"的基本范畴阐释

刑法中的"多次"是涵摄数十个条文的立法现象,作为我国刑法分则中较有特色的立法规定,它包含哪些犯罪形态?它是如何产生、演进的?与域外相关的同种违法、犯罪行为的处理模式有何异同?这是研究刑法中"多次"规定首先要解决的问题。本章拟沿着如下思路渐次展开:首先,明晰"多次"规定的基本内涵、框定本书"多次"的研究范畴;其次,从历史视角切入,系统梳理"多次"规定设立的历史脉络;最后,立于"多次"规定的比较研究视角,结合域外的定罪模式与我国定罪模式之差异,比较不同制度框架内"多次"行为处理之异同。

第一节 刑法中"多次"的相关立法概况

概念是研究的先导,廓清刑法中"多次"的概念范畴是研究的逻辑起点。长期以来,学界对于刑法中的"多次"有关规定的研究主要寓于相关犯罪形态的探讨中，例如多次犯、多次加重犯或“多次”行为，或者散见于个罪中的“多次”规定的具体阐释中，例如“多次盗窃”“多次抢劫”的具体认定问题。不可否认，相关犯罪形态或者“多次”的实践问题探讨属于学者根据研究需要自由取舍的范畴，对本书的探讨的命题而言，均具有研究价值。但是，本书的研究对象并非研究多次犯，亦非多次加重犯，而是对刑法中“多次”这一立法现象的整体性研究。由此，有必要廓清本书的研究范畴，搭建共同的话语平台，为后文奠定研究基础。本部分内容从刑法中“多次”的基本内涵入手，检视相关研究关于“多次”的理论；遵循逻辑分类的基本原理，将刑法中的“多次”类型化。

一、刑法中“多次”的基本内涵与理论分类

（一）刑法中“多次”的基本内涵界定

从字面意思上讲，刑法中“多次”规定可作两种理解：一种是我国《刑法》条文与有权解释中明确出现“多次”表述的规定，例如《刑法》第264条规定的“盗窃公私财物，数额较大的，或者多次盗窃、入户盗窃、携带凶器盗窃、扒窃的，处三年以下有期徒刑、拘役或者管制，并处或者单处罚金”。另一种则是《刑法》条文与有权解释中所有有关同种“多次”行为的规定。不仅包含明文表述“多次”的规定，而且包括表述为“……又……”“……再次……”的有关多次违法、犯罪行为作为成立犯罪或者升格法定刑处罚条件的制度形态，如“二年内曾因非法采矿受过两次以上行政处罚，又实施非法采矿行为的”[1]或者“非法行医被卫生行政部门行政处罚两次以后，再次非法行医

---

〔1〕根据最高人民法院、最高人民检察院《关于办理非法采矿、破坏性采矿刑事案件适用法律若干问题的解释》（法释〔2016〕25号）第3条，实施非法采矿行为，具有下列情形之一的，应当认定为《刑法》第343条第1款规定的“情节严重”：……（三）二年内曾因非法采矿受过两次以上行政处罚，又实施非法采矿行为的。最高人民法院《关于审理非法行医刑事案件具体应用法律若干问题的解释》第2条，具有下列情形之一的，应认定为《刑法》第336条第1款规定的“情节严重”：……（四）非法行医被卫生行政部门行政处罚两次以后，再次非法行医的；（五）其他情节严重的情形。

的”。我们21条条文中明确出现“多次”表述的规定,称为“狭义的‘多次’规定”;而将《刑法》条文与有权解释中所有有关同种“多次”行为作为入罪或加重处罚条件的规定,称为“广义上的‘多次’规定”。

本书对于刑法中“多次”规定的立法探讨,是基于广义的“多次”概念上展开的。之所以针对广义的“多次”规定进行立法探讨,原因在于:一方面,作为“多次”规定重要研究范畴——将多次违法行为作为入罪条件的设定肇始于单行刑法的规定,即1990年12月全国人大常委会颁布的《关于禁毒的决定》(已废止)第6条,“非法种植罂粟、大麻等毒品原植物的,一律强制铲除。有下列情形之一的,处五年以下有期徒刑、拘役或者管制,并处罚金……(二)经公安机关处理后又种植的”。这种立法理念、罪刑模式在之后的单行刑法、刑法修正中得以沿用,成为一种具有中国特色的立法现象。“多次盗窃”“多次抢夺”等规定也是此种立法模式与理念逻辑演进的时代产物,具有内在逻辑上的完整性与体系性。另一方面,现行《刑法》中仍有不少条文沿用“……又……”的表述形式,如果将研究范畴囿于明文表述的“多次”的规定,不仅割裂“多次违法行为作为入罪条件的规定”规范体系内的逻辑完整性,而且恐会造成研究“多次”规定规范演进、政策变动的思维局限与研究对象的不周延。

(二)刑法中“多次”相关规定理论分类

“概念是本质要素的规则。”[1]对概念进行分类有助于从逻辑上进一步说明概念的外延,从而对概念进行准确使用。通过明晰概念的本质而将同质的种概念分为一类,以便运用类型化思维观察事物的特性。分类即是深化对象认识和进行科学研究的基础与起点。由此,为深化对刑法中“多次”规定的认识,有必要运用类型化思维对“多次”规定进行分类,从而认识、解释其本质要素,进一步厘清本书“多次”规定的外延。

---

〔1〕[奥]奥托·魏宁格:《性与性格》,肖聿译,北京联合出版公司2013年版,第174~175页。

关于刑法中“多次”规定应当如何进行分类，具体包含哪些对象，目前学界主要存在以下几种观点：

(1)基本犯罪构成要素、加重犯罪构成要素和累计数额处罚载体的“多次”

按照“多次”在定罪量刑中作用的不同，有学者主张将《刑法》中“多次”规定划分为基本犯罪构成要素的“多次”、加重犯罪构成要素的“多次”和累计数额处罚载体的“多次”。其中，“基本犯罪构成要件要素的多次”，是指法律及有权解释明确将多次行为作为基本犯罪构成要件要素的情形，可分为两种类型：一是直接将“多次”作为定罪情节，如我国《刑法》第264条、第267条中作为入罪标准之一的“多次盗窃”“多次抢夺”；二是多次行为作为行为对象要素，如《刑法》第294条第5款第3项将“以暴力、威胁或者其他手段，有组织地多次进行违法犯罪行为，为非作恶，欺压、残害群众”作为黑社会性质组织的特征之一。申言之，“多次”是判断入罪的重要行为要素。“加重犯罪构成要素的‘多次’”，是指法律及有权解释明确将“多次”作为加重犯罪的构成要件要素，这一类型主要表现为细化作为加重处罚条件的“情节严重”事实范例，如《刑法》第263条、第292条中的“多次抢劫”“多次聚众斗殴”。“累计数额处罚载体的‘多次’”，是指相关规定明确将多次行为作为累计每次行为所涉数额予以处罚的依据。例如，《刑法》第153条第3款，即“对多次走私未经处理的，按照累计走私货物、物品的偷逃应缴税额处罚”。[1]

(2)本来一罪、实质数罪和视情况决定是一罪或数罪的“多次”

有学者将“多次”纳入罪数形态的理论框架内进行研究，并将“多次”规定划分为本来一罪的“多次”、实质数罪的“多次”和视情况决定是一罪或数罪的“多次”三种类型。其中，作为本来一罪的“多次”，是指虽然就自然行为

[1] 刘德法、孔德琴：《论多次犯》，载《法治研究》2011年第9期。

而言,“多次”的外观属于行为复数,但由于刑法中犯罪构成要件预定的内容已包含多次行为,行为人实施的“多次”行为自然仅视为一次符合构成要件,故而仍是一罪。作为实质数罪的“多次”,指“多次”中的每次行为均足以独立构成某种犯罪,故而就本质而言,属于实质的数罪和本来的数罪。第三类的“多次”成立一罪或者数罪需结合具体的案件事实予以判断。这是因为刑法在规定“多次”作为定罪量刑依据的同时,还增设了其他的“门槛”,要求多次行为仍需达到数额较大、情节严重,或者仅对首要分子、积极参加者实施的多次行为予以入罪或者加重处罚。有基于此,“多次”在犯罪成立的视域内,属于一罪或数罪需结合案件具体情况进行判断。[1]

(3)明示型的“多次”与暗示型的“多次”

根据刑法与相关有权解释中有关“多次”的语言表述的不同,可以将其分为明示型的“多次”与暗示型的“多次”两种类型。明示型的“多次”,是指条文中包含“多次”表述的立法类型,如《刑法》第264条盗窃罪中的“多次盗窃”。明示型“多次”规定较为明晰、直观,因而实践中容易把握,不易产生歧义。而暗示型的“多次”虽然未使用明确的“多次”表述,但是从条文的逻辑释义来看,包含将多次违法、犯罪行为入罪、加重处罚之义,因而属于隐性的多次规定。暗示型的“多次”通常表述为“……又……”或者“……再次……”如“一年内曾因走私被给予二次行政处罚后又走私的”,“又”或者“再次”之前实施的行为称为“先行为”,通常是指受过行政处罚。[2]

(4)实质要件的“多次”和形式要件的“多次”

以构成要件要素能否为构成要件的违法性、有责性提供依据为基准,有学者提出刑法中“多次”规定可分为实质要件的“多次”与形式要件的“多次”。实质要件的“多次”,是指刑法明文规定的“多次”能够为构成要件的

---

〔1〕 参见王军仁:《管窥我国刑法中的“多次”》,载《法治论丛(上海政法学院学报)》2007年第2期。

〔2〕 参见张志勋:《多次犯研究》,南昌大学2016年博士学位论文,第31~32页。

违法性、有责性提供依据的情形。具体而言，基本的构成要件要素的“多次”、加重构成要件要素的“多次”与描述客观行为对象要素的“多次”属于此种类型。与之相反，形式要件的“多次”，是指法律规定与有权解释中的“多次”不能为构成要件违法性、有责性提供依据的情形，如作为累计数额载体的“多次”就属于此种类型。因为行为次数不能彰显行为的违法性与有责性，而累计的数额本身才是违法性与有责性真正的依据。因此，此种类型的“多次”仅是形式意义上的构成要件要素。[1]

二、刑法中“多次”规定类型化的本书立场

（一）刑法中“多次”相关规定既有理论分类的反思

对刑法中“多次”规定进行分类，是为实现类型化思考“多次”规定的特性，认识、解释其规范本质的目的。一方面，刑法中“多次”的相关规定分类需掌握概念划分的基本知识，遵守逻辑学上分类的基本规则；另一方面，需凸显“多次”规定的立法特性，彰显“多次”规定的本质特征。反观现有有关刑法中“多次”规定的理论分类，依照“多次”规定在定罪量刑中的作用，将“多次”规定分为基本犯罪构成要素的“多次”、加重犯罪构成要素的“多次”和累计数额处罚载体的“多次”大致是值得肯定的，其余分类有值得商榷之处，具体理由如下：

1. 本来一罪、实质数罪与视情况决定一罪数罪的分类违反逻辑划分规则

如上所述，要对一个对象进行准确的分类，需严格遵守逻辑学上分类的基本规则。从逻辑上讲，划分是揭示概念外延的逻辑方法，由三个基本要素构成，即母项、子项和根据。[2] 母项是划分的对象，而子项是按照划分根据

---

〔1〕 参见李娜：《“多次”的分类与形式》，华东政法大学2013年硕士学位论文，第34～35页。

〔2〕 参见杭仁童、钱为钢：《逻辑与方法论》（上册），上海三联书店2004年版，第55～56页；黄伟力编著：《法律逻辑学导论》，上海交通大学出版社2011年版，第55～56页。

划分后的子概念。常用的划分方法包括一次划分[1]、连续划分[2]及二分法[3]。分类作为选取母项基本属性与性质进行的逻辑划分,是划分的一种特殊形式。分类需遵守以下逻辑规则[4],否则将会造成一系列的逻辑错误:

(1)划分的诸子项间应自相排斥或相互对立。每次划分后的各个子项间必须完全是全异关系,任意两个子项间不允许存在相容关系。违反这条规则,将导致“子项相容”的逻辑错误。(2)同一次划分需按照同一根据。也就是说,对母项的每一次划分只能选择事物的某一属性作为依据,全部子项必须依据同一依据进行划分,不允许一部分子项按照某一依据进行划分,而另一些子项按照另一依据进行划分。违反这一逻辑划分规则将会导致“混淆根据”的逻辑错误或“多标准划分”。(3)划分后的各子项外延之和应当与母项的外延相重合,即“相应相称”规则。如果划分后得到的各子项外延之和与母项的外延不相重合,将会导致“多出子项”或者“划分不全”的逻辑错误。[5] (4)划分应当按照属种层次逐级进行。违背这一分类规则将导致“越级划分”的逻辑错误。

在罪数的理论框架内对“多次”规定进行分类,不仅其划分的三个子项可做到相互排斥,不存在全同关系、真包含关系、交叉关系等,而且“多次”的划分依据也能满足唯一性规则,划分过程能够满足逐级进行的规则。但是,此种分类方式存在子项外延之和小于整个“多次”规定的母项外延的现象,

---

〔1〕 一次划分亦称同分,是指对母项进行一次划分即告划分完毕,划分结果仅包含母项与子项两个层次的概念。例如,将“季节”分为“春”“夏”“秋”“冬”四季。

〔2〕 连续划分亦称再分,是指把一次划分后的子项作为母项进行再次划分,连续进行直到满足思维需要为止。

〔3〕 二分法,是指按照概念有无某种属性,将母项划分为两个相互对立的子项。一个子项为A,则另一子项则为非A。

〔4〕 参见李峰:《逻辑与语言表达》,中国传媒大学出版社2013年版,第33~34页;杭仁童、钱为钢:《逻辑与方法论》(上册),上海三联书店2004年版,第58~61页。

〔5〕 “多处子项”,是指子项之和的外延大于母项之和,将不属于母项的对象放在了外延之内;而“划分不全”,是指划分过程中将母项的部分对象遗漏了,这样就不能明确母项的外延之和。

故而违背相应相称规则。具体而言,本来一罪、实质数罪与视情况决定构成一罪或数罪的划分,所对应的规范条文仅包含"多次"作为入罪条件或者加重法定刑处罚条件的条文,对象外延不包含"多次"规定中要求对多次犯罪行为所涉对象的数额、数量进行累计处理的条文[1],因为划分中遗漏这一重要子项,犯了"划分不全"的错误,从而导致"多次"规定的概念外延存在不周延的问题。

2. 实质要件与形式要件"多次"的分类中母项"定义错误"

以构成要件要素能否为构成要件的违法性、有责性提供依据为基准,将"多次"规定分为实质要件的"多次"与形式要件的"多次",这隐含着先定义后分类的逻辑演进方式。也就是说,采用此种分类方式的学者,先将"多次"规定(母项)定义为犯罪构成要素,再根据是否为构成要件违法性、有责性提供依据将母项划分为实质要件的"多次"与形式要件的"多次"。(见图 1-1)

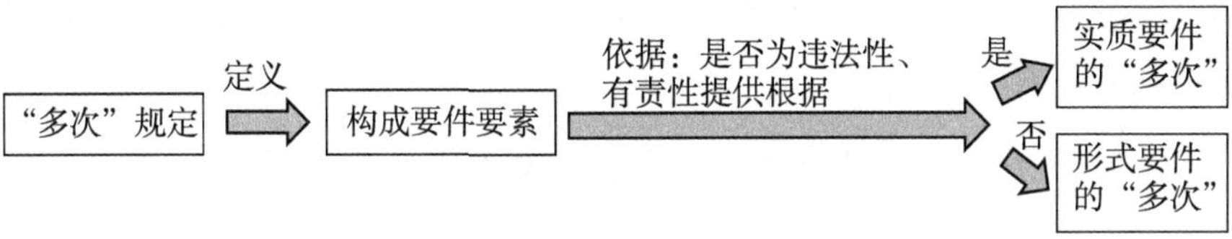

图 1-1 实质要件与形式要件"多次"分类的逻辑演进

但是,学者定义的形式要件的"多次"本质上并非构成要件要素。因为形式要件"多次"对应的条文,如《刑法》第 153 条第 3 款"对多次走私未经处理的,按照累计走私货物、物品的偷逃应缴税额处罚"中"多次"本身并非走私货物、物品罪或者生产、销售伪劣产品罪的构成要件要素,而是对于个案中多次行为涉案财物的处理规则。真正作为犯罪构成要件要素的应是累计计算的涉案财物、物品的数量与数额。所以,将"多次"规定定义为构成要件要素本身存在逻辑错误,从而导致此种分类方式的结论不正确、不合理。

[1] 例如《刑法》第 201 条第 3 款规定:"对多次实施前两款行为,未经处理的,按照累计数额计算。"

3. 明示型与暗示型的“多次”的分类存在屏蔽分类目的之嫌

对事物分类的意义在于,通过分类帮助我们认识、解释事物的本质,并进一步深化对事物的认识,分类不是目的。就“多次”规定而言,其本质特征在于以数额、情节、法定后果、危险状态作为定罪量刑的根据;或者说与犯罪数额、数量不予累计的规定相比,“多次”规定强调对行为客观危害的累计并体现出对行为人屡教不改主观心态的偏重考量,因此,无论是研究“多次”规定的内涵还是外延,都不应脱离“多次”规定的“法定”特质与“多次”规定的内在机理。以此为标准衡量,虽然以法条与有权解释中是否包含“多次”表述为依据的类型划分,对洞悉“多次”规定的规范表现形式及从语言学领域剖析立法语言是否严谨、明确具有积极意义。然而,对于深化了解“多次”规定的相关问题,如“多次”与数额、危害结果、情节等构成要件要素的区别与联系以及它们的刑罚裁量问题,此种分类既未提供有所助益的考量视角,也未昭示出亟待深入研究的理论内涵,亦未对“多次”规定进行分类的目的,因而没有太大的特殊价值。

(二)刑法中“多次”相关规定分类的本书立场展开

本书基本赞同依照“多次”在定罪量刑中的作用划分“多次”规定的类型化方式。以“多次”规定在定罪量刑中的作用进行分类具有如下意义与作用:一方面,有利于进一步研究“多次”规定的规范特性与本质。将“多次”规定纳入作为基本犯罪构成要件要素的体系以及作为加重犯罪构成要件要素的体系,可以横向对比“多次”与其他入罪条件及加重处罚条件之间,立法目的、归责基础、刑罚配置根据等方面的差异,以便更好地了解“多次”规定相关犯罪形态违法性判断与其余罪量要素的本质区别。由此可见,以“多次”在定罪量刑中的作用为标准进行分类,既符合“多次”规定的本质特性,又可充分发挥分类的意义。另一方面,以其在定罪量刑中所起作用为依据的理论分类较为完整地囊括“多次”规定,有助于体系化地研究“多次”规定。实际上,研究“多次”规定的分布范围及特性等问题的目的在于,明确“多次”规定的内容与特点，并全面考察设置“多次”规定的一般规律，从而用合乎逻辑的方法，将其整理为科学的规范体系，有助于“多次”规定相关理论的体系化发展。

针对以“多次”在定罪量刑中的作用为依据的分类，本书对传统的划分类型稍做修正〔1〕，即认为应将“多次”规定类型化为作为入罪条件的“多次”、作为加重处罚条件的“多次”和附条件考察入罪或者加重处罚的“多次”。具体划分情况如下：

1. 作为入罪条件的“多次”

作为入罪条件的“多次”规定，是指行为人重复实施相同性质的多次违法行为，被《刑法》或者相关有权解释规定为犯罪的形态。根据《刑法》与有权解释中语言表述的不同，作为入罪条件的“多次”具有两种规范形式：一是规范文本中包含“多次”表述的立法类型，如“多次盗窃”“多次抢夺”“多次敲诈勒索”；二是虽然条文中未包含“多次”表述，但是条文的逻辑释义包含将多次实施违法行为作为犯罪处理之义，属于隐性的入罪型“多次”立法规定。此类“多次”规定表述为“……又……”或者“……再次……”如“非法行医被卫生行政部门行政处罚两次以后，再次非法行医的”，“又”与“再次”之前的行为通常应当受过行政处罚。

〔1〕 依照“多次”规定在定罪量刑中的功能，传统的划分方式将“多次”规定分为基本犯罪构成要件要素的“多次”、加重犯罪构成要件要素的“多次”以及累计处罚数额载体的“多次”。前两个类别以“多次”在定罪中的作用为划分依据，分为作为入罪构成要件要素与升格法定刑的构成要件要素。而累计处罚数额载体的“多次”在表述中未明确在定罪量刑中的作用，是否与前两种类别使用同一划分依据容易产生歧义。实际上，这一类别的“多次”并不是直接的构成要件要素，亦未直接为违法性提供根据。真正提供违法性根据的是“多次”所承载的犯罪数额、数量，此类“多次”对定罪量刑的作用需视多次行为的犯罪数额、数量具体考察。所以，将此类型命名为“附条件考察入罪或加重处罚的‘多次’”更加明确。另外，“多次”相关规定，除了将“多次”作为入罪或升格法定刑的构成要件要素之外，还增加了数额、数量、首要分子等其他门槛，此类规定亦可归入附条件考察是否入罪或者加重处罚的类型之列。（传统分类是将其放在基本犯罪构成要件要素与加重犯罪构成要件要素之内。）只是因为此类规定的内在机理与基本犯罪构成要件要素的“多次”、加重犯罪构成要件要素的“多次”相仿，所以为了讨论的方便，在这两部分中附带讨论，不再将附条件考察入罪或者加重处罚的“多次”作为独立组成部分予以研究。

作为入罪条件的“多次”的相关规定分布在《刑法》分则除第一章危害国家安全罪之外的各个章节，主要集中在第三章“破坏社会主义市场经济秩序罪”、第四章“侵犯公民人身权利、民主权利罪”、第五章“侵犯财产罪”、第六章“妨害社会管理秩序罪”以及第九章“渎职罪”，约占总数的87%。此类“多次”的相关罪名多达70处。

2. 作为加重处罚条件的“多次”

作为加重处罚条件的“多次”规定，是指行为人重复实施同种性质的犯罪行为（每一次行为均构成犯罪）[1]，被《刑法》与相关有权解释加重处罚，升格法定刑档次予以处理的形态。此种类型的“多次”规定仅包含明示型的规定，即具有“多次”表述的规定（有的条文表述为“三次”）。值得注意的是，强奸罪与拐卖妇女、儿童罪并不是明确将“多次”作为加重处罚条件，而是表述为“强奸妇女、奸淫幼女多人的”“拐卖妇女、儿童三人以上的”。从逻辑上讲，“强奸妇女、奸淫幼女多人的”及“拐卖妇女、儿童三人以上的”包括三种情形：其一，一次行为强奸妇女、奸淫幼女多人或拐卖妇女、儿童三人以上；其二，两次行为累计强奸妇女、奸淫幼女多人或拐卖妇女、儿童三人以上；其三，多次行为累计强奸妇女、奸淫幼女多人或拐卖妇女、儿童三人以上的。本书中作为加重处罚条件的“多次”规定仅涵盖第三种情形。

作为加重处罚条件的“多次”分布在《刑法》分则第三章“破坏社会主义市场经济秩序罪”、第四章“侵犯公民人身权利、民主权利罪”、第五章“侵犯财产罪”、第六章“妨害社会管理秩序罪”四个章节之中，共涉及17个罪名。

---

〔1〕 就绝大多数情形而言，作为加重处罚条件的“多次”每一次行为均应是犯罪行为。仅有骗取出口退税罪属于例外情形。根据2002年《关于审理骗取出口退税刑事案件具体应用法律若干问题的解释》第4条规定，“具有下列情形之一的，属于刑法第二百零四条规定的‘其他严重情节’（笔者注：骗取出口退税罪的‘其他严重情节’是加重处罚条件）：……（二）因骗取国家出口退税行为受过行政处罚，两年内又骗取国家出口退税款数额在30万元以上的”。本罪中作为加重处罚条件的“多次”规定不以每次行为成立犯罪作为必要条件。因为这一特殊情形只涉及一个法条，且不影响此类“多次”的整体特征，故而本书讨论的作为加重处罚条件的“多次”是以每一次行为均构成犯罪为构成要件。

3. 视情况考察入罪或者加重处罚的“多次”

视情况考察入罪或者加重处罚“多次”规定主要是指行为人多次重复实施相同性质的违法或者犯罪行为。刑法与相关有权解释规定，将多次行为未经处理的数额或者数量累计计算予以处理的形态。此类“多次”分布在《刑法》分则第三章破坏社会主义市场经济秩序罪、第五章侵犯财产罪、第六章妨害社会管理秩序罪及第八章贪污贿赂罪四个章节之中，共涉及 31 个罪名。

第二节　刑法中“多次”有关规定的历史考察

我国刑法中的“多次”规定并非横空出世，亦非一蹴而就，其产生与发展无不承载着特定历史时期运用刑法进行社会治理的历史使命，是惩治社会越轨行为的经验总结与沉淀。从立法渊源来看，20 世纪 80 年代后期才真正出现明确的“多次”立法规定。然而，中华人民共和国成立之后拟定的诸部刑法草案、1979 年《刑法》以及 1979 年《刑法》颁布后的数个单行刑法、补充规定早已出现惩治“重复实施同种性质的多次违法、犯罪行为”的相关规定，用以着力打击一些常发性、常习性犯罪。由于不同时期的社会变迁呈现出差异性的转型期特征，与之存在深层联系的犯罪形态随之发生改变，必将对刑事立法产生深远影响。[1] 正如常发性、常习性犯罪形态领域的变化随着社会变迁具有内在的逻辑与规律，“多次”相关刑事立法也具有逻辑与规律。在社会转型不断深化之际，深入挖掘“多次”立法的逻辑与规律，对于理解“多次”立法的发展进程和完善具有重大意义。

---

〔1〕 参见田禾、吕艳滨主编：《中国刑事法治（2002～2016）》，社会科学文献出版社 2017 年版，第 1 页。

一、“多次”有关规定的孕育阶段

虽然,“多次”这一立法用语在20世纪80年代后期才真正出现,后来通过单行刑法得以逐步确立,通过反复修正,最终纳入1997年《刑法》之中。但是,单行刑法与1997年《刑法》中“多次”规定的成型与此前的一系列刑法草案中的相关规定具有密切的联系。因此,从1950年7月25日颁布《中华人民共和国刑法大纲草案》(以下简称《刑法大纲草案》)时起至1980年1月1日,1979年《刑法》正式施行,可称为“多次”规定的孕育阶段。这一阶段的相关规定散见于诸部刑法草案中。

(一)1950年、1954年立法草案中的相关规定

新中国成立之后,第一部刑法典宣告诞生之前,当时的中央人民政府法制委员会为准备刑法典的起草工作,组织陈瑾昆、蔡枢衡、李光灿、李浩培、李祖荫等法律专家一同草拟了两部立法草案:一部是1950年《刑法大纲草案》;另一部是1954年《中华人民共和国刑法指导原则草案(初稿)》[以下简称《刑法草案(初稿)》]。[1] 虽然这两部立法草案最终未被列入立法程序,也没有成为正式的立法文件向社会公众征求意见,但是从内容上看,已存在惩治“重复实施同种性质的多次违法、犯罪行为”的相关内容。

例如,1950年《刑法大纲草案》已有对“作恶多端”“……为常业”“经常”从事犯罪行为的犯罪分子进行加重处罚的规定,共涉及9条规定。其中,以实施某种犯罪为“常业”的犯罪分子加重处罚的规定共7处,包括第64条“走私漏税罪”、第114条“赃物罪”、第115条“包揽诉讼罪”、第139条“窃盗罪”、第141条“强盗罪”与第142条“诈欺罪”。以“经常”实施某种犯罪为加重处罚条件的与以“作恶多端”作为加重处罚条件的共2条规定,分别是

---

〔1〕 参见高铭暄、赵秉志编:《新中国刑法立法文献资料总览》(第二版),中国人民公安大学出版社2015年版,第74~95页。

第113条"赌博罪"与第58条"武装股匪罪"。[1] 这一部立法草案中有关"多次"相关规定具有以下三个特征：首先，从语言表述上看，使用"常业""经常""作恶多端"三种较为生活化的用语表现重复实施同种性质犯罪，在具体认定中容易造成适用混乱，认定标准不一；其次，从条文设置的范围来看，包括在分则中"妨害国家统治秩序罪""妨害公共秩序及公共卫生罪""侵害私有财产罪"三个侵害秩序与私有财产权的章节内；最后，仅包含对多次实施同种性质犯罪行为进行加重处罚的规定，还未出现多次实施同种性质违法行为犯罪化以及多次行为数额、数量未经处理累计计算的规定。

又如1954年《刑法草案（初稿）》中"多次"有关规定已增至12处，[2] 从语言表述、条文设置范围、规范类型方面呈现以下特点：

其一，语言表述上有所更改，删除了"作恶多端""常业"的表述形式，而是换作"一贯……""屡教不改""屡犯""惯……"（惯犯）的表达。其中，使用"一贯……"的规定共有4处[3]，包括第48条"制造、贩运毒品罪"、第49条"流氓罪"、第53条第3款与第4款[4]；使用"屡教不改""屡犯"的规定涉及6处，包括第54条"虐待罪"、第56条"投机罪"、第61条"逃税罪"、第64条"抢劫罪"、第67条"诈骗罪"、第68条"泄露国家机密罪"；使用"经常……"的规定1处，即第60条"走私罪"；而使用"惯……"（惯犯）的规定1处，即第66条"偷窃罪"规定惯窃和偷窃集团的组织犯，按照本刑法指导原则第49条

[1] 参见高铭暄、赵秉志编：《新中国刑法立法文献资料总览》（第二版），中国人民公安大学出版社2015年版，第74～86页。

[2] 参见高铭暄、赵秉志编：《新中国刑法立法文献资料总览》（第二版），中国人民公安大学出版社2015年版，第80～95页。

[3] 其中包括第61条将"一贯逃税屡教不改的"，在"屡教不改"的表述类型中不再将此条列出。参见高铭暄、赵秉志编：《新中国刑法立法文献资料总览》（第二版），中国人民公安大学出版社2015年版，第93页。

[4] 第53条第3款与第4款针对"一贯强奸妇女""一贯奸淫幼女"的行为分别规定了"判处五年以上有期徒刑""判处七年以上有期徒刑、无期徒刑或者死刑"的法定刑。

的规定处罚。[1]

其二，从规定设置范围来看，1954 年《刑法草案（初稿）》相关规定涉及的罪名类型有所扩张；相比 1950 年《刑法大纲草案》而言，前者在分则中同样设置“多次”相关规定的章节内，涉及的罪名有所调整：一方面，《刑法草案（初稿）》中有关规定不但包含在侵害公共秩序罪以及侵害公民财产罪这两类罪名中，而且还扩张至侵害经济秩序罪与职务犯罪的章节体系之中。另一方面，相关规定涉及的罪名范围有所调整。例如，在侵害公共秩序这一节中，“以图利或者其他不正之目的，挑唆或包揽诉讼的行为”不再作为犯罪行为，故而以其为常业的行为不再作为加重犯处理；“赃物罪”的行为类型与法定刑升格条件有所修改，常业犯也不再作为加重处罚条件。除此之外，增加“一贯不务正业……买卖人口、腐蚀青年和其他扰乱公共秩序的流氓分子”的入罪规定以及“一贯强奸妇女”“一贯奸淫幼女”的加重处罚规定。

其三，在《刑法草案（初稿）》中，“重复实施同种性质的多次行为”不仅被作为加重法定刑的条件，而且还剥离出入罪之机能，将长期实施同种性质轻微违法行为作为犯罪处理。此类规定涉及 4 个条文，即第 49 条“流氓罪”、第 54 条“虐待罪”、第 60 条“走私罪”与第 61 条“逃税罪”的规定。这种入罪的规定在 1967 年《刑法草案（初稿）》（第 27 次稿）之前的刑法草案修改稿中均有涉及。

（二）《刑法草案（初稿）》第 22 次修改稿中的相关规定

1954 年 9 月召开第一届全国人民代表大会第一次会议，通过我国第一部《宪法》和 5 部组织法，使我国的法治建设进入新的阶段，极大推动了刑法典的起草工作。至 1956 年社会主义三大改造取得基本胜利，国家进一步加

---

[1] 按照第 49 条规定“对于一贯不务正业聚赌抽头、买卖人口、污辱妇女、腐蚀青年和其他扰乱公共秩序的流氓分子，判处 5 年以下有期徒刑或者流放；情节特别严重的，判处 5 年以上有期徒刑直至无期徒刑或者死刑。”惯窃犯可处 5 年以下有期徒刑或者流放；情节特别严重时可判处 5 年以上有期徒刑直至无期徒刑或者死刑。（笔者注：基本犯判处二年以下有期徒刑、劳役或者予以行政处罚。）

强人民民主法治,巩固社会主义建设的秩序。在社会建设的新形势下,刑法典起草工作加紧进行,到1957年6月28日,已草拟出第22稿。[1]

经过二十余次的修改,截至1957年《刑法草案(初稿)》(第22稿),“多次”相关规定的设置范围具有较大幅度的调整,除了增加了3处规定之外[2],其余“多次”相关规定有大量缩减,仅余5条。具体而言:(1)删除“职务上的犯罪”这一部分罪名中所有的相关规定;(2)删除侵害公共秩序罪这一节中的“强奸罪”、“虐待罪”以及除赌博罪以外的流氓行为中的“多次”相关规定;(3)删除“侵害经济秩序罪”这一节“投机罪”“走私罪”“逃税罪”中的“多次”相关规定;(4)删除“侵害财产罪”这一节中“屡犯”抢劫罪的规定。结合当时的立法资料,作出删减可能的原因在于:

第一,处理职务相关的违法犯罪行为理念的更新。受“对人民内部,对国家工作人员主要是靠教育,靠整风,而不是靠刑法”的理念影响,对于国家工作人员,除了严重违法乱纪的必须予以刑事处分外,主要是靠整风来教育大家,靠政治教育、思想教育,而不是惩办主义、严刑峻法。[3] 受此影响,泄露国家机密罪的行为对象限缩为国家重要机密;只设置一档法定刑,且取消加重犯的设置。

第二,经济体制的深化改革。社会主义三大改造完成了对资本主义工商业的社会主义改造,将经济实体悉数变为国家所有和集体所有;同时实行计划经济,商品的生产和购买完全由国家统一调控。那时的国有和集体所有单位完全没有经营自主权,国家行政机关统揽了单位的生产经营活动,实

---

[1] 参见高铭暄、赵秉志:《中国刑法立法之演进》,法律出版社2007年版,第40~41页。

[2] 增加了“以赌博为常业”“聚众斗殴,寻衅滋事,侮辱妇女,破坏公共秩序屡教不改”作为第196条、第197条的入罪规定,以及增加“一贯或者大量私自宰杀耕畜”作为第146条的加重处罚规定。参见高铭暄、赵秉志编:《新中国刑法立法文献资料总览》,中国人民公安大学出版社2015年版,第129页。

[3] 全国政法院校刑法教学座谈会秘书组:《有关草拟中华人民共和国刑法草案(初稿)的若干问题(节录)》,载北京政法学院刑法教研室编印:《我国刑法立法资料汇编》(1980年7月),第112~114页。

行计划生产、计划销售、计划价格,生产销售也完全由国家行政机关一手控制,因此那时企业的犯罪行为罕见,仅有的也是少量的偷税漏税行为,一般都以企业中直接责任人员接受处罚而告终。[1] 1955 年 4 月召开的全国海关关长会议认为,随着社会主义三大改造的完成,对外贸易将主要由国有公司专营。国有公司基本不存在走私、逃汇套汇等违法行为。[2] 故而,偷税、漏税、走私或者投机等危害经济秩序的活动,对于小量的违法行为按行政法规即可办理,不必动用刑罚来解决。[3]

第三,劳动教养制度的施行。1957 年国务院颁布《关于劳动教养问题的决定》(已废止),对于“不需要判处刑罚”的行为纳入劳动教养管制范围。根据第 1 条的规定,“不务正业,有流氓行为……违法治安管理、屡教不改的”实行劳动教养。所以相当一部分流氓行为将通过劳动教养予以改造,一贯实施流氓行为不再作为入罪条件。

第四,“宜粗不宜细”的立法原则。受特定的历史条件限制,为了维护刑法的稳定性,刑事立法遵循“宜粗不宜细”的立法原则。部分罪名的罪状有所调整,将“情节严重”作为入罪或者加重处罚的条件,故而不再将“一贯……”“屡犯”[4]等细化的规定单独列出。

除此之外,从“多次”相关规定的表述来看,有关规定摒除“经常……”的规范形式,沿用“一贯……”“屡教不改”的表述形式,并且还恢复“……为常业”规范表达的使用。遗憾的是,《刑法草案(初稿)》(第 22 稿)公布试行的决议已通过,也已征求意见,但是最终并未公布。

---

〔1〕 参见李翔:《单位犯罪司法实证研究:我国单位犯罪制度的检视与重构》,上海人民出版社 2016 年版,第 111 ~112 页。

〔2〕 参见姚永超、王晓刚编著:《中国海关史十六讲》,复旦大学出版社 2014 年版,第 225 ~226 页。

〔3〕 参见北京政法学院刑法教研室编印:《我国刑法立法资料汇编》(1980 年 7 月),第 112 页。

〔4〕 例如,1954 年《中华人民共和国刑法指导原则草案(初稿)》中将“一贯强奸妇女”“一贯奸淫妇女”作为加重处罚条件,《刑法草案(初稿)》第 22 稿中,将“情节严重”作为加重处罚条件,如果一贯行为满足情节严重之条件,可加重处罚。

(三)《刑法草案(初稿)》(第33稿)与1979年《刑法》中的相关规定

立法起草工作停止了三四年时间,直到1961年10月,全国人大常委会办公厅法律室才开始进行座谈研究。1962年3月,毛主席明确指示:"没有法律不行,刑法、民法一定要搞。"因此从1962年5月起,全国人大常委会协同有关部门,对《刑法草案(初稿)》第22稿进行全面修改,于1963年10月拟出第33稿。[1] 在第33稿中,"多次"的相关规定进一步缩减,仅剩3处,即保留"以走私、投机倒把为常业""惯窃、惯骗""一贯制造、贩卖、运输毒品"的加重处罚规定。不再将"重复实施同种性质的多次行为"(违法行为)作为入罪条件,而是一般放入是否"情节恶劣"或者作为量刑情节予以考量。[2]

由于历史原因,《刑法草案(初稿)》(第33稿)被束之高阁。1978年举行第五届全国人大第一次会议,对法制工作开始有所重视。从10月中旬开始,组成刑法草案的修改班子,对第33稿进行修改,形成第34、35次修改稿。[3] 1979年2月下旬,全国人大常委会法制委员会宣告成立。从3月中旬开始,以《刑法草案(初稿)》(第33稿)为基础,征求中央有关部门意见,做了较大修改,先后形成第36、37、38次修改稿。[4] 有关"多次"的规定,在这几次修改稿中有一些小幅度的删减与增添,7月6日正式公布的1979年《刑法》沿用了第33稿中的条文设置,将第33稿中的7种惯犯作为加重处罚条件予以处理。

---

〔1〕 参见高铭暄、赵秉志编:《新中国刑法立法文献资料总览》,中国人民公安大学出版社2015年版,第130~162页。

〔2〕 在第22稿中,"以赌博为常业""聚众斗殴,寻衅滋事,侮辱妇女,破坏公共秩序屡教不改的"被作为入罪条件。在第33稿中,赌博罪降低入罪标准,无须达到以赌博为常业的标准,而是达到意图营利,聚众赌博即可入罪,赌博的常业行为将作为此罪的量刑情节。而"聚众斗殴,寻衅滋事,侮辱妇女"等破坏公共秩序的流氓行为以"情节恶劣"作为入罪条件,实施此行为的惯犯可作为情节是否恶劣的考量因素。

〔3〕 参见高铭暄、赵秉志编:《新中国刑法立法文献资料总览》,中国人民公安大学出版社2015年版,第162~188页。

〔4〕 参见高铭暄、赵秉志编:《新中国刑法立法文献资料总览》,中国人民公安大学出版社2015年版,第188~225页。高铭暄、赵秉志:《中国刑法立法之演进》,法律出版社2007年版,第42~43页。

二、“多次”有关规定的形成阶段

上一阶段并未出现明确的“多次”规定，而是寓于处罚“重复实施同种性质多次行为”的“惯犯”“屡教不改”“一贯”等规定中。1979年《刑法》公布施行后，仍然存在一些问题，如观念上比较保守，内容上有时粗疏，以致在很短时间内便显露出与社会现实生活的诸多不适应。[1] 因此，在1979年《刑法》颁布、实施后不久，国家立法机关便开始着手刑法典的补充、完善工作。而随着改革开放的不断深入，我国社会政治、经济不断发展，社会情势、犯罪情势不断发生变化。为适应社会现实需求，国家机关出台大量刑事立法。在1997年《刑法》通过之前，全国人大常委会先后通过25部单行刑法。[2] 这段历史时期内，明确的“多次”规定初步形成，在数部单行刑法与刑法修改稿中都有体现，不少规定最终在1997年《刑法》中确立。这一阶段从1979年《刑法》正式颁布施行之后，直至1997年3月正式表决通过1997年《刑法》，可称为“多次”规定的形成阶段。这一阶段的“多次”相关规定以单行刑法为主、刑法典为辅。

（一）1997年刑法酝酿准备与初步修改时期[3]

1979年《刑法》颁布之后，1981年6月至1987年年底还公布了7部单行刑法，未出现有关“多次”的规定。1982年，我国最高立法机关曾提出修改刑法典的主张并开始着手相关的调研工作。1988年1月21日颁布的《全国人民代表大会常务委员会关于惩治贪污罪贿赂罪的补充规定》与《全国人民代表大会常务委员会关于惩治走私罪的补充规定》中首次出现“对多次贪污未经处理的，按照累计贪污数额处罚”“对多次走私、贩卖、运输、制造毒品，未

[1] 参见赵秉志、赫兴旺：《中国新刑法典的修订与分则的重要进展》，载《吉林大学社会科学学报》1997年第6期。

[2] 参见赵秉志：《刑法立法研究》，中国人民大学出版社2014年版，第18～20页。

[3] 高铭暄与赵秉志老师在《中国刑法立法之演进》一书中，将1982年至1997年这段修订刑法典的过程分为5个阶段，分别是酝酿准备阶段、初步修改阶段、重点修改阶段、全面修改阶段及立法审议通过阶段，本书以这5个阶段为基础梳理“多次”规定形成阶段内的相关立法情况。

经处理的,毒品数量累计计算"。这一种形式的"多次"规定。1988 年 7 月 1 日,《七届全国人大常委会工作要点》明确指出,抓好立法工作是第七届全国人大常委会任期内的首要任务,而且特别指出刑法的修改工作已纳入规划,正式列入议事日程。[1]

截至 1988 年 12 月,全国人大常委会法制工作委员会已完成 3 部修改稿。其中,12 月的刑法典修改稿中已包含当前意义下的 3 种"多次"规定[2],共达 9 处,集中在第五章破坏社会主义经济秩序罪、第七章侵犯财产罪和第八章妨害社会管理秩序罪。

从内容上看,1988 年 12 月修改稿已确"多次"作为入罪或者加重处罚的条件。作为入罪条件的"多次"规定共 2 处:(1)第 173 条将"多次盗窃"与数额较大、结伙盗窃、入室盗窃、携带凶器盗窃一同作为入罪条件;(2)第 189 条将"多次赌博屡教不改"与聚众赌博并列作为入罪条件。作为加重处罚的"多次"规定共 7 处,分别是:"走私集团的首要分子或者惯犯""投机倒把集团的首要分子或者惯犯""多次抢劫""惯窃""惯骗""多次进行流氓活动,屡教不改的""一贯或者大量制造、贩卖、运输毒品的"。从语言表述上讲,修改稿中仍沿用"一贯……"、"惯……"(惯犯)、"屡教不改"的表达形式,并增加"多次"作为规范用语,只是"屡教不改"不再作为单独的加重或者入罪条件,而是与"多次"搭配使用。

1990 年《全国人民代表大会常务委员会关于禁毒的决定》(已废止)中重申了对于多次走私、贩卖、运输、制造毒品未经处理累计计算数量的规定,并在第 6 条中增加了重复实施非法种植毒品原植物行为的犯罪化规定。[3]

---

〔1〕 参见赵秉志主编:《新旧刑法比较与统一罪名理解与适用》,中国经济出版社 1998 年版,第 9 页。

〔2〕 即作为入罪条件的"多次"、作为加重处罚条件的"多次"及视情况考察入罪或加重处罚的"多次"相关规定。

〔3〕 "非法种植罂粟、大麻等毒品原植物的,一律强制铲除。有下列情形之一的,处五年以下有期徒刑、拘役或者管制,并处罚金:……(二)经公安机关处理后又种植的……"

不少学者认为,这条规定是多次犯的立法开端,但是这条规定属于将两次违法行为入罪处理的规定,而笔者认为“多”通常应指三次以上,故而此规定不属于本书的研究范畴。

(二)1997 年刑法重点修改与全面修改时期

1992 年 10 月,刑法进入全面修改阶段。虽然 1989 ~ 1992 年刑法的修订工作暂时停止,但是在这 3 年间,颁布了 8 部单行刑法,其中有 4 部含有有关“多次”的规定。具体包括:(1)1991 年 6 月颁布的《全国人民代表大会常务委员会关于惩治盗掘古文化遗址古墓葬犯罪的补充规定》,将“盗掘具有历史、艺术、科学价值的古文化遗址、古墓葬的”行为规定为犯罪行为,并把多次盗掘的行为作为法定刑升格条件;(2)1991 年 9 月颁布的《全国人民代表大会常务委员会关于严惩拐卖、绑架妇女、儿童的犯罪分子的决定》,将 1979 年《刑法》第 141 条拐卖人口罪的犯罪对象修改为“妇女、儿童”,并将原本作为加重处罚条件的“情节严重”细化为“拐卖妇女、儿童三人以上的”等 6 项加重处罚范例;(3)1991 年 9 月公布的《全国人民代表大会常务委员会关于严禁卖淫嫖娼的决定》,在 1979 年“强迫卖淫罪”基础上,增加第 2 档法定刑,并规定“强迫多人卖淫或者多次强迫他人卖淫的”等 4 项加重处罚的事实范例;(4)1992 年 9 月公布的《全国人民代表大会常务委员会关于惩治偷税、抗税犯罪的补充规定》(已废止),首次在刑事立法中增加暗示型的“多次”规定,将偷税被处以二次行政处罚后又偷税的行为作为犯罪处理。[1]

---

〔1〕 1992 年《全国人民代表大会常务委员会关于惩治偷税、抗税犯罪的补充规定》第 1 条规定,纳税人采取伪造、变造、隐匿、擅自销毁帐簿、记帐凭证,在帐簿上多列支出或者不列、少列收入,或者进行虚假的纳税申报的手段,不缴或者少缴应纳税款的,是偷税。偷税数额占应纳税额的百分之十以上并且偷税数额在一万元以上的,或者因偷税被税务机关给予二次行政处罚又偷税的,处三年以下有期徒刑或者拘役,并处偷税数额五倍以下的罚金;偷税数额占应纳税额的百分之三十以上并且偷税数额在十万元以上的,处三年以上七年以下有期徒刑,并处偷税数额五倍以下的罚金。

从1993年开始，刑法修改工作重新被提上议事日程。[1] 1993年，全国人大常委会法制工作委员会对刑法分则进行修改，并于11月底完成《刑法分则条文汇集》。《刑法分则条文汇集》中的"多次"规定，较之前的修改稿中规定具有较大进步，突出表现在"多次"规定的规范表述方面：不再使用"屡犯""一贯""经常""作恶多端"等难以把握的生活化、模糊化的用词，避免诱发判定标准不一、自由裁量权过大等问题；改成较为规范、明确、容易把握的"多次"表述，进一步明晰裁量的规则。除此之外，正式吸纳多次行为未经处理后累计计算数额、数量的规定进入立法文本，并进一步扩大此类规定的设置范围。不仅将其作为贪污、走私数额的处理规则，还运用于偷税犯罪中。总体而言，"多次"规定的数量已增加至12处。

1994～1996年，刑法总分则经过反复的研讨与修改，共产生十几部修改稿。1996年9月，时任全国人大常委会副委员长的王汉斌同志组织有关负责人逐条讨论修改草案，并修改出《刑法草案（征求意见稿）》。广泛听取法律专家、有关机关的意见之后，拟定出一部较为成熟的刑法草案，并于1996年12月提交全国人大常委会进行审议。

（三）1997年刑法典立法审议通过时期

自1996年12月起，刑法的修订进入了最后的审议和通过阶段。同年12月26日第八届全国人大常委会审议的刑法修订草案，因《刑法》第161条规定的流氓罪较为笼统，实践中流氓罪的认定较随意，所以将流氓罪进行"分流"，分解为4条具体的法律规定。[2] 其中，聚众淫乱、聚众斗殴行为严重危害社会治安，且具有高发性、惯常性的特点。考虑到对社会治安的控制、加强社会管理的必要，增加聚众淫乱作为犯罪行为并将多次参加作为成

---

〔1〕 参见赵秉志：《刑法改革问题研究》，中国法制出版社1996年版，第110页。

〔2〕 流氓罪分解为4条具体规定：一是侮辱、猥亵妇女罪；二是聚众淫乱罪；三是聚众斗殴罪；四是寻衅滋事罪。参见全国人大常委会：《关于中华人民共和国刑法（修订草案）的说明》，载高铭暄、赵秉志编：《新中国刑法立法文献资料总览》，中国人民公安大学出版社2015年版，第592～595页。

立犯罪的条件;确立聚众斗殴作为犯罪行为,更把“多次聚众斗殴的”作为加重处罚条件,配之以3年以上10年以下有期徒刑的处罚。至此,“多次”规定增至14处。

1997年1月,立法机关和中央政法机关再次召开会议,对刑法修订草案中的重大问题进行研究与修改。全国人大常委会法工委总结前两次会议〔1〕的意见,认真修改,并多次召开会议听取各方面意见,从而形成更加完善的刑法草案。1997年2月19日,第八届全国人大常委会召开第二十四次会议,对刑法修订草案做进一步修改。同年3月,第八届全国人大第五次会议对刑法进行审议,并在会议期间对刑法草案进行必要修改。最终于同年3月14日,第八届全国人大第五次会议通过《刑法》。

就“多次”规定而言,基本沿袭了1996年12月刑法草案修改稿的规定,仅增添了1处“多次”的累计处罚规定,即1997年《刑法》第347条,在有关“走私、贩卖、运输、制造毒品”行为处罚的条款中增加第7款:“对多次走私、贩卖、运输、制造毒品,未经处理的,毒品数量累计计算。”因此,截至1997年《刑法》公布施行,我国共有15处有关“多次”的规定。

三、“多次”有关规定的发展阶段

1997年《刑法》颁布后,“多次”规定的数量成倍增长。“多次”规定除了通过刑法修正案的形式增加以外,主要由司法机关在总结实践经验的基础上制定相关司法解释。由于司法解释在我国具有“准立法”的作用,故而,本书将司法解释中涉及“多次”规定纳入研究范畴。至今,〔2〕共出台了36部司法解释、3部刑法修正案与“多次”规定相关,司法解释中相关的条文高达96条。因三种类型的“多次”规定特点各异,故本部分将该三类型“多次”规定的发展状况分而述之。

---

〔1〕 即前文所提到的1996年12月和1997年1月召开的研讨会。

〔2〕 本书中涉及的“多次”相关规定梳理截至2024年5月23日。

(一)作为入罪条件的“多次”规定发展

1997年《刑法》颁布至今,作为入罪条件的“多次”规定从原本仅涉及3个罪名发展至涉及70个罪名。其中,《刑法修正案(八)》《刑法修正案(九)》《刑法修正案(十一)》中共有6个罪名将“多次”作为犯罪化条件[1];相关司法解释中增设的“多次”入罪规定更是多达60个罪名。

在1997年《刑法》中,作为入罪条件的“多次”规定仅包含盗窃罪、聚众淫乱罪与偷税罪中的多次盗窃、多次聚众淫乱与多次偷税,涉及分则中第五章“侵犯财产罪”、第三章“破坏社会主义市场秩序罪”第六节“危害税收征管罪”及第六章“妨害社会管理秩序罪”第一节“扰乱公共秩序罪”。经过20余年的发展,从宏观上看,作为入罪条件的“多次”规定已蔓延至除第一章“危害国家安全罪”外的其余各章之中;从微观上看,在分则中设置节的第三章与第六章内,“多次”规定不仅包含在危害税收征管罪与扰乱公共秩序罪之中,还扩张至第三章第二节“走私罪”、第三节“妨害对公司、企业的管理秩序罪”、第四节“破坏金融管理秩序罪”、第八节“扰乱市场秩序罪”以及第六章第五节“危害公共卫生罪”、第六节“破坏环境资源保护罪”和第七节“走私、贩卖、运输、制造毒品罪”。其余未设节的章之内,也增加了许多将多次轻微违法行为犯罪化的规定。

作为入罪条件的“多次”规定大量存在于最高人民检察院、公安部联合发布或者由最高人民检察院发布的刑事案件立案追诉标准及“两高两部”“两高”联合发布的司法解释中,占总数的71.4%。主要有2006年7月最高人民检察院《关于渎职侵权犯罪案件立案标准的规定》(高检发释字〔2006〕2号),2008年最高人民检察院、公安部《关于公安机关管辖的刑事案件立案追

---

〔1〕《刑法修正案(八)》《刑法修正案(九)》《刑法修正案(十一)》中增加“多次抢夺”“多次敲诈勒索”“多次扰乱国家机关工作秩序,经行政处罚后仍不改正,造成严重后果的”“多次组织、资助他人非法聚集,扰乱社会秩序,情节严重的”“走私货物、物品偷逃应缴税额较大或者一年内曾因走私被给予二次行政处罚后又走私的”“猥亵儿童多人或多次的”作为相应犯罪的入罪条件。

诉标准的规定(一)》(公通字〔2008〕36号),2010年最高人民检察院、公安部发布的《关于公安机关管辖的刑事案件立案追诉标准的规定(二)》(公通字〔2010〕23号,已废止),2018年最高人民法院、最高人民检察院、公安部和司法部出台的《关于办理恐怖活动和极端主义犯罪案件适用法律若干问题的意见》(高检会〔2018〕1号),2019年“两高”《关于办理非法利用信息网络、帮助信息网络犯罪活动等刑事案件适用法律若干问题的解释》(法释〔2019〕15号),以及2019年最高人民法院《关于审理走私、非法经营、非法使用兴奋剂刑事案件适用法律若干问题的解释》(法释〔2019〕16号)之中。具体如下:

2006年7月最高人民检察院颁布《关于渎职侵权犯罪案件立案标准的规定》,规定刑讯逼供、暴力取证三人次以上;三次以上不履行追究职责,放纵制售伪劣商品犯罪行为;放纵走私行为三起以上的等13个多次实施渎职行为情形应予立案。

2008年最高人民检察院、公安部公布的《关于公安机关管辖的刑事案件立案追诉标准的规定(一)》规定,实施强迫交易行为、毁坏公私财物行为、破坏生产经营行为、强拿硬要或任意损毁行为、占用公私财物行为、故意损毁国家保护的名胜古迹行为、冲击军事禁区行为、扰乱军事管理区秩序行为、战时拒绝或者故意延误军事订货行为、战时无正式理由拒绝军事征用行为达到三次以上的,或者非法行医被卫生行政部门被行政处罚两次以后,再次非法行医的,应当立案追诉。

2010年最高人民检察院、公安部发布《关于公安机关管辖的刑事案件立案追诉标准的规定(二)》中增加了20处有关“多次”入罪的情形,包括第3条第4项“两年内因虚报注册资本受过行政处罚二次以上,又虚报注册资本的”、第4条第4项“两年内因虚假出资、抽逃出资受过行政处罚二次以上,又虚假出资、抽逃出资的”、第6条第8项“多次提供虚假的或者隐瞒重要事实的财务会计报告,或者多次对依法应当披露的其他重要信息不按照规定披露的”、第26条第2项“两年内因高利转贷受过行政处罚二次以上，又高利转贷的”、第27条第3项“多次以欺骗手段取得贷款、票据承兑、信用证、保函等的”、第37条第4项“多次编造并且传播影响证券、期货交易的虚假信息的”、第40条第2项“多次擅自运用客户资金或者其他委托、信托的财产，或者擅自运用多个客户资金或者其他委托、信托的财产的”、第44条第3项“多次违规出具信用证或者其他保函、票据、存单、资信证明的”、第75条第4项“两年内因利用广告做虚假宣传，受过行政处罚二次以上，又利用广告做虚假宣传的”、第76条第5项“两年内因串通投标，受过行政处罚二次以上，又串通投标的”、第81条第4项“两年内因提供虚假证明文件，受过行政处罚二次以上，又提供虚假证明文件的”、第83条第4项“多次逃避商检的”、第86条第3项“多次挪用特定款物的，或者造成人民群众的生产、生活严重困难的”及第79条有关实施7种非法经营行为受到行政处罚，又实施该行为应当追诉的规定。

2018年最高人民法院、最高人民检察院、公安部和司法部出台《关于办理恐怖活动和极端主义犯罪案件适用法律若干问题的意见》第一部分“准确认定犯罪”规定“多次参加恐怖活动组织的”可以作为“积极参加”的类型化情形之一，作为犯罪处理。按照《刑法》第120条之六的规定，虽然没有数额标准，但多次持有并造成严重后果或者恶劣社会影响的，作为犯罪处理。

2019年“两高”《关于办理非法利用信息网络、帮助信息网络犯罪活动等刑事案件适用法律若干问题的解释》中，增加2处有关“多次”入罪的情形：“多次造成刑事案件证据灭失的”是《刑法》第286条之一第1款第3项“情节严重”的情形之一；“二年内多次责令改正拒不改正的”是《刑法》第286条之一第1款第4项“其他严重情节”（入罪）情形之一。2019年最高人民法院《关于审理走私、非法经营、非法使用兴奋剂刑事案件适用法律若干问题的解释》增加1处即第1条第1款第1项，规定“一年内曾因走私被给予二次以上行政处罚后又走私的”按照走私国家禁止进出口的货物、物品罪定罪处罚。

另外,一些最高人民法院发布的,或者“两高”联合发布的司法解释中也有关于“多次”的入罪规定。例如,2009年最高人民法院《关于审理非法制造、买卖、运输枪支、弹药、爆炸物等刑事案件具体应用法律若干问题的解释》(法释〔2009〕18号)第1条第1款第8项规定,“多次非法制造、买卖、运输、邮寄、储存弹药、爆炸物的”以非法制造、买卖、运输、邮寄、储存枪支、弹药、爆炸物罪定罪处罚;2012年《最高人民法院、最高人民检察院关于办理内幕交易、泄露内幕信息刑事案件具体应用法律若干问题的解释》(法释〔2012〕6号)第6条第4项规定,在内幕信息敏感期内从事或者明示、暗示他人从事或者泄露内幕信息导致他人从事与该内幕信息有关的证券、期货交易三次以上的,“应当认定为刑法第一百八十条第一款规定的‘情节严重’”;2016年最高人民法院《关于审理毒品犯罪案件适用法律若干问题的解释》(法释〔2016〕8号)第7条第2款第2项规定,二年内曾因非法生产、买卖、运输制毒物品、走私制毒物品受过行政处罚,又实施该行为的,“应当认定为刑法第三百五十条第一款规定的‘情节较重’”;等等。

(二)作为加重处罚条件的“多次”规定发展

作为加重处罚条件的“多次”规定,在1997年《刑法》内存在于7个罪名之中。[1] 经过20余年的发展,有关作为加重处罚条件的“多次”规定的罪名增至18个。其中,通过《刑法修正案(八)》增加的作为加重处罚条件的“多次”规定1处,相关司法解释增加的“多次”加重处罚规定共11处。

在1997年《刑法》中,作为加重处罚条件的“多次”规定涉及分则第四章“侵犯公民人身权利、民主权利罪”、第五章“侵犯财产罪”、第六章“妨害社会管理秩序罪”第一节“扰乱公共秩序罪”与第三节“妨害国(边)境管理罪”

〔1〕 1997年《刑法》中有6个包含作为加重处罚条件“多次”规定的罪名,分别是第236条“强奸罪”、第240条“拐卖妇女、儿童罪”、第263条“抢劫罪”、第318条“组织他人偷越国(边)境罪”、第321条“运送他人偷越国(边)境罪”、第328条“盗掘古文化遗址、古墓葬罪”。

中。目前，现有“多次”加重处罚规定已扩展至除上述章节以外的第三章“破坏社会主义市场经济秩序罪”第六节“危害税收征管罪”、第六章第四节“妨害文物管理罪”、第六章第七节“走私、贩卖、运输、制造毒品罪”中。其中，“多次”的加重处罚规定集中于分则第六章“妨害社会管理秩序罪”中，占总数的73.6%。

“多次”加重处罚规定主要存在于最高人民法院发布的司法解释中。例如，2000年最高人民法院《关于审理黑社会性质组织犯罪的案件具体应用法律若干问题的解释》(法释〔2000〕42号)第6条，将“多次实施包庇、纵容行为”作为包庇、纵容黑社会性质组织罪的“情节严重”的事实范例，加重处罚。又如，2002年最高人民法院《关于审理偷税抗税刑事案件具体应用法律若干问题的解释》(法释〔2002〕33号)第5条，将多次抗税行为解释为抗税罪中的“情节严重”，作为法定刑升格的条件之一。再如，2016年颁布的《关于审理毒品犯罪案件适用法律若干问题的解释》(法释〔2016〕8号)规定对下列多次犯罪行为加重法定处罚：第4条第1项“多次走私、贩卖、运输、制造毒品的”、第6条第1款第2项“多次包庇走私、贩卖、运输、制造毒品的犯罪分子的”、第6条第2款第3项“多次为他人窝藏、转移、隐瞒毒品或者毒品犯罪所得的财物的”以及第11条第1项“多次引诱、教唆、欺骗他人吸食、注射毒品的”。

此外，刑法修正案与“两高”联合颁布的司法解释也是增加“多次”加重处罚规定的重要模式。其中，2013年“两高”《关于办理寻衅滋事刑事案件适用法律若干问题的解释》(法释〔2013〕18号)将“多次随意殴打他人的”“多次追逐、拦截、辱骂、恐吓他人，造成恶劣社会影响的”“多次强拿硬要或者任意毁损、占用公私财物，造成恶劣社会影响的”行为分别解释为《刑法》第293条第1款法定升格条件“情节恶劣”的细化事例，作为判断是否加重处罚的事实范例之一。2015年“两高”《关于办理妨害文物管理等刑事案件适用法律若干问题的解释》(法释〔2015〕23号)增加有关多次故意损毁文物加重处罚的规定。2019年"两高"《关于办理组织考试作弊等刑事案件适用法律若干问题的解释》(法释〔2019〕13号)增加多次组织考试作弊的规定。2021年"两高"《关于办理窝藏、包庇刑事案件适用法律若干问题的解释》(法释〔2021〕16号)增加多次窝藏、包庇犯罪的人的加重处罚规定。《刑法修正案(八)》第42条增设《刑法》第293条第2款,规定行为人纠集他人多次实施寻衅滋事行为,严重破坏社会秩序的,升格法定刑档次,最高可判处10年有期徒刑。

(三)视情况考察入罪或者加重处罚的"多次"规定发展

作为视情况考察入罪或者加重处罚的"多次"规定,在1997年《刑法》中仅存在于4个罪名中。[1] 随着我国经济社会的发展,将多次违法行为的数额、数量累计计算予以处理的规则被推广到将数额、数量作为定罪量刑根据的诸多罪名中,目前涉及30个罪名。除了刑法典规定的4个罪名累计计算未经处理的行为数额、数量定罪量刑以外,主要通过最高人民法院、最高人民检察院、公安部等司法机关发布司法解释的形式统一实践中特定罪名的数额、数量处理规则。

1997年《刑法》中有关多次行为未经处理的数额、数量累计计算的规定仅限于《刑法》分则第三章"破坏社会主义市场经济秩序罪"第二节"走私罪"、第六节"危害税收征管罪"、第六章"妨害社会管理秩序罪"第七节"走私、贩卖、运输、制造毒品罪"和第九章"渎职罪"中。通过司法解释的扩张,目前此类"多次"规定已进一步增加,其中,第三章从仅涉走私与税收秩序的罪名,扩张至第三章第一节"生产、销售伪劣产品罪"、第四节"破坏金融管理秩序罪"、第六节"危害税收征管罪"、第七节"侵犯知识产权罪"中,总计于14个罪名中增加"多次"累计处罚的规定;第六章除第七节包含此类"多次"规定之外,还在第一节"扰乱公共秩序罪"、第二节"妨害司法罪"、第六节

[1] 即《刑法》第153条"走私罪"、第201条"逃税罪"、第347条"走私、贩卖、运输、制造毒品罪"、第383条"贪污罪"。

“破坏环境资源保护罪”、第九节“制作、贩卖、传播淫秽物品罪”中增添8条规定。此外,分则第五章“侵犯财产罪”也增加2条此类“多次”规定。总体而言,此类规定主要分布在侵害社会主义市场经济秩序类、侵害社会管理秩序类的罪名中,约占总数的88%。

四、“多次”规定的规律及其评析

(一)“多次”规定的演变规律

基于前述对“多次”相关规定变迁的梳理,可以发现其立法演进具有以下规律:

首先,从设置类型上讲,行政违法行为犯罪化的立法趋势在“多次”立法中日渐凸显。经过数十年的发展,我国刑法中“多次”的立法类型由“加重为主、入罪或累计为辅”逐步向“入罪为主、加重或累计为辅”类型特征转变,行政违法行为犯罪化的立法趋势日渐凸显。在“多次”规定的孕育阶段与形成阶段,起入罪与累计处罚作用的“多次”规定并不多,散见于数部刑法修改稿和单行刑法中。随着社会治理方式转型、宽严相济刑事政策对刑事立法的影响逐渐深入,立法机关进行了相当规模的犯罪化,对行政违法行为予以犯罪化即是其重要表现之一。特别是劳动教养制度废除之后,“做好劳动教养制度废除后法律上的衔接”[1]工作成为刑法修正的重要方向。“多次敲诈勒索”和“多次抢夺”等原本由劳动教养制度规制的行为被犯罪化处理,弥补了行政处罚力度不足的缺陷,严密了刑事法网。相比之下,最高司法机关通过司法解释将多次行政行为犯罪化的活跃程度更高,并呈现同类型罪名“片状”[2]增长之势。总体而言,作为入罪条件的“多次”规定已占总数

---

〔1〕《关于〈中华人民共和国刑法修正案(九)(草案)〉的说明》,载中国人大网,http://www.npc.gov.cn/npc/lfzt/rlys/2014-11/03/content.1885123.htm。

〔2〕例如2006年《最高人民检察院关于渎职侵权犯罪案件立案标准的规定》(高检发释字〔2006〕2号)中,集中对渎职犯罪的11项罪名增加了“多次”入罪的规定。

的70.8%。

其次,从规范用语上讲,“多次”规定的立法技术日趋完善。在“多次”规定的孕育阶段、形成阶段前期,由于立法机关旨在首要着力解决“有法可依”的问题而将大量精力放在制定(包括修改)法律上。也即是说,刑事立法首先解决有没有“法”的问题,对所立之法质量如何关注较少,缺乏对立法技术足够的重视与分析,导致立法语言失范现象曾在我国刑事立法中发生。[1]具体到“多次”相关规定立法领域,在其孕育、形成阶段主要使用“一贯”“经常”“作恶多端”“屡教不改”“屡犯”等日常性生活用语,用以规制具有常习性实施违法犯罪行为的行为人,但是其模糊性、通俗性的立法用语不仅不利于人民预测行为自由的界限,而且为执法工作带来一定难度。[2] 后来,一方面,因为社会治安整体状况的好转,类似新中国成立初期的“惯盗”,即强盗(抢劫)罪中的惯犯等“旧社会遗留的渣滓”逐渐减少[3];另一方面,因为罪刑法定原则的实质内涵(其重要部分明确性原则)在理论界得到普遍认同,刑法用语专业性、统一性、严谨性、确切性的要求[4]逐渐得到重视,不明确的用语表达更替成较为明确的“多次”。

最后,从界域范围上讲,“多次”规定的设置逐渐体现出决策者对秩序、安全价值的诉求。通过对“多次”规定三个阶段修正引起的内容变化的梳理可以发现,“多次”规定的增设(特别是作为入罪条件“多次”相关规定)有“零星化”向“片状化+零星化”转变的趋势,集中针对新出现或者一定时期人们比较关注的某一类犯罪增设若干规定,并以修改社会管理秩序类犯罪和经济秩序类犯罪为重点,兼顾其他犯罪。虽然除了分则第一章危害国家

---

[1] 参见姚龙兵:《刑法立法基本原则研究》,中国政法大学出版社2014年版,第210页。

[2] 例如,“屡教不改”从词语本身来理解,很难有确切的答案,“屡”是指多少次以上?“教”育的形式和内容怎样把握?这些问题都是难以确定的。参见马晓燕、史灿方:《法律语言学引论》,安徽人民出版社2008年版,第82页。

[3] 参见廖增昀:《关于惯犯问题的探讨》,载《法学研究》1984年第8期。

[4] 参见陈兴良:《相似与区别:刑法用语的解释学分析》,载《法学》2000年第5期。

安全罪之外，每一章均有“多次”规定，但是“多次”规定主要还是集中在第二章危害公共安全罪、第三章破坏社会主义市场经济秩序罪及第六章妨害社会管理秩序罪之中。这体现了决策者对环境资源、毒品、经济秩序等有关民生福祉与集体安全法益的重点关注。总而言之，“多次”规定的生成与秩序、安全价值的诉求极为契合，是彰显刑法对秩序、安全保障机能的重要立法资源。

（二）“多次”规定的立法评析

随着“多次”规定内容的不断演进，相关的界域范围、立法技术不断完善。然而，通过对“多次”规定进行系统性检视可以发现，当前“多次”立法仍存在诸多问题，亟待进一步研究。

首先，“多次”规定的分布较为分散，呈“碎片化”，且存在立法根据的正当性质疑。我国的“多次”规定分散在刑法典与相关有权解释中，呈现出“碎片化”分布的形态，缺乏整体性。具体表现在：一是在分则的同一章之中并非所有节设有同类“多次”规定，如第三章破坏社会主义市场经济秩序罪中仅有第二节、第三节、第四节、第六节、第八节设置了作为入罪条件的“多次”规定，而其他节未涉及。二是在同一节的同类罪名中，也呈现零散分布的特点，如在侵害财产罪一章中仅有盗窃罪、抢夺罪、敲诈勒索罪将“多次”作为入罪条件，而其余罪名没有设置此类入罪条件。三是同类罪量要素的处理规则设置不统一。同样涉及数额、数量作为罪量的罪名中，仅有30个罪名设置了多次未经处理而累计处罚的规定。那么，同样是多次未经处理的违法行为，数额、数量是否累计处理不无疑问。上述“碎片化”分布的现状，不仅可能与“出罪举重以明轻、入罪举轻以明重”重要原则相悖，而且可能造成同类案件罪刑失衡的严重后果，亟须对其设置根据进行合理阐释。

其次，同类“多次”规定的限缩性要件设置不统一，存在理论与实践困境。为了限制“多次”相关犯罪形态的成立，立法中为其设置存续期限、行政处罚前置等限缩性要件。然而，“多次”规定的限缩性要件设置较为混乱，不仅引发理论上的争议，而且司法实践中相关规定的适用亦存在障碍。就存续期限的设置而言，除了具有“零散化”“集中化”“差异化”的特点外，还存在部分存续期限设置与行政处罚的追诉期限不协调的现象。就行政处罚前置要件而言，并非所有的入罪型“多次”规定都设置了行政处罚前置的条件。对于“多次盗窃”“多次抢夺”等并未设置行政处罚前置要件的规定，引发了已受行政处罚的单次行为是否纳入次数累计、行政处罚过的单次行为涉案数额是否累计进入总数、是否违背禁止重复评价原则等疑问。

最后，“多次”规定的扩张恐与刑法的谦抑性抵牾。通过前文的历史梳理可见，“多次”规定的设置在立法与相关司法解释中呈扩张的趋势。从时间维度上讲，1997 年《刑法》颁布之后的 20 余年间，“多次”规定的扩张呈加速发展的趋势。近年来，最高司法机关颁布的多部司法解释都包含“多次”规定，如 2016 年最高人民法院颁布的《关于审理毒品犯罪案件适用法律若干问题的解释》、2013 年“两高”颁布的《关于办理寻衅滋事刑事案件适用法律若干问题的解释》等。虽然“多次”规定的增设是刑法开放发展、适应社会变迁的产物，对于严密刑事法网具有积极作用，但是其扩张恐会因立法的内心燥热，从而使刑法谦抑性日渐被立法和司法搁浅的后果不容忽视[1]。这须将“多次”规定置于社会治理的系统之内，审视其立法的必要性，把握扩张的合理限度。

第三节　域外刑法中“多次”相关规定的考察

如何有效惩治多次犯罪行为并非我国社会治安体系面临的独特问题，世界上很多国家与地区都面临此种现象的困扰，由此创设出惩治重复实施相同性质犯罪行为的处置规定。尽管我国与域外国家、地区的国情、法律文

[1] 参见石聚航：《刑法谦抑性是如何被搁浅的？——基于定罪实践的反思性观察》，载《法制与社会发展》2014 年第 1 期。

化、制度土壤等方面存在较大差异，但是域外国家和地区的相关制度探索仍对我国具有一定的启示意义；同时，为了避免盲目移植域外有关规定遭遇“橘生淮南则为橘，生于淮北则为枳”的窘境，有必要对域外有关规定进行考察，明晰其与我国“多次”规定的个性与共性，并结合我国的文化传统、治理模式进行学习借鉴，从而推动我国“多次”规定的研究发展。

一、域外有关作为入罪条件的“多次”规定

（一）使用“常业”“习惯”“屡次”作为入罪条件：以德国为例

德国现行刑法中没有明文表述“多次”的规定，通常情况下若多次重复实施同种性质的犯罪行为，多次损害同一规定时即构成“行为复数”，应按照《德国刑法典》第53条、第54条之规则，确定总和刑。学理上，多个同种的构成行为造成多个同种损害后果的情形属之“构成行为多数”（Tatmehrheit）；如果行为实施的数个独立的应受处罚行为在同一诉讼程序中进行审判，即存在实质竞合（Reale Konkurenz，wiekliches Zusammentreffen）。如果独立的数行为属于同种，则称之为同种实质竞合；如果不同种，则称之为异种实质竞合。[1]一般情况下，多次重复实施同种性质犯罪行为，损害同一规定的“行为复数”属之同种实质竞合。原则上，对于同种的实质竞合采用加重原则，先对每一个独立的同种构成行为确立一个单独的刑罚，选取其中最严重的刑罚作为起始刑罚，再根据加重原则确定总和刑（第53条第1款、第53条第2款第1项、第54条）。[2] 然而，德国刑法典分则中存在将重复实施同种犯罪行为综合成一个实体法意义上的集合犯罪，作为一罪处理的条文，通常表现为加重构成；少数条文也将多次的集合犯罪作为基本犯罪构成。具体而言，德国刑法典中共有4个罪名将多次实施同种性质的犯罪行为的情形作为犯罪基本

---

〔1〕参见［德］李斯特：《德国刑法教科书》，徐久生译，法律出版社2006年版，第396页。

〔2〕参见［德］乌尔斯·金德霍伊泽尔：《刑法总论教科书》，蔡桂生译，北京大学出版社2015年版，第492～493页。

构成要件，蕴含于“常业”“习惯”“屡次”的立法表述之中，其包括以下类型[1]：

第一，将“常业”实施犯罪行为作为入罪条件的规定。例如，根据《德国刑法典》第180a条第1款规定，行为人常业地经营或主持使他人从事性交易的行为，并使他人产生个人或经济依赖性的情形，构成剥夺性交易者罪，可判处三年以下有期徒刑或罚金；又如，第261条第1款第4项(b)规定实施明确列出的15种行为[2]并形成常业的或团伙性地实施的，才可作为洗钱、隐瞒非法获得的财产价值罪的上游行为，从而成立该罪。

第二，将“习惯”性地实施犯罪行为作为入罪条件的规定。根据《德国刑法典》第284条第1款和第2款规定，未受主管机关的许可而公然举办、经营赌博或提供设施者，构成未受许可举办赌博的基本犯。其中习惯性地举办赌博的社团或非公开团体中赌博者，视为公然举办。也就是说，成立此罪需要行为人习惯性地多次举办赌博社团。

第三，将“屡次”实施犯罪行为作为入罪条件的规定。根据《德国刑法典》第184f条规定，“屡次违背法规命令”(对特定场所或特定时间所发布之性交易禁令)，从事性交易活动的，构成从事受禁止性交易罪，可处6个月以下有期徒刑或180日额单位罚金。

(二)使用“反复”“惯常”“经常”作为入罪条件：以法国为例[3]

与德国相同，2015年修订的《法国刑法典》没有明文规定将“多次”的立法表述作为定罪量刑的根据，但是法国刑法同样存在将重复实施同种性质

---

〔1〕 参见《德国刑法典》，王士帆、王玉全等译，何赖杰、林钰雄审译，台北，元照出版公司2017年版，第248、261、335、361页。

〔2〕 根据《德国刑法典》第261条第1款第4项(b)规定，《德国居留法》第96条、难民程序法第84条、《德国租税通则》第370条、《德国证券交易法》第38条第1款第4项、《德国商标法》第143条、第143a条及第144条、《德国著作权法》第106~108b条、《德国新型专利法》第25条、《德国创意设计法》第51条与第65条、《德国专利法》第142条、《德国半导体保护法》第10条、《德国职务品种保护法》第39条。

〔3〕 参见《最新法国刑法典》，朱琳译，法律出版社2016年版，第88~89、97、127、147、247页。

违法犯罪行为该当基本犯罪构成和加重犯罪构成的规定。具体而言,作为入罪条件的规定包括以下三种规范表述类型:

第一,将“反复”实施行为作为入罪条件的规定。例如,《法国刑法典》第222—16条,将“恶意地反复拨通电话、通过通讯途径反复发送恶意信息或者以扰乱他人安宁为目的噪声侵害行为”,作为成立该暴力侵扰型犯罪的成立条件。再如,第222—17条、第222—33条分别将“反复进行此种威胁”(以对人实施重罪或轻罪相威胁)、“反复强行对他人施加带有性含义的言语与行为”作为相应威胁犯罪、精神骚扰犯罪的入罪条件。

第二,将“惯常”实施行为作为入罪条件的规定。此种类型的规定将多次实施犯罪行为并形成惯常性作为犯罪的构成条件,通常情况下包含在惩罚经营行为的罪名中。例如,《法国刑法典》第225—12—8条第3款规定,行为人惯常对实施第446—1条(无照流动贩卖罪)的一人或多人施加持续性或非持续性的影响,或者与其保持经常联系,但不能证明自己拥有与生活排场相匹配的收入的,视为经营无照贩卖罪。

第三,将“经常”实施行为作为入罪条件的规定。经常,即时常、常常。以“经常”实施某种行为作为构成要件,一定程度将行为人实施行为的常态作为处罚对象,单次行为不构成犯罪。例如,《法国刑法典》第227—23条规定,将行为人经常在公共网络上浏览或者付费浏览具有色情性质的影像或者表演,通过任何形式获得或者持有此种影像或表演作为犯罪成立的条件,可处以2年监禁并科30,000欧元罚金。

二、域外有关作为加重处罚条件的“多次”规定

(一)实施犯罪行为形成“常习”的加重处罚规定:以日本为例

现行《日本刑法典》(2013年11月27日修正)总则第59条规定,实施3次以上犯罪的人,依照再犯规定处罚。依照第57条对再犯刑罚的规定,对于实施3次以上犯罪的人,可在所犯之罪中规定的惩役最高刑期的二倍以下判处自由

刑。《日本刑法典》分则中没有明文表述“多次”或者“三次”的规定，但是讲求对重复实施多次同种犯罪行为作为定罪量刑根据的规范，日本确有相关的规定。含有“常习……”的各项规定就是其中的主要类型。现行《日本刑法典》第186条将常习赌博作为赌博罪的加重身份犯，加重其刑至3年以下惩役。[1]

《日本改正刑法草案》（1974年9月29日法制审议会总会决定）虽然因为种种原因未能向国会递交，但是反映了《日本刑法典》自1907年制定以来，对社会政治、经济形势出现的新问题的回应，具有重要的研究意义。其中，共有6个条文涉及常习犯罪。[2] 草案不仅对《日本刑法》（1907年）总则第59条进行了修改并在分则增加了诸多的常习犯罪的规定。其中，《日本改正刑法草案》第59条取消了对实施3次犯罪行为人的特殊规定，而是把“被判处6个月以上惩役的累犯人又实施犯罪的”行为人认定为常习者，名为常习累犯。依照累犯的规定判处有期惩役，并可以宣告不定期刑。分则中，除了保留常习赌博的加重处罚规定之外，还为14种犯罪的常习犯罪人增设了加重处罚规定，包括第265条的常习伤害罪、常习暴行罪、常习聚众伤害罪、常习聚众暴行罪，第305条的常习胁迫罪，第332条的常习盗窃罪、常习加重盗窃罪、常习抢劫罪、常习加重抢劫罪、常习事后抢劫罪，第348条的常习恐吓罪、常习聚众恐吓罪、常习准恐吓罪与常习恐吓未遂。

此外，日本还有多部单行刑法包含有关常习犯罪与再次犯罪的特别规定。主要包括：

1.《关于规制跟踪尾随纠缠行为等的法律》第14条规定，违反禁止命令（只限于涉及第5条第1款第1项的部分），又实施尾随行为的，处1年以下惩役或者100万日元以下的罚金。此规定不仅提高了基本犯罪的法定刑（基本犯罪处6个月以下惩役或者50万元以下的罚金），而且由告诉才处理

---

[1] 参见张凌、丁秀峰编著：《日本刑法及特别刑法总览》，人民法院出版社2017年版，第20页。

[2] 参见张凌、丁秀峰编著：《日本刑法及特别刑法总览》，人民法院出版社2017年版，第57～119页。

的案件转为公诉案件。[1]

2.《关于防止及处罚盗窃犯等的法律》第 2 ~4 条确立了处理盗窃、抢劫相关常习犯罪的特别规定。具体包括:(1)第 2 条规定使用特定方法实施第 235 条(盗窃)、第 236 条(强盗)、第 238 条(事后强盗)、第 239 条(昏醉强盗)犯罪及未遂罪的常习者,以盗窃者论处时,处 3 年以上惩役;当以抢劫论处时,处 7 年以上惩役。(2)第 3 条规定了常习实施第 2 条所述犯罪或未遂罪,又构成累犯时的处罚。(3)第 4 条规定常习实施“抢劫致伤”“抢劫强奸”行为的,可处无期惩役或者 10 年以上惩役。[2]

3.《关于处罚暴力行为等的法律》第 1 条之三规定,常习实施第 204 条(污染水道)、第 208 条(释放毒物等)、第 222 条(伪造印花税票、邮票,使用伪造的印花税票、邮票)之罪,伤害他人时,处 1 年以上 15 年以下惩役;第 2 条规定常习性强行要求见面或强行胁迫商谈的,可处 1 年以下惩役或 10 万日元以下的罚金。[3]

4.《关于防止暴力团员不正当行为的法律》《破坏活动防止法》分别对“暴力团”(可能助长其团体成员集体或常习地实施非法暴力行为的团体)、实施暴力主义破坏活动的团体创设了预防性规定。为了公共安全,确保市民生活的安宁,当公安委员会认为暴力团或者实施暴力破坏活动的团体具有反复、持续实施暴力主义破坏活动或者暴力性要求行为、相似暴力要求行为的可能性时,可施行预防性的措施。例如《关于防止暴力团员不正当行为的法律》第 12 条之四规定,公安委员会在指定暴力团实施了违反前条规定[4]的行为时,认为该指定暴力团员有可能反复实施违反该条规定的行为的,可以对该指定

---

[1] 参见张凌、丁秀峰编著:《日本刑法及特别刑法总览》,人民法院出版社 2017 年版,第 181 页。

[2] 同上书,第 226 ~228 页。

[3] 参见张凌、丁秀峰编著:《日本刑法及特别刑法总览》,人民法院出版社 2017 年版,第 261 ~263 页。

[4] “前条规定”,是指指定暴力团员不得要求、委托、唆使或者帮助他人实施其所属的指导暴力团、上级指定暴力团等的准暴力性要求行为。

暴力团员规定不超过一年的期限，为防止实施该条规定的行为，而命令必要的事项。[1]

(二)行为呈“常业”“习惯”“业务”的加重处罚规定：以德国为例

德国刑法典针对行为人实施同种的特定类型违法或犯罪行为，并形成职业性、习惯性与业务性的情形，作出特别的处理规定——将其作为一个集合犯罪，与其他基本犯罪构成并列作为加重处罚的根据，该当加重构成要件。德国刑法典中有24个罪名包含此种规定。具体而言，涉及以下犯罪：

一是“伪造货币和有价证券”类的犯罪。包括第146条伪造货币罪与第152a条伪造支付证卡和欧洲支票的票样罪。这两个罪名均将“职业的实施犯罪”与“为继续实施犯罪而组成犯罪团伙的成员实施的犯罪”并列作为罪名的加重构成要件；[2]

二是“妨害性自决权”类的犯罪。将常业、业务、习惯作为基本罪加重犯罪构成的，涉及4个罪名：(1)加重对儿童的性侵害罪，根据第176条第1款规定，行为人在过去5年内曾因相同犯罪被判刑，再实施对儿童的性滥用行为的情形，加重1年以上有期徒刑；(2)散布暴力色情或人兽色情刊物罪，根据第184a条第2款规定，为促成他人卖淫，常业地从事居中媒介来促使他人从事性交易，并与他人维持非个案的关系，损害他人个人或经济上独立性的情形，加重处罚至3年以下有期徒刑或罚金；(3)散布、取得及持有儿童色情刊物罪，根据第184b条第2款规定，散布、取得及持有儿童色情刊物并以其为常业的情形，加重处罚至6个月以上10年以下有期徒刑；(4)散布、取得及持有青少年色情刊物罪，根据第184c条第2款规定，散布、取得及持有青少年色情刊物并以其为常业的情形，加重处罚至3个月以上5年以下有期徒刑。[3]

---

[1] 参见张凌、丁秀峰编著：《日本刑法及特别刑法总览》，人民法院出版社2017年版，第292～345页。

[2] 参见《德国刑法典》，王士帆、王玉全等译，何赖杰、林钰雄审译，台北，元照出版公司2017年版，第216、221页。

[3] 同上书，第254～257页。

三是“妨碍自由犯罪”类的犯罪。妨害自由犯罪这一类型犯罪共有6个罪名设置了常业犯加重处罚的规定。具体包括:(1)人口贩运罪,根据第232条第3款第3项规定,行为人常业性地实施人口贩运行为的,可加重处罚至6个月以上10年以下有期徒刑;(2)以性交易为目的的人口贩运罪,根据第232条第3款第3项规定,行为人常业性地实施以性交易为目的的人口贩卖罪,可加重处罚至1年以上10年以下有期徒刑;(3)剥削劳工罪,根据第233条第2款第4项规定,行为人常业性地实施剥削劳工罪,加重处罚;(4)为获取劳动利益的贩卖人口罪,第233条通过准用第232条第3~5项的方式,加重以实施该犯罪为常业行为的处罚;(5)帮助人口贩卖罪,根据第233a条第2款第3项规定,常业地实施帮助人口贩卖罪或者以强暴、胁迫方式实施重大恶害,可加重处罚至6个月以上10年以下有期徒刑;(6)买卖儿童罪,根据第236条第4款第1项规定,行为人常业实施买卖儿童行为的,可加重处罚至6个月以上10年以下有期徒刑。[1]

四是涉及财产的犯罪类型。涉及财产的犯罪类型中有5个罪名将实施犯罪为职业、常业作为加重处罚条件,其中洗钱、隐藏非法获得的财产价值罪还设置了相关的入罪规定。详言之,将其作为加重处罚条件的罪名有:(1)加重窃盗罪,第243条规定犯窃盗罪并构成职业性盗窃者,作为加重窃盗罪,处3年以上10年以下有期徒刑。(2)常业窝赃罪、集团窝赃罪,第260条对职业性的实施窝藏赃物罪或者作为为继续实施抢劫、盗窃或窝赃犯罪而成立的犯罪集团成员,实施此犯罪的作为常业犯罪处理。(3)常业集团窝赃罪,第260a条对常业性地实施窝赃行为,或为继续实施抢劫、盗窃或窝赃犯罪而成立的犯罪集团成员实施此犯罪者,处1年以上10年以下自由刑,情节较轻者,处6个月以上5年以下自由刑。(4)洗钱、隐瞒非法获得的财产价值罪,第261条第3项规定了该犯罪的加重处罚规

---

〔1〕 参见《德国刑法典》,王士帆、王玉全等译,何赖杰、林钰雄审译,台北,元照出版公司2017年版,第296~309页。

定,实施该犯罪并构成情节重大者,可处以 6 个月以上 10 年以下有期徒刑。行为人以此为职业或以继续从事洗钱犯罪集团的成员身份实施犯罪者,原则上为“情节重大者”。(5)诈骗罪,第 263 条第 2 款规定将诈骗犯罪为职业或以为继续实施伪造文书或诈骗而成立的犯罪团伙成员身份的行为作为“情节严重者”,最高可处 10 年以下自由刑,而基本犯罪不得处以超过 5 年自由刑或罚金刑。[1]

五是涉及社会管理秩序、经济秩序类的犯罪。涉及社会管理秩序、经济秩序类犯罪中包含 7 个罪名将常业实施犯罪作为加重处罚条件,具体包括:(1)伪造文书罪,第 267 条第 3 款第 1 项规定以实施伪造文书行为为常业或作为继续实施诈骗或伪造文书而成立的犯罪团伙成员实施本罪的情形属“情节特别严重”,加重处罚至 6 个月以上 10 年以下有期徒刑;本罪的第 4 款规定,属于长期实施第 263 条至第 264 条或第 267 条至第 269 条的犯罪所组成的集团成员并常业性地伪造文书者,可处 1 年以上 10 年以下有期徒刑,情节较轻者,可处以 6 个月以上 5 年以下自由刑。(2)预备伪造官方证件罪,第 275 条第 2 款规定,行为人常业犯此罪或者属于以长期犯此罪为目的成立的集团成员时,可加重处罚至 3 个月以上 5 年以下有期徒刑。(3)获取伪造的官方证件罪,第 276 条第 2 款规定行为人常业犯此罪或者属于以长期犯此罪为目的成立的集团成员时,可加重处罚至 3 个月以上 5 年以下有期徒刑。(4)未受许可举办赌博罪,第 284 条第 3 款规定了未受许可举办赌博罪的加重处罚情节,常业犯此罪者可加重处罚至 3 个月以上 5 年以下有期徒刑。(5)暴利罪,第 291 条第 2 款将利用他人处境困难、缺乏经验、缺乏判断能力或严重的意志薄弱,让他人向他人或第三人就住房出租或与此相关的从给付、提供信贷、他给付、给付之一的中介事项给予允诺,并且形成常业的,作为暴利罪的加重犯罪构成。(6)盗猎罪,第 292 条规定常业性地或者

---

[1] 参见《德国刑法典》,王士帆、王玉全等译,何赖杰、林钰雄审译,台北,元照出版公司 2017 年版,第 317 ~ 339 页。

习惯性地实施非法狩猎行为的,属于非法狩猎罪第3项的"情节特别严重",加重处罚至3个月以上5年以下有期徒刑。(7)商业往来、医疗事业往来的加重贿赂罪,第300条规定,商业活动中行为人基于业务为之,或者作为为继续实施此等行为而成立的团伙成员实施的情形,构成"情节重大",作为商业往来、医疗事业往来的加重贿赂罪。[1]

六是涉及公务的犯罪类型。在涉及公务的犯罪类型中,常业实施受贿、行贿行为是受贿罪与行贿罪的加重情节。根据第335条第2款第3项规定,行为人实施受贿与行贿行为,并具备常业实施或者属于以长期实施此犯罪为目的所组成的犯罪集团的成员时,视为"情节重大",构成受贿与行贿的严重情节,加重处罚。[2]

(三)明文将"多次"作为加重处罚条件的规定:以俄罗斯为例

1996年《俄罗斯联邦刑法典》的总则与分则均包含多次犯罪的规定。根据总则的规定,当刑法典将多次犯罪(按照俄罗斯刑法,"多次犯罪"是指两次以上犯罪)作为加重处罚的情节时,行为人所实施的犯罪应依照法典中多次犯罪的相关条款定罪。[3] 也就是说,当分则中含有多次加重处罚的规定时,应当按照分则的具体规定予以处罚。例如,依据分则第158条规定,当偷窃满足"有预谋的团伙实施""多次实施""非法潜入住宅、房舍或其他贮藏处""给公民造成重大损失"的情形之一时,可以加重处罚,给予2年以上6年以下的剥夺自由。除此之外,第159条诈骗罪、第160条侵吞或盗用他人托付给犯罪人的财产罪、第161条抢夺罪、第162条强盗罪等罪名也将"多次实施"作为加重处罚条件。

---

〔1〕 参见《德国刑法典》,王士帆、王玉全等译,何赖杰、林钰雄审译,台北,元照出版公司2017年版,第350~370页。

〔2〕 同上书,第431页。

〔3〕 参见[俄]俄罗斯联邦总检察院:《俄罗斯联邦刑法典释义(上)》,黄道秀译,中国政法大学出版社2000年版,第27页。

但是,《俄罗斯联邦刑法典》在 2003 年修订时删除了总则和分则有关"多次"的规定。究其原因,一方面在于总则中多次犯罪的加重规定与累犯制度交叉重合;另一方面,也是最关键的原因在于多次规定可能违背禁止重复评价原则,致使行为人可能受到两次加重处罚。实践中不乏这样的案例,即行为人被判处故意杀人罪刑满释放之后(前科消灭前),又实施故意杀人罪时,法院不仅可依据《俄罗斯联邦刑法典》第 105 条第 2 款第 13 项按照"多次实施"的加重条款予以处罚,还可以在量刑时援引累犯的相关规定。由此,行为人因重复实施故意杀人行为受到了重复评价。[1]

三、域外有关视情况考察入罪或加重处罚的"多次"规定

以《美国量刑指南》中的有关损害总额、涉案物品数量或其他可量化的危害予以累计的规定为例。根据《美国量刑指南》第 3 章 D 部分第 1 节第 1 条规定,当被告人犯有一个以上罪行时,应经过以下步骤确定宣告刑:(1)按照第 3 章 D 部分第 2 条规定的规则,将数罪中紧密联系的罪合并为罪组;(2)按照第 3 章 D 部分第 3 条的规定,确定每一罪组的犯罪等级;(3)按照第 3 章 D 部分第 4 条的规定,确定适用于所有罪组的合并犯罪等级。[2] 而成为数罪中可合并的紧密联系的犯罪,需满足"实质上造成相同危害结果的数罪"的条件。根据第 2 条规定,实质上造成相同危害结果的数罪包括"……(d)其犯罪等级主要根据危害或损失的总额、涉案物品的数量,或者其他严重危害的量化标准来确定的数量,或者其犯罪行为在性质上具有持续性或继续性,且本量刑指南对该类行为加以明文规定的数罪"。依此规定,大多数的财产犯罪、毒品犯罪或其他根据数额、数量或者行为连续性而设置犯罪

〔1〕 参见薛瑞麟:《俄罗斯联邦刑法典的修改与评析》,载《中国刑事法杂志》2004 年第 6 期。
〔2〕 参见美国量刑委员会编:《美国量刑指南——美国法官的刑事审判手册》,逄锦温译,法律出版社 2006 年版,第 303 ~ 304 页。

等级的犯罪,应当予以合并。[1] 根据《美国量刑指南》的明确规定,以下条款的犯罪可以合并为一个罪组。(见表1-1)

表1-1　2003年《美国量刑指南》中可以合并罪组的罪名

犯罪类型	所属节与条款	具体行为类型
B部分　基本经济犯罪	第1节第1条	盗窃、侵占、收受赃物和毁坏财产以及涉及欺诈和欺骗的犯罪
	第1节第4条	内幕交易
	第1节第5条	偷窃、损害、破坏文化遗产,非法销售、购买、交换、运输或收受文化遗产
	第4节第1条	取得银行贷款的贿赂以及其他商业贿赂
	第5节第1条	伪造美国无记名债券的犯罪
	第5节第3条	侵犯版权或商标权的犯罪
	第6节第1条	改变或撤换机动车辆牌照,或买卖被改变或抹去拍照的机动车辆或其部件
C部分　公务员犯罪	第1节第1条	提供、给予、索取或收受贿赂,利用职权敲诈
	第1节第2条	提供、给予、索取或收受钱款
	第1节第7条	关于剥夺政府官员正当服务权利的诈骗,通过干涉政府职能而阴谋诈骗
D部分　毒品犯罪	第1节第1条	非法制造、进口、出口或买卖(包括为实施这些犯罪而持有)毒品
	第1节第2条	在受保护地区发生的或涉及未成年人、怀孕妇女的毒品犯罪
	第1节第5条	连续犯罪的企业
	第1节第11条	非法销售、进出口或持有管制性化学药品
	第1节第13条	为规避报告或记录要求而构建化学处理方式或生成某种化学混合物,出示虚假或伪造的鉴定书以获取管制性化学药品

[1] 《美国模范刑法典》也有一条相关规定,与指南这一条规定理念相同,即第223.1条(c)项规定:“行为盗窃或盗窃未遂的财产、服务的数额,应当依照合理标准以该财产或者服务的最大价值计算。通过一个计划或者一系列活动所犯的数个盗窃行为,无论被害人是否是同一个人,在决定该罪的等级时,应当累积计算盗窃的数额。”参见[美]美国法学会:《美国模范刑法典及其评注》,刘仁文、王祎等译,法律出版社2005年版,第158~159页。

续表

犯罪类型	所属节与条款	具体行为类型
E部分　有关犯罪企业和敲诈犯罪	第4节第1条	有关违禁香烟的非法行为
	第5节第1条	提供、接收或者索要贿赂或红包影响雇员福利和养老金补助计划的运作，禁止雇主或其代理人向雇员、雇员代表或劳工组织给付或出借金钱
G部分　有关商业性的性行为、对未成年人的性剥削以及淫秽犯罪	第2节第2条	贩卖对未成年人进行性剥削而制作的色情资料，接受、运输、装运对未成年人进行性剥削制作的色情资料或为色情资料登广告、以买卖为目的而持有对未成年人进行性剥削制作的色情资料
	第2节第4条	持有描绘未成年人从事明显的性行为的色情资料
K部分　关于公共安全的犯罪	第2节第1条	非法接受、持有或运输火器或弹药，涉及火器或弹药的非法交易
L部分　关于移民、规划和护照的犯罪	第1节第1条	偷渡、输送或窝藏不法外籍人
	第2节第1条	买卖有关归化、公民身份、合法居民地位的证件或美国护照，对关于他人的公民身份或移民地位进行虚假陈述，缔结欺诈性婚姻以帮助外籍人规避移民法律
N部分　关于食品、药品、农产品和自动计程仪的犯罪	第3节第1条	自动计程仪法规
Q部分　环境犯罪	第2节第1条	有关鱼类、野生动物和植物的犯罪
R部分　违反反托拉斯法的犯罪	第1节第1条	在竞争者当中操纵投标、约定价格或签订瓜分市场协议
S部分　洗钱和货币交易申报	第1节第1条	金融票据洗钱罪，从事有关非法活动所得财产的货币交易
	第1节第3条	组织交易以规避申报要求，不申报现金或货币交易，不提交货币和金融票据的申报，故意提交虚假申报，大宗现金走私，建立或保持禁止性账目

续表

犯罪类型	所属节与条款	具体行为类型
T部分　税收犯罪	第1节第1条	偷税漏税，故意不进行纳税申报、不提供信息或不缴纳税款，欺诈性的或虚假的纳税申报单、报告书或其他文件
	第1节第4条	协助、参与、唆使、劝诱或建议税收欺诈
	第1节第6条	不征集或不如实说明和缴清税款
	第1节第7条	接到通知后不按要求将征集到的税款存入信托账户
	第1节第9条	共谋、妨碍、削弱、阻挠税收或共谋使税收无效
	第2节第1条	不纳税
	第3节第1条	逃避进口关税或限制（走私），收受或买卖走私财产

但是以下两种情形的数罪，被特别排除在《美国量刑指南》第3章D部分第1节第2条的适用范围之外：

（1）成文法中存在特别规定，对行为应当处以有期徒刑，并且要求在另一有期徒刑之后连续（累计）科处有期徒刑。例如，按照《美国法典》（United States Code）第18篇第924节中（c）（1）（A）款的要求，除了其他法律条款或本款另有规定外，任何人犯有暴力犯罪或者贩毒罪行（包括适用致命或危险武器或装置需要加重处罚的罪行），应当在被起诉实施的其他罪行的同时，使用或持有火器也应受到起诉，不得累计，而是应当连续执行。

（2）根据第3章第1节第2条列出的特别排除此条适用的条款（见表1－2），以下罪行排除适用（d）款规定：

表 1-2　2003 年《美国量刑指南》特别排除适用合并规则的罪名

犯罪类型	所属节与条款	具体行为类型
A 部分　侵犯人身权利罪	第 1 节所有犯罪	一级谋杀，二级谋杀，故意杀人，过失杀人，共谋或教唆谋杀
	第 2 节所有犯罪	意图谋杀而行凶，谋杀未遂，重伤害，轻微伤害，妨害、阻碍公务员罪
	第 3 节所有犯罪	性侵犯，性侵犯未遂，对未满 16 周岁未成年人的性侵犯或实施该行为未遂，对受保护的人性侵犯或实施该性侵犯未遂，滥施性接触或实施该行为未遂
	第 4 节所有犯罪	绑架、劫持或非法拘禁，索要或收取赎金
	第 5 节所有犯罪	劫持航空器或劫持航空器未遂，妨害飞行人员或服务人员，妨害公共运输车辆或渡船的调遣、操作或维护，在航空器上实施的其他犯罪
	第 6 节所有犯罪	通讯恐吓或骚扰，跟踪、家庭暴力
B 部分　基本经济犯罪	第 2 节第 1 条	入室盗窃
	第 2 节第 3 条	非法侵入
	第 3 节第 1 条	抢劫
	第 3 节第 2 条	暴力敲诈或以身体伤害或严重损害相威胁的敲诈
	第 3 节第 3 条	勒索或类似形式的敲诈
C 部分　公务员犯罪	第 1 节第 5 条	为获取公职而给付
D 部分　毒品犯罪	第 2 节第 1 条	非法持有毒品
	第 2 节第 2 条	利用伪造、欺诈、欺骗或以诡计获取管制药品
	第 2 节第 3 条	在酒精或毒品影响下操作或指挥操作普通运输工具
E 部分　有关犯罪企业和敲诈犯罪	第 1 节第 4 条	利用州际商业便利实施雇用谋杀
	第 2 节第 1 条	借给金钱或提供资金的敲诈性高利贷款，利用敲诈手段收取高利贷款

续表

犯罪类型	所属节与条款	具体行为类型
G 部分　关于商业性的性行为、对未成年人的性剥削以及淫秽犯罪	第 1 节第 1 条	促进商业性的性行为或被禁止的性行为
	第 2 节第 1 条	通过制造明显性行为的视觉或印刷资料而对未成年人进行性剥削，监护人允许未成年人从事明显性行为，为了让未成年人从事制造行为而登广告
H 部分　侵犯个人权利的犯罪	第 1 节第 1 条	侵犯个人权利的犯罪
	第 2 节第 1 条	妨碍选举或登记
	第 4 节第 1 条	劳役偿债、强制劳役和贩卖奴隶
L 部分　关于移民、规划和护照的犯罪	第 2 节第 2 条	骗取有关规划、公民身份或合法居民地位的证件为自己所用，外籍人假冒他人名义或缔结欺诈性婚姻以规避移民法律，骗取或不适当地使用美国护照
	第 2 节第 5 条	不缴还已作废的规划证明
M 部分　关于国防和大规模杀伤性武器的犯罪	第 2 节第 1 条	破坏或生产有瑕疵的军需物资、建筑或公用事业企业
	第 2 节第 3 条	破坏或生产有瑕疵的国防物资、建筑或公用事业企业
	第 3 节第 1 条	收集或传递国防情报以帮助外国政府
	第 3 节第 2 条	收集国防情报
	第 3 节第 3 条	传递国防情报，泄露机密的加密情报，政府雇员未经授权而将机密情报泄露给外国政府或共产主义组织，未经授权而接受机密情报
	第 3 节第 4 条	遗失国防情报
	第 3 节第 5 条	篡改有关原子能的最低密级资料
	第 3 节第 9 条	泄露有关认定暗藏特务的情报
P 部分　关于监狱和矫正设施的犯罪	第 1 节第 1 条	逃脱、教唆或帮助脱逃
	第 1 节第 2 条	服刑期间提供或持有违禁品
	第 1 节第 3 条	从事、煽动或企图煽动被关押在官方拘禁设施中的人进行暴乱

四、域外“多次”相关规定考察的评析

（一）域外“常习”“常业”等立法模式不具有借鉴意义

就我国作为入罪条件的“多次”规定以及作为加重处罚条件的“多次”规定而言，虽然与域外将“常习”“常业”“习惯”“惯常”等行为样态作为入罪或者加重处罚根据的立法规定在外观上存在诸多共性，但具体的处罚根据、立法模式、认定内容与方式等方面存在明显差异。以与我国“多次”规定最为接近的常习犯为例，《德国刑法典》第284条第3款“常业”的事实未经许可的赌博行为及第292条“习惯性地”实施非法狩猎行为都是有关常习犯的立法表现形式。日本刑法中处罚“常习”的规定也是常习犯的立法形式，《法国刑法典》将“反复”“惯常”“经常”作为入罪条件也体现了常习犯的特点。但是，无论是从处罚宗旨还是从具体认定而言，都与我国“多次”规定具有较大差异。

具言之，从处罚宗旨来看，常习犯是以将行为作为习癖的表现而加重处罚为宗旨的，由此将体现行为人习癖的多个行为合并为一罪处理。[1] 我国处罚“多次”虽然也体现了处罚行为人实施某种惯常性、常习性行为的内在动因，但是无须行为人具有实施某种行为的习癖。就具体认定而言，域外相关规定与我国“多次”规定也具有较大差异。德国通常采取主客观相统一原则，需要客观上具有反复实施特定行为的外在表现，主观上具有实施犯罪的习癖。如何判断“常习性”，日本存在三种不同观点：第一种观点认为，“常习”是行为人属性，是责任要素；第二种观点认为，“常习”是客观的行为属性，是违法性要素；第三种观点认为，“常习”既是行为人属性也是行为属性。而日本法院最终的裁判观点认为，常习性是行

〔1〕 参见［日］西原春夫：《判例刑法研究》（第4卷），有斐阁，第273页。转引自张莉琼：《集合犯研究》，武汉大学2009年博士学位论文，第80～81页。

为人的一种习性，只要能够判定行为人具有这种习性，哪怕是第一次实施犯罪行为，也可认定构成常习犯罪。构成我国的“多次”规定，客观上需要行为人实施三次以上的危害行为，主观上仅需对每次行为具有故意即可，无须判断行为人是否具有实施某种行为习性。

虽然我国1997年《刑法》修订之前，通常将惯犯视为我国刑法中常习犯的立法表现，不少学者认为“多次”规定是由惯犯规定演变而来，但是，应当注意“多次”规定并非惯犯规定的“翻版”，相关立法模式对理解“多次”规定不具有直接的借鉴意义。

（二）域外数额处理规则的立法模式具有启示意义

通过对域外有关视情况考察入罪或加重处罚“多次”规定的立法规定阐述可知，《美国量刑指南》对犯罪数额的累计处罚范围采用了列举型的立法模式，对数额处理的一般规则、调整对象、排除对象等都进行了细致的规定。一方面，《美国量刑指南》第3章D部分第1节第1条确立了数额的一般处理规则，即明确通常情况下犯罪数额应当予以累计的规则。按照规定，大多数涉及以数额、数量作为犯罪严重程度的犯罪，如财产犯罪、毒品犯罪等，涉案的数额、数量都应当累计处理。另一方面，通过列举式规定，明确列出排除适用数额累计规则的犯罪类型。通过反向排除，明确了涉及数额特别处理规则的适用范围。这一立法模式具有较强的明确性，符合法律安定性要求。按照法的安定性要求，立法规范不仅应当明确规定调整对象，而且对于法律后果也应当列明。[1]《美国量刑指南》采取列举型的立法模式并通过“正反双向”规定的方式列明数额累计处罚制度适用的罪名，有利于框定这一规则的适用范围，因而符合法安定性的基本价值需求。不仅如此，列举型的立法模式更有利于规范司法裁量权。正是由于立法相对明确地规定了数额累计处理规则的适用对象与方式，可以避

〔1〕参见［德］阿图尔·考夫曼：《法律哲学》，刘幸义等译，法律出版社2011年版，第209页。

免司法机关因为缺乏明确的“操作指南”，而需要根据所谓相关的司法经验或者理论指导来寻求处理方式的情况。

不可否认，美国与我国在法律文化、立法原则、制度传统等诸多方面存在较大差异，但是，单就有关数额处理的立法模式而言，对我国的立法具有启示意义。其实，“数额较大”“数额巨大”究竟是指一次行为的数额还是包括多次行为累计的数额、“多次”数额累计规则是注意规定还是拟制规定等争议，一定程度上是立法中未予明确部分罪名的数额处理规则所导致的。我们可以通过明确一般数额处理规则、明确数额累计处理规则适用对象等方式，化解实践中的相关争议。

（三）应充分关注域外“多次”规定的立法修正事由

对于2003年《俄罗斯联邦刑法典》修订删除“多次实施”等加重处罚条款的事由应引起充分关注。正如前述，删除“多次”加重处罚规定的主要原因在于，“多次”规定的适用与累犯制度存在交叉重合，使得被处分人的犯罪前科在同一案件中因同一事实的同一侧面受到多次评价，从而违背罪刑相适应原则，侵害被处分人的基本人权。“多次”是否包含受过行政处罚或者刑事处罚的行为，一直以来是“多次”有关规定适用中的疑难问题。《俄罗斯联邦刑法典》的相关立法实践可为我国“多次”规定的适用提供可资借鉴的实践经验。

第二章　刑法中“多次”有关规定的问题检视

随着社会转型的不断深化，社会发展错综复杂，情势变更也日新月异，有关“多次”的立法向纵深推进，并呈现出由“碎片化”向“集中化”的方向演进。总体而言，“多次”相关立法经过“孕育—形成—发展”三个阶段的不断修正，其相关立法体系日趋完善。但毋庸讳言，相关立法修正并非完美无瑕，“多次”相关规定的修正必然引起越轨行为治理系统整体的振动效应和空间挤占，并且由于解释主体的多元性，“多次”有关规定在立法内容、形式方面呈现差异性特点，使“多次”这一立法子系统面临内部与外部的系统协调性挑战。由此，有必要对这一子系统的内部运作与外部衔接进行系统性审视，以达到科学立法的目标价值追求。

基于系统论的方法论原理，无论是“多次”内部的三种立法类型，还是“多次”立法规定整体，都不应当是各自为政、彼此割裂的，而应是具有密切内在关联以及相关功能机制的系统整体。因此，本章从“多次”规定内部系统、“多次”与刑法其他规定系统以及“多次”与其他部门法律交互关系系统三个维度展开，从“系统、要素、环境三者的相互关系和变动规律”〔1〕中找寻“多次”有关规定在立法与适用层面的困境，并在此基础之上分析导致“多次”规定立法与适用问题的原因。

第一节 “多次”规定内部系统维度的问题检视

“刑法是一个规范系统。”〔2〕在刑法系统中，每一个刑法规范都是其基本组成要素，形成相对稳定的结构和层次，使得刑法系统能够有效运作并发挥功能。“多次”规定形成的刑法立法子系统，作为一个由三种不同类型“多次”规定组成的整体系统，为了维护和促进子系统功能的发挥，其必然要求每种类型“多次”规定都有其特定的位置、发挥特定的作用以及与其他“多次”规定之间相互联系。由此，“多次”规定作为一个系统，不应将某个或某种刑法规范割裂开来适用，欲实现“多次”规定系统整体法秩序的内在价值及厘定不同类型“多次”规定的认定规则，“多次”规定内部系统维度的问题检视十分必要。

一、“多次”有关规定中“多”的内涵设定差异问题

“多次”规定中的“多次”作为三种不同类型“多次”规定的“连接点”，是相关规定符合性判断的基础性构成要件。对“多次”概念的教义学解析有利于刑法术语的体系性解释，避免由于笼统地解释同一术语，解

〔1〕 参见姜敏：《系统论视角下刑法修正案犯罪化限制及其根据》，载《比较法研究》2017年第3期。

〔2〕 参见周少华：《刑法规范的语言表达及其法治意义》，载《法律科学（西北政法大学学报）》2016年第4期。

释结论的“移花接木”所导致的适用混乱，从而偏离规范目的。

按照学界的传统观点，“多次”规定中的“多”应指三次以上，这一点已得到相关权威解释的印证。例如，最高人民法院、最高人民检察院1992年12月11日颁布的《关于执行〈全国人民代表大会常务委员会关于严禁卖淫嫖娼的决定〉的若干问题的解答》（法发〔1992〕42号、高检会〔1992〕36号）中明确提出，“多次”“多人”中“多”，是指“三”以上（包括本数）。循此逻辑，有关“多次盗窃”“多次敲诈勒索”“多次抢劫”等作为入罪条件的“多次”的相关司法解释对“多”作出了同样的解读[1]。除此之外，作为加重处罚“多次”的相关司法解释也参照此标准，作出同样的规范解读。例如，最高人民法院在相关司法解释中明确规定，“多次抢劫”为抢劫三次以上。[2] 这一解释结论亦符合我国的日常用语习惯。

然而，这一解释结论似乎不能当然地适用于视情况考察入罪或加重处罚“多次”有关规定。这是因为，按照相关条文的立法说明，此种类型“多次”有关规定中的“多”可解释为二次或二次以上。例如，参与立法的人员表示，《刑法》第347条第7款“多次走私、贩卖、运输、制造毒品，未经处理”中的“多次”是指二次以上，包括本数在内。换言之，有别于通常的解释思路，“多次”并非指三次或三次以上，而是仅指二次或二次以上。又如，1989年“两高”曾在《关于执行〈关于惩治贪污罪贿

[1] 2013年最高人民法院、最高人民检察院《关于办理盗窃刑事案件适用法律若干问题的解释》（法释〔2013〕8号）第3条第1款规定，“二年内盗窃三次以上的，应当认定为‘多次盗窃’”；2013年“两高”《关于办理敲诈勒索刑事案件适用法律若干问题的解释》（法释〔2013〕10号）第3条规定，“二年内敲诈勒索三次以上，应当认定为刑法第二百七十四条规定的‘多次敲诈勒索’”；按照2017年最高人民法院《关于常见犯罪的量刑指导意见》（法发〔2017〕7号），“多次抢夺”是指2年内抢夺3次以上。

[2] 2005年最高人民法院《关于审理抢劫、抢夺刑事案件适用法律若干问题的意见》（法发〔2005〕8号）第三部分“关于‘多次抢劫’的认定”的具体解释中，规定《刑法》第263条第4项中的“多次抢劫”是指抢劫3次以上。

赂罪的补充规定〉若干问题的解答》（法研发〔1989〕35号）中规定，“多次贪污未经处理的”，是指两次（含两次）以上未经刑事处罚和行政处罚的贪污行为。虽然这一司法解释已于2013年1月18日废止，其后颁布的贪污贿赂犯罪相关司法解释对贪污贿赂犯罪中“多次”累计处罚规则中的“多”应如何界定未给予明确解释。不少实务部门仍参照该解答的规范精神处理此类案件。然而，也有理论与实践观点认为，除了明文规定“多”为二次的情形之外，视情况考察入罪或加重处罚“多次”规定中的“多”应当按照通常的理解，解释为三次以上。对于明文规定二次未经处理的行为可予以累计的案件，按照此标准处理尚可满足罪刑法定原则的基本要求，然而，对于未明确规定“多”的认定标准的“多次”有关规定而言，“多”是指二次还是三次亟须明确的权威指引。

二、“多次”有关规定存续期限设置“零散化”问题

“多次”作为刑事立法中的一种立法现象，其发挥作用必须满足立法者或有权解释机关给定的限制性要件，时间范围限制性要件正是重要的限制性条件之一，与之相对应的，即是“多次”规定的存续期限规定。然而，立法与司法解释中限缩性要件呈“零散化”，不仅具有相同功能的“多次”规定之间〔1〕设置“零散化”，标准不统一，而且即使在“多次”规定这个规范系统内进行体系性解释，也难以得到统一的解答，恐会造成司法实践中的认定乱象。

（一）存续期限设置的“零散化”现状

“多次”的存续期限，是指同种多次行为得以累计的期限限制，有学

〔1〕笔者按照“多次”规定发挥功能的标准，将《刑法》中“多次”规定类型为作为入罪条件的“多次”规定、作为加重处罚条件的“多次”规定与视情况考察入罪或加重处罚的“多次”规定。“具有相同功能的规定间”是指这三种具有不同功能的“多次”规定之间。

者称其为“数次行为未经处理的‘时限’”[1]或者“多次行为累计的追诉时效期限”[2]。多次行为予以累计的期限应当如何限制，现行《刑法》未予明确规定，司法解释中的相关规定亦呈“零散化”的现象。总体而言，表现为以下三个方面：

第一，存续期限设置“集中化”，是指存续期限的设置在“多次”立法规定之中并非一个共通性的限制条件，且存续期限的设置多集中于两种类型的“多次”立法规定之中。详言之，有权解释中共为34条“多次”立法规定设置存续期限的限制条件，主要集中于作为入罪条件的“多次”与视情况考察入罪或者加重处罚的“多次”有关规定中。其中，作为入罪条件的“多次”有关规定中含有存续期限规定的占17处，视情况考察入罪或者加重处罚的“多次”有关规定中含有存续期限规定的占16处，而作为加重处罚条件的“多次”规定中仅占1处。

第二，存续期限设置“零星化”，是指存续期限规定在不同类型的“多次”相关规定中并非普适性的。在作为入罪条件的“多次”规定与视情况考察入罪或者加重处罚的“多次”规定内部，存续期限的设置只涉及部分罪名，并且在总体中占比较少。在作为入罪条件的“多次”规定中，设置存续期限的罪名约占此种类型罪名总数的27%；在视情况考察入罪或者加重处罚的“多次”规定中，此种规定约占总数的20.6%；作为加重处罚条件的“多次”规定仅占总数的5%。

第三，存续期限设置“差异化”，是指“多次”规定存续期限的设置未形成统一规则，在不同类型的“多次”规定体系内存在不同的规则范式。在作为入罪条件的“多次”规定中存在四种存续期限设置模式：(1) 规定存续期限为1年的，例如走私普通货物、物品罪中规定“走私货物、物品偷逃应缴……一年内曾因走私被给予二次行政处罚后又走私的……”（《刑法》

[1] 陈航：《累计数额刑事处罚制度研究》，载《云南大学学报（法学版）》2007年第6期。
[2] 朱铁军：《犯罪数额累计问题研究》，载《法治研究》2009年第10期。

第153条第1款第1项）；（2）规定存续期限为2年的，例如诽谤罪中“二年内曾因诽谤受过行政处罚，又诽谤他人的”；[1]（3）规定存续期限为3年的，例如非法经营罪的司法解释中规定“曾因非法经营烟草专卖品三年内受过二次以上行政处罚，又非法经营烟草专卖品且数额在三万元以上的”；[2]（4）规定存续期限为5年的，例如逃税罪中规定“但是，5年内因逃避缴纳税款受过刑事处罚或者被税务机关给予二次以上行政处罚的除外”（《刑法》第201条第4款）。在视情况考察入罪或加重处罚的“多次”有关规定中，存续期限的设置存在两种范式：（1）规定存续期限为1年的，例如2013年“两高”《关于办理利用信息网络实施诽谤等刑事案件适用法律若干问题的解释》（法释〔2013〕21号）第4条规定“一年内多次实施利用信息网络诽谤他人行为未经处理，诽谤信息实际被点击、浏览、转发次数累计计算”；（2）规定存续期限为2年的，例如按照2016年“两高”《关于办理非法采矿、破坏性采矿刑事案件适用法律若干问题的解释》（法释〔2016〕25号）第8条规定，2年内多次非法采矿未经处理的，价值数额应累计计算。

（二）存续期限设置“零散化”引发的困境

“多次”有关规定中存续期限“集中化”“零星化”“差异化”的立法现状，显示出当前立法对“多次”有关规定存续期限设置的范围、设置模式与标准的不同考量。虽然有学者将其归咎于“制定主体不同所引起的技术层面问题”，但仍引发理论与实务层面的诸多争议。主要包括以下两个方面：

一方面，对于立法中明文确立了存续期限的“多次”有关规定，多次

---

〔1〕参见最高人民法院、最高人民检察院《关于办理利用信息网络实施诽谤等刑事案件适用法律若干问题的解释》第2条。

〔2〕参见最高人民法院、最高人民检察院《关于办理非法生产、销售烟草专卖品等刑事案件具体应用法律若干问题的解释》第3条。

同种行为（数额）按照时效期限限制予以累计，尚不存在太大争议。而问题在于，立法中没有明文设立存续期限的“多次”有关规定，是否受到时效的限制则存在实践困境。存续期限设置的相关困境，主要集中于作为入罪条件的“多次”规定与视情况考察入罪或加重处罚的“多次”规定这两类“多次”规定中。对于视情况考察入罪或加重处罚的“多次”规定而言，是否需要设置存续期限存在肯定说与否定说两种观点。肯定说认为，次数、数额的累计除了满足“未经处理”等条件之外，还应当受到追诉时效的限制。对于超过追诉时效的行为及危害结果，即使未经处理，仍应排除累计。[1] 进而有观点指出，对于成立犯罪的单次行为而言，应当满足刑法规定的追诉时效；对于仅构成违法的单次行为而言，则应当满足行政处罚的追诉时效。[2] 否定说则认为，无须另立规则设置累计数额的存续期限。[3] 作为入罪条件的“多次”规定同样存在是否应当设置存续期限的争议，并形成肯定说与否定说不同认识。否定说认为，时效限制应以立法明文规定为依据，倘若立法中未设置存续期限，则不存在次数累计时效的限制问题。多数观点持肯定说，认为作为入罪条件“多次”规定应当设置存续期限。[4]

另一方面，如何设置“多次”有关规定的存续期限，理论与实践均存在争议。对于视情况考察入罪或者加重处罚“多次”规定而言，通常认为应采用区分化的存续期限的设置模式，将“多次”规定的存续期限等同于刑法与行政法中的追诉时效：当行为达到犯罪的成立条件时，在刑法的追诉时效范围内的多次行为均应予以累计；当行为未达到犯罪的成立条件

---

〔1〕 参见张勇：《如何对犯罪数额进行累计计算》，载《甘肃政法学院学报》2006年第3期。
〔2〕 叶良芳：《刑法中数额的性质及其计算》，载《云南大学学报（法学版）》2006年第4期。
〔3〕 参见陈航：《累计数额刑事处罚制度研究》，载《云南大学学报（法学版）》2007年第6期。
〔4〕 参见刘德法、孔德琴：《论多次犯》，载《法治研究》2011年第9期；张志勋：《多次犯研究——以系统论为视角》，南昌大学2016年博士学位论文。

时，应满足行政法中的追诉时效。[1] 例如，2002 年最高人民法院《关于审理偷税抗税刑事案件具体应用法律若干问题的解释》（法释〔2002〕33 号）中设立的多次偷税行为数额累计的存续期限与《税收征收管理法》第 86 条中相关行政处罚时效相一致。[2] 对于作为入罪条件的“多次”规定而言，通常认为应采用统一化的存续期限设置模式。例如，有学者提出应将存续期限统一设置为 2 年；有的学者提出应以刑法的最低追诉时效期限为标准，将存续期限设置为 5 年。

三、“多次”中“次”的内在涵义界定标准不清问题

“多次”中“次”的内在涵义界定不清的问题，是指对“多次”规定中的“次”的具体认定问题，主要涉及“次”的次数判断，以及成立“次”需要满足的“未经处理”、是否需要犯意联系、达到何种危害程度等问题。

（一）作为入罪条件“多次”规定中的“次”界定标准不清

关于作为入罪条件“多次”中“次”的界定，学界主要存在三种代表性的观点，即主观标准说、客观标准说与综合标准说。

1. 主观标准说

主张主观标准说的学者认为，应以行为人主观的犯罪故意个数作为判断“次”的认定标准。若行为人基于一个概括犯意实施一个或者多个行为时，应当认定为一次；而当行为人基于多个犯意实施多个行为时，宜认定为多次。

---

〔1〕 参见叶良芳：《刑法中数额的性质及其计算》，载《云南大学学报（法学版）》2006 年第 4 期；唐世月：《数额犯论》，法律出版社 2005 年版，第 150 页；张勇：《犯罪数额研究》，中国方正出版社 2004 年版，第 119 页。

〔2〕 最高人民法院《关于审理偷税抗税刑事案件具体应用法律若干问题的解释》（法释〔2002〕33 号）中多次偷税抗税的数额的累计期限为 5 年，与《税收征收管理法》第 86 条“违反税收法律、行政法规应当给予行政处罚的行为，在五年内未被发现的，不再给予行政处罚”的期限设置一致。

2. 客观标准说

客观标准说，以行为实施的客观行为数量作为判定“次”的标准。持这一学说的学者认为，“次”应当根据客观行为认定，而不能根据行为人的主观心理状态认定。[1] 具体而言，可分为行为说、结果说、时间说及地点说等观点。[2] 与“多次抢劫”等作为加重处罚条件的“多次”不同，作为入罪条件的“多次”不以每次行为构成犯罪作为成立基础，凭借司法工作人员经验确定的“相对集中的时间”与“相对集中空间”的标准判定“次”的成立范围，不仅会得出有争议性的结论，而且有过于机械化之嫌，所以，根据社会生活的一般经验在形式上加以判断，能够认定为一个行为就可以了。[3] 实践中，当行为人在“同一时间、同一地点针对同一被害人实施的一次盗窃行为，就是一次盗窃”，而当其在同一地点盗窃三名被害人财物，或是在不同时间、不同地点盗窃三次同一被害人的财物的情形，则构成“多次盗窃”。[4] 例如，行为人在同一车库盗窃三辆不同汽车内的财物，或者连续多次盗窃同一车辆内的财物时，应当认定为“多次盗窃”。[5]

3. 综合标准说

综合标准说认为，主观标准说与客观标准说依据一种标准确定次数多寡，从而易产生不合理裁判结果的问题。例如，针对行为人基于一个概括的故意，在数日甚至数月的时间内实施多个行为，侵害多个被害人的人身或者财产性利益，并造成多个危害结果的情形。主观标准说以犯意的个数作为判定次数的标准，因而基于概括犯意的联系，长达数日或者数月的同种危害行为应认定为一次行为。这个结论具有明显的不合理性。同样，客观标准说难逃判定标准片面性的桎梏，行为说、结果说、时间说、地点说

---

〔1〕 参见张明楷：《盗窃罪的新课题》，载《政治与法律》2011年第8期。

〔2〕 参见王飞跃：《论我国刑法中的“次”》，载《云南大学学报（法学版）》2006年第1期。

〔3〕 参见黎宏：《论盗窃罪中的多次盗窃》，载《人民检察》2010年第1期。

〔4〕 参见张明楷：《盗窃罪的新课题》，载《政治与法律》2011年第8期。

〔5〕 参见陈兴良主编：《刑法各论精释》（上册），人民法院出版社2015年版，第235页。

均存在局限性。例如，当行为人的一次行为造成多个危害结果时，按照结果说应认定为"多次"，其解释结论难以令人信服。

在批判主观标准说与客观标准说基础之上，综合标准说提出应结合客观与主观因素进行综合判断。具有代表性的观点有"四规则"判断法、"事实+价值"判断法。其中，"四规则"判断法，是指应坚持同时同地规则、单独追究规则、完成形态规则与排除计算规则进行综合判断。[1]"事实+价值"判断法，是指应当坚持事实到价值的判断路径。"事实"判断，是指应结合时间、地点、侵害行为等客观情状确定侵害行为的能力范围，在范围内针对所有对象的单个侵害行为均属于"一次"的范畴。而"价值"判断是对事实判断结果的进一步限缩，旨在排除小偷小摸行为等不能按照犯罪处理的情形。[2]详言之，作为入罪条件的"多次"应限定在需要予以行政处罚的危害程度，一般的悖德行为应排除在"次"之外。[3]

由于缺乏明确的规则指引并且相关理论研究未达成共识，同类案件适用的认定标准不统一。以盗窃案件为例，当行为人"在特定时空范围内"（在一个相对较短的时间段和相对同一的空间范围内）反复实施多个盗窃行为，因其相对缺乏认定多次盗窃的实质依据，通常不认定为"多次盗窃"。[4]也就是说，被告人以一个相对连续的犯意，在相对集中的时间段内针对同一小区的数个被害人实施盗窃行为的情形，应当认定为"一次重复侵害行为"。[5]然而，有的法院则采用客观的行为标准，认为应采用空

[1] 同时同地规则，是指行为人在相对集中的时间和相对固定的地点连续犯罪应视为1次；单独追究规则，是指行为人作案次数的认定不是以行为人行为既遂的次数，而是以行为人可以独立追究刑事责任的次数计算；完成形态规则，是指当处于未完成形态的行为不能单独追究刑事责任的时，以行为完成作为标准；排除计算规则，是指不满14周岁实施的行为及已受过行政处理与民事处理的行为不应记为1次。参见王志平：《如何认定本案盗窃数额及次数》，载《人民检察》2000年第7期。

[2] 参见李忠诚：《多次盗窃的认定和盗窃数额的累计》，载《人民检察》2000年第8期。

[3] 参见王飞跃：《论我国刑法中的"次"》，载《云南大学学报（法学版）》2006年第1期。

[4] 参见黄祥青：《刑法适用要点解析》，人民法院出版社2011年版，第280~281页。

[5] 具体可参见南京市江宁区人民法院刑事判决书，(2013) 江宁刑二初字第367号；南京市玄武区人民法院刑事判决书，(2015) 玄刑初字第366号。

间紧密性、独立性等客观标准作为判断依据。同样是在同一时段、同一小区盗取多个被害人财物的案件，最终被认定为“多次盗窃”。[1] 虽然看似是次数判断的小问题，却影响行为是属之行政违法还是刑事犯罪的大问题。

（二）作为加重处罚条件“多次”规定中“次”界定标准不清

针对作为加重处罚条件“多次”规定中“次”的界定标准，学界的相关讨论主要围绕2005年最高人民法院颁布的《关于审理抢劫、抢夺刑事案件适用法律若干问题的意见》中“多次抢劫”认定而展开，目前尚未达成共识。总体观之，对于行为人实施一次行为（如实施一次抢劫行为），构成“多次”中的“一次”在学界与实务界不存在争议，问题在于当行为人实施多个行为时，在规范评价上是以“一次”还是“多次”行为处之。围绕这一问题，学界提出的标准已从单一走向综合，大体可分为两条认定进路：一是以行为客观危险或者征状为导向的认定进路；二是以行为主观意思为导向的认定进路。

以行为客观危险或者征状为导向的认定进路主要以行为的现实紧迫危险为主导，以行为的各种客观征状作为主要判断依据的认定思路。代表性的观点为“四规则说”、“同时同地＋侵害范围说”[2] 与“相当危险说”[3]。这些观点通过设定时间、空间规则，从划定的行为法益侵害能力作用范围的角度来理解“次”的标准。例如，行为人在同一时空条件内，

---

[1] 参见广西恭城瑶族自治县人民法院刑事判决书，(2014) 恭刑初字第115号。

[2] 持“同时同地＋侵害范围说”的学者认为，一次行为是指“在同一时间、同一地点，在侵害行为侵害能力范围内针对所有对象的单个侵害行为。”具体而言，一次行为应结合时间、地点、侵害行为及侵害能力等客观征状来判断。其中，时间是指行为应在同一时间或者时间段；地点是指同一点状地点、线状地点和面状地点；侵害行为是指具有前后一贯性、独立性且不具有合成性的单个侵害行为。参见王飞跃：《论我国刑法中的“次”》，载《云南大学学报（法学版）》2006年第1期。

[3] 相当危险说，是指在行为人实施了类型化的构成要件行为或其密切行为之时，存在结果发生相当程度危险涵摄之下所受到的单一的或复数侵害行为均应视为一次行为。参见吴亚安：《论多次加重犯的“次”》，载《政治与法律》2015年第8期。

在侵害能力范围内同时危及所有对象的侵害行为就是一次行为。[1] 也有论者站在行为独立性角度框定行为侵害范围，将行为人独立施行的着手直至完成阶段的行为视为一次，倘若行为中间存在阻隔则视为单独的一次。[2] 但是，因为规则的具体设置不同，对于行为侵害危险的范围设定具有差异。[3]

以行为主观意思为导向的认定进路，是以行为人主观上具备的一致性主观意思为基础，结合多个行为客观上具有的时间上和空间上的密集关系，判定一次行为的成立范围。“行为人主观上处于一个同一或概括的犯意，客观上在一个相对同一的时空范围内针对多名被害人连续实施了相同的侵害行为”[4]，则视为构成一次行为。例如，行为人基于一个概括的故意运用暴力手段控制公交车上乘客的反抗，并逐一抢劫公交车上乘客的行为。其中，一致性的主观意思是行为次数认定的主导因素，客观的时空密集关系对判定起辅助作用，两者发生冲突时，以行为的主观意思为主，对空间的要求不那么严格。因为“在交通相当发达的现代社会，行为人完全有可能在一个晚上密集地对距离较远的多个地方连续地进行作案……”[5]。

（三）视情况考察入罪或加重处罚“多次”的责任内容界定不清

就客观层面而言，视情况考察入罪或加重处罚“多次”对应犯罪形态表现为多个同种违法、犯罪行为的集合，投射至这一犯罪形态的主观层面，表现为数个同种的违法、犯罪故意。问题在于，数个同种违法、犯罪的故意是否需要统摄于同一概括故意或者同一犯罪目的存在争议。

一种有力的观点认为，对此类“多次”规定应进行限制解释，仅限于

---

〔1〕 参见熊洪文：《再谈对抢劫罪之加重情形的认定》，载《人民检察》1999年第7期。

〔2〕 参见王飞跃：《论我国刑法中的“次”》，载《云南大学学报（法学版）》2006年第1期。

〔3〕 例如采用“同时同地+侵害范围说”的学者划定的危险是着手标准（未遂）的实质化（客观化）标准，以实行行为的开始作为危险成立之时；而采用相当危险说的学者则认为，危险没必要要求如着手一般的“现实、紧迫的危险”，而是具有“结果发生的相当程度的危险”即可。所以危险成立的时间以实施了类型化的构成要件行为或密切行为之时作为标准。

〔4〕 黄祥青：《论抢劫罪情节加重犯的认定思路与方法》，载《政治与法律》2005年第6期。

〔5〕 邓超：《多次加重犯限缩论》，载《中国人民公安大学学报（社会科学版）》2007年第4期。

符合徐行犯、集合犯、连续犯等一罪形态的场合。[1] 由是观之，无论是将视情况考察入罪或加重处罚的“多次”理解为徐行犯、[2] 集合犯还是连续犯，均要求主观层面具有特定的联系。因为，通过解析徐行犯、集合犯和连续犯的成立条件可知，成立相关的犯罪形态需要主观上具有实施不定次数的同种犯罪行为的目的[3]、具备同一或者概括的犯罪故意[4]或者一个预期的目的[5]。倘若行为人实施多次行为前缺乏连续的犯意或者预期目的，表现为多次临时起意的违法、犯罪行为的事例则不能适用视情况考察入罪或加重处罚“多次”有关规定，而应按照多次同种违法行为、同种数罪等一般性处罚规则处理。有观点则认为，“多次”规定设置的数额累计规则是法律的特别规定，与徐行犯、集合犯等形态虽然存在竞合，但是也具有独立意义。多次行为之间无须具有一个犯罪目的或者具有连续犯意等主观联系。

---

〔1〕 参见叶良芳:《刑法中数额的性质及其计算》，载《云南大学学报（法学版)》2006年第4期；陈航:《累计数额刑事处罚制度研究》，载《云南大学学报（法学版)》2007年第6期；马克昌主编:《犯罪通论——根据1997年刑法修订》，武汉大学出版社1999年版，第697页。

〔2〕 徐行犯，又称接续犯，是指行为人在相对集中的时间和场所，采用数个接续的举动完成一个犯罪行为的犯罪形态。参见吴振兴:《罪数形态论》，中国检察出版社2006年版，第159页。

〔3〕 虽然目前我国对于集合犯概念的界定并未形成一致观点，但是将集合犯界定为“基于特定的犯罪，反复实施同种性质危害行为的犯罪形态”还是“反复实施同种犯罪行为，或者虽然只实施一次，但确有反复意图，因而概括地评价为一罪”，抑或“以一定犯罪倾向，反复实施同种犯罪行为，以法律特别规定，成立一罪的犯罪”均将主观方面的实施多次行为前反复实施行为的意图，或者一定犯罪倾向作为必要条件。参见姜伟:《犯罪形态通论》，法律出版社1994年版，第341~342页；马克昌主编:《犯罪通论》，武汉大学出版社1999年版，第661页；吴振兴:《罪数形态论》，中国检察出版社1996年版，第208页。

〔4〕 学界目前对连续犯的定义具有“同一罪质+同一法条说”、“相同罪质说”、“同一基本构成说”与“法益说”等观点。参见王志祥、姚兵编著:《罪数形态专题整理》，中国人民公安大学出版社2009年版，第87~90页。本书采同一基本构成说，需以同一或者概括的故意作为成立条件。

〔5〕 徐行犯，是指本来可以即时达到预期目的的犯罪，行为人有意采取徐缓方式或陆续去完成。基于此，行为人数个行为需基于一个预期的目的或者目标。参见吴振兴:《罪数形态论》，中国检察出版社2006年版，第159页。

第二节 “多次”规定与刑法其他规定系统维度的问题检视

从刑法教义学的方法视角来看，罪刑法定的“法”并非仅指《刑法》分则的个罪规定，而是指刑法的所有规定。司法机关处理刑事案件，不仅直接涉及分则的有关条文，还离不开总则的指导与补充。刑法内部的协调性，不仅包括“多次”规定子系统内条文之间的协调，还包括刑法规范之间，以及总则与分则之间的协调。[1] 由此，有必要围绕“多次”规定与刑法其他规定系统维度进行问题检视。其中，争议较大的三个问题：一是“多次”中“次”的内涵解读问题；二是当“多次”作为一种独立的入罪或者加重的罪量要素，与同一罪名内部“上下”“左右”[2] 的罪量要素关系释读问题；三是“多次”中部分行为处于未遂形态时，如何定罪与量刑的实践问题。由此，有必要针对这三个实践中的典型问题进行分析。

一、“多次”型罪量要素体系性释读不畅的问题[3]

“法律条文只有当它处于与它有关的所有条文的整体之中才显出其真正的含义……把它与其他的条文——同一法令或同一法典的其他条款——

[1] 参见熊永明：《刑法立法协调性研究》，载《河北法学》2011 年第 1 期。

[2] 与同一罪名“上下”的罪量要素关系问题，是指在司法解释中，“多次”作为“情节严重”“情节特别严重”的细化性罪量要素时，“多次”与刑法条文中“情节严重”“情节特别严重”的关系。与同一罪名“左右”的罪量要素关系问题，是指“多次”与并列的罪量要素之间的关系。

[3] 根据系统论原理，“多次”与同一罪名定量因素的关系问题梳理不仅应从“左右”关系的视角切入，即同一法定刑档次内并列定量因素的关系；而且还应当关注“上下”关系，即“多次”作为司法解释中细化的罪量要素与刑法条文中被司法解释予以细化的罪量要素之间的关系，而不同法定刑档次间定量因素关系的范畴本书暂不涉及。

比较，其含义也就明确了。”[1] 罪量要素相关概念的解析并非个别语词含义的阐释，而是需要把相关犯罪的罪刑规范当作一个整体，结合规范意旨赋予其含义。从解释论上讲，罪量要素的释读需根据法条的法益保护目的以及与其他罪量要素之间的关系得出合理的结论。

“多次”[2] 往往后于“数额”“情节”“严重后果”等罪量要素被赋予并列（或从属）反映法益侵害程度的功能，体现了淡化“唯数额论”“唯结果论”的思维观念。按照系统论与体系解释的关系原理，“多次”的内涵解读不能就“多次”言“多次”，其规范意旨的阐释有赖于相关条文整体的合理解释；进一步明晰与同一罪名其他罪量要素的关系，廓清“多次”的规范定位，有助于在“多次”的“上下左右”关系中立体化解读“多次”的要素构成，更好地发挥其在相关罪名罪刑体系中的地位与作用。

（一）“多次”有关规定罪量要素的设置现状

1. 立法中“多次”有关规定罪量要素设置现状

对于作为入罪条件的“多次”而言，《刑法》中共 9 个罪名涉及将“多次”作为入罪的构成要件要素。[3] 第 290 条第 3 款和第 4 款将“多次扰乱国家机关工作秩序，经行政处罚后仍不改正，造成严重后果”和“多次组织、资助他人非法聚集，扰乱社会秩序，情节严重的”情形作为犯罪成立条件并设置独立的法定刑，故而不具有并列的构成要件要素之外，其余 7 个罪名均具有并列的构成要件要素。其中，第 153 条走私普通货物、物品罪中的“多次”与“偷逃应缴税额较大”并列，第 201 条逃税罪中的“多次”与“逃避缴纳税款数额较大并且占应纳税款百分

---

〔1〕［法］亨利·莱维·布律尔：《法律社会学》，许钧译，上海人民出版社 1987 年版，第 70 页。

〔2〕此部分所知的“多次”规定是指作为入罪条件的“多次”与作为加重处罚条件的“多次”。

〔3〕在《刑法》中，作为入罪条件的“多次”规定涉及的罪名有：第 153 条“走私普通货物、物品罪”、第 201 条“逃税罪”、第 237 条第 3 款“猥亵儿童罪”、第 264 条“盗窃罪”、第 267 条“抢夺罪”、第 274 条“敲诈勒索罪”、第 290 条第 3 款“扰乱国家机关工作秩序罪”、第 290 条第 4 款“组织、资助非法聚集罪”、第 301 条第 1 款“聚众淫乱罪”。

之十以上”并列，第264条盗窃罪中的“多次”与“数额较大”“扒窃”“入户盗窃”“携带凶器盗窃”并列，第267条抢夺罪与第274条敲诈勒索罪中的“多次”与“数额较大”并列，第301条聚众淫乱罪中“多次”与“首要分子”并列。总体而言，《刑法》中作为入罪条件的“多次”构成的犯罪形态主要是与数额犯、行为犯等犯罪形态，以及“首要分子”等要素相并列。

对作为加重处罚条件的“多次”，《刑法》中共7个罪名将其作为加重处罚的构成要件要素。就条文内容与结构而言，作为加重处罚条件的“多次”与数个不同类型的罪量要素并列作为加重处罚的事实范例。总体而言，并列的罪量要素包括以下几种类型：第一，情节类的罪量要素。例如，第236条强奸罪、第318条组织他人偷越国（边）境罪、第320条运送他人偷越国（边）境罪将“情节恶劣”或“其他特别严重情节”作为加重处罚的罪量要素之一。第二，手段、地点类的加重构成要件要素。即将实施危害行为的特别手段作为加重处罚的条件，例如，第318条组织他人偷越国（边）境罪将“以暴力、威胁方法抗拒检查的”、第292条聚众斗殴罪将“持械聚众斗殴的”手段作为加重处罚的因素。地点类的加重罪量要素，即将实施危害行为的地点作为加重处罚的条件，例如，第236条强奸罪中的“在公共场所当众强奸妇女的”以及第292条聚众斗殴罪中的“在公共场所或者交通要道聚众斗殴，造成社会秩序严重混乱的”。第三，结果（数额）类的加重罪量要素，即将实施行为所造成的特定危害结果作为加重的处罚条件。通常而言，此类加重处罚的罪量要素包括“数额”“被害人重伤”“死亡”。[1]

---

〔1〕例如，第263条抢劫罪中，“多次抢劫”与“抢劫数额巨大”“抢劫致人重伤、死亡”作为并列的加重定量因素的情形；再如，第318条组织他人偷越国（边）境罪中，“多次”与“造成被组织人重伤、死亡”作为并列的定量因素的情形。

2. 司法解释中“多次”规定所涉罪名罪量设置现状

相比刑法中的“多次”规定设置而言，司法解释中的“多次”规定设置更为多样化。总体而言，司法解释中“多次”等罪量要素的设置主要是为了细化包含较为概括的罪量要素或者“无罪量”[1] 的条文中的入罪或者加重处罚的标准。具体而言，可分为以下几种情形：第一，将“多次”作为“情节严重”“情节较重”等概括性罪量要素的构成标准之一。例如，2008年最高人民检察院、公安部在《关于公安机关管辖的刑事案件立案追诉标准的规定（一)》中将“多次”解释为第381条战时拒绝军事征用罪、第226条强迫交易罪“情节严重”的事实范例之一。第二，将“多次”作为“严重污染环境”“破坏社会秩序”等罪量要素的细化标准之一。例如，2013年“两高”《关于办理环境污染刑事案件适用法律若干问题的解释》（法释〔2013〕15号，2017年已失效）将“多次”[2] 作为污染环境罪入罪条件，即作为判断实施违反国家规定，排放、倾倒或者处置有放射性的废物、含传染病病原体的废物、有毒物质或者其他有害物质行为，是否达到“严重污染环境”结果的标准之一。又如，2013年“两高”《关于办理寻衅滋事刑事案件适用法律若干问题的解释》（法释〔2013〕18号）第2条第3项，将“多次随意殴打他人”作为寻衅滋事罪达到“破坏社会秩序”入罪条件的细化标准之一。第三，将“多次”作为“无罪量”犯罪的入罪条件之一。例如，根据《刑法》第354条容留他人吸毒罪规定，构成此罪的条件是“容留他人吸食、注射毒品”，条文中未给此罪设置罪量要素。最高人民法院为避免处罚范围过大，结合审判经验，在《关于审理毒品犯罪案

〔1〕本书所称的“无罪量”的条文，是指刑法中未明文规定罪量要素的规定，如容留他人吸毒罪。但是根据我国《刑法》第13条但书规定的精神，此类罪名并非行为人一旦实施相关行为皆需作为犯罪处理，还需综合案件情节判断是否属于情节显著轻微不作为犯罪处理。所以，最高司法机关可总结相关司法经验细化此类罪名的入罪条件，而不违反罪刑法定原则。

〔2〕依据第1条第5项规定，在两年内曾因违反国家规定，排放、倾倒、处置有放射性的废物、含传染病病原体的废物、有毒物质受过两次以上行政处罚，又实施前列行为的，是“严重污染环境”。

件适用法律若干问题的解释》（法释〔2016〕8号）中增设“二年内多次容留他人吸食、注射毒品的”等7种情形作为容留他人吸毒罪的入罪条件。[1]

（二）“多次”与相关罪量要素关系解读困境

1. “多次”与“数额”关系解读困境

根据财产犯罪的特点，危害行为造成的客观危害，即被害人受到的财产损失、社会秩序与安定感遭受的损害，一直是我国刑法贯穿财产犯罪的主线。如果说判断财产犯罪的侵害客体有三点，即“一是财物的存在形态；二是财物的他人性以及所有、占有的可能性；三是财物的价值”[2]。那么，因侵财行为造成违法犯罪相对人的财产损失的数额就是财产价值的具体化。[3] 受我国刑事立法“定性＋定量”立法模式的影响，侵财型犯罪的犯罪构成以造成的财物损失达到一定数额为构成要件要素，相对财产价值微小的财物或者未归入刑法层面“财物”范畴的物品，如扒窃一包餐巾纸[4]或一支圆珠笔会被认定为盗窃未遂。通常而言，财产损失的数额因与被害人财物损害的程度直接相关，反映了侵财行为的社会侵害程度，对于行为入罪与否具有“拦截”作用；虽然按照我国《刑法》第23条之

〔1〕根据2016年最高人民法院《关于审理毒品犯罪案件适用法律若干问题的解释》第12条第1款规定，容留他人吸毒满足以下条件的，应当追诉：(1) 一次容留多人吸食、注射毒品的；(2) 二年内多次容留他人吸食、注射毒品的；(3) 二年内曾因容留他人吸食、注射毒品受过行政处罚的；(4) 容留未成年人吸食、注射毒品的；(5) 以牟利为目的容留他人吸食、注射毒品的；(6) 容留他人吸食、注射毒品造成严重后果的；(7) 其他应当追究刑事责任的情形。

〔2〕童伟华：《财产罪基础理论研究——财产罪的法益及其展开》，法律出版社2012年版，第13页。

〔3〕参见王利荣、严昕：《侵财次数、数额的定性作用——写在多次抢夺入罪之际》，载《刑法论丛》2015年第4期。

〔4〕虽然“扒窃”入刑之初，有法院曾将扒窃一包餐巾纸的行为作为犯罪处理；但是，按照学界与实务界的主流观点，扒窃数额极小、财产价值极低的财物，综合全案情节，认为情节显著轻微、危害不大的，仍应按照《刑法》第13条的规定，不作为犯罪处理。参见胡云腾、周加海、周海洋：《〈关于办理盗窃刑事案件适用法律若干问题的解释〉的理解与适用》，载《人民检察》2014年第15期。

规定，我国以惩罚未遂为原则，但是未遂行为指向的数额大小仍对行为危害程度判断具有关键作用。[1] 尽管学界针对将数额作为财产犯罪入罪门槛的做法颇有微词，但反对的仅是唯数额论本身，并未抛弃以赃计罪的思维模式。只是，将数额作为财产犯罪的唯一罪量因素“可能游离财物的客观价值，无视被害人在特定时空对财物的特殊需求及程度”[2]，所以在考虑财产犯罪社会危害程度时，将被害人的特定需求及程度或者行为人犯罪的手段、空间等内容放置在是否入罪的算式之内。既然被害人遭受财产损失的价值与数额是财产犯罪的重要概念，随着财产犯罪中作为入罪条件“多次”规定的增设，多次盗窃、多次敲诈勒索、多次抢夺作为一种并列的罪量模式成为判定罪与非罪的标准。这一立法趋势体现了唯数额论的立法格局日渐松动，澄清次数与数额间的关联显得尤为重要。

以盗窃罪为例。1979 年《刑法》仅将数额较大作为成立盗窃罪的罪量要素，随着 1997 年《刑法》废除“惯窃”作为盗窃罪的加重处罚条件，立法者为了从严惩治实施盗窃的常习性行为，将“惯窃”构成条件中的次数要件增设为盗窃罪基本犯罪构成，即“多次盗窃”。从立法技术层面上讲，“多次盗窃”和“数额较大”作为并列的罪量要素，“多次”与“数额较大”应当彼此区别，不能雷同或者交叉。[3] 这一观点不存在争议。并且，就“多次盗窃”与“数额较大”之间的关系而言，部分学者认为数额较大标准在适用中具有优先地位，多次盗窃行为中有一次行为达到数额较大，就应适用数额较大的入罪标准；只有每一次行为均不构成数额较大时，才可

---

〔1〕 按照 2013 年“两高”《关于办理盗窃刑事案件适用法律若干问题的解释》第 12 条第 1 款规定：“盗窃未遂，具有下列情形之一的，应当依法追究刑事责任：（一）以数额巨大的财物为盗窃目标的；（二）以珍贵文物为盗窃目标的；（三）其他情节严重情形的。”依据解释逻辑，只有以未遂行为指向的财物价值较大的情形才能作为犯罪处理，体现数额在盗窃未遂行为是否入罪的判断中起到关键作用。

〔2〕 王利荣、严昕：《侵财次数、数额的定性作用——写在多次抢夺入罪之际》，载《刑法论丛》2015 年第 4 期。

〔3〕 参见黄祥青：《刑法适用要点解析》，人民法院出版社 2011 年版，第 281 页。

按照“多次盗窃”的标准认定行为是否构成盗窃罪。[1] 通说认为，“多次盗窃”需在多次行为中任何一次行为以及多次行为整体累计均未达到“数额较大”的标准时，才可按“多次盗窃”的标准认定行为是否构成盗窃罪。倘若多次行为的侵财数额累计达到“数额较大”的标准则适用数额标准，行为次数作为量刑情节予以考虑。这一观点，已获得司法解释的肯定。[2] 因此，从设立治罪标准的根据上看，“数额较大”与“多次盗窃”可谓泾渭分明。只要行为达到“二年内盗窃三次以上”即属于“多次盗窃”这一行为类型。然而，若将视角继续延伸至“多次盗窃”这一罪量要素的类型、内涵解读方面，“多次盗窃”与数额标准之间的界限就莫衷一是了。

具体而言，有关“多次盗窃”与“数额”之间的关系，存在“独立说”“竞合说”与“补充说”三种观点。支持独立说的学者认为，“多次”规定本身已经意味着这一行为模式达到了犯罪的严重社会危害性程度，一旦满足“多次”的规定就“不允许再考虑其他因素而将此行为认定为无罪”[3]。申言之，无须在行为满足“二年内盗窃三次以上”要求之外考虑多次行为构成盗窃罪的要素。与独立说相反，竞合说认为一般的盗窃行为，刑法规定达到数额较大才能构成犯罪，而“多次盗窃”则不需要每次均达到数额较大的标准，只要累计起来达到数额较大即可。[4] 由此，“多次”的成立同样需要达到数额的入罪标准，实则“多次”与“数额较大”是存在竞合的罪量要素。“补充说”认为，满足二年内三次实施盗窃违法行为并非“多次”构成盗窃罪的完整构成要件，还需要满足其他要素。例

---

〔1〕 参见廖帅军:《“多次盗窃”若干问题初探》，载《上海市政法管理干部学院学报》2000年第1期。

〔2〕 按照2017年最高人民法院修订的《关于常见犯罪的量刑指导意见》(法发〔2017〕7号，已废止）第四部分“常见犯罪的量刑”“（六）盗窃罪”规定，多次盗窃，数额达到较大以上的，以盗窃数额确定量刑起点，盗窃次数可作为调节基准刑的量刑情节；数额未达到较大的，以盗窃次数确定量刑起点，超过三次的次数作为增加刑罚量的事实。

〔3〕 刘德法、孔德琴:《论多次犯》，载《法治研究》2011年第9期。

〔4〕 参见赵秉志:《刑法学各论研究综述》，北京师范大学出版社2009年版，第377页。

如，有观点提出“行为人实施了多次盗窃且达到情节严重的程度，才能作为盗窃罪处理”[1]，即满足时间与次数要件并非必然构成盗窃罪，还需要综合达到情节严重的程度，而数额则是情节是否严重的重要判断标准。类似于“多次”与“数额较大”的关系是“数额较大＝多次盗窃＋一定数额（或其他情节）”[2]。在补充说内部，数额与“多次”的关系还可细分为不同形态。例如，有观点认为，一般来说，“多次盗窃”的财物需接近数额较大的标准或者三次以上盗窃他人信用卡、身份证件等具有重要使用价值的财物；也有观点认为，构成“多次盗窃”无须数额达到接近数额较大标准，而是“每一次盗窃或者造成了接近司法解释一般数额的三分之一的财物损失，或者现实危及至少是《刑法》规定‘数额特别巨大’的财产价值”[3]。由此可见，就数额如何“补充”“多次盗窃”，从而使其成立盗窃罪的比例存在差异。

2.“多次”与“情节特别严重”关系解读困境

“情节严重”“情节特别严重”“情节恶劣”之于罪量要素，乃是《刑法》分则中明确规定的，以“情节”的严重程度作为犯罪的成立条件抑或加重处罚条件的立法规定。其中，“情节”是表征行为社会危害程度而为成立犯罪或者升格法定刑档次的“整体的评价要素”[4]，包含一系列主观和客观的事实情状。“情节”之于“情节严重”，是“罪量评价的前提性事实”[5]，框定评价的罪前罪中罪后事实；“严重”之于“情节严重”，是行为符合构成要件要素具有应受刑罚处罚性或者该当加重处罚

---

[1] 刘宪权：《盗窃罪新司法解释若干疑难问题解析》，载《华东政法大学学报》2013年第6期。

[2] 马家福、刘一亮：《刑法关于“多次盗窃”的重新解读》，载《福建公安高等专科学校学报》2007年第5期。

[3] 王利荣、严昕：《侵财次数、数额的定性作用——写在多次抢夺入罪之际》，载《刑法论丛》2015年第4期。

[4] 张明楷：《犯罪构成体系与犯罪构成要件要素》，北京大学出版社2010年版，第238页以下。

[5] 王彦强：《犯罪成立罪量要素研究》，南京师范大学2013年博士学位论文，第88页。

条件的程度要件。在我国《刑法》分则中，“情节严重”[1] 的规定分布比较广泛，几乎占据《刑法》分则条文的三分之一，并且呈不断增加的趋势。[2] 这一罪量要素的设置，不仅可以使《刑法》分则条文在更为简洁的基础上，提示与限制犯罪成立和该当加重构成要件的范围，还能“使立法和司法活动之间保持一定的张力”[3]。

通常而言，为避免由于罪状规范过于模糊，致使立法“违反刑法明确性原则，甚至违反罪刑法定原则”[4]，造成“司法操作的五花八门，甚至司法恣意”[5]，最高司法机关采用“列举 + 概括”的形式细化“情节严重”的前提性事实和程序界限。“多次”作为情节严重的细化范例之一，在近年颁布的司法解释中使用频次颇高。例如，2017 年“两高”颁布的《关于办理侵犯公民个人信息刑事案件适用法律若干问题的解释》（法释〔2017〕10 号）第 5 条第 1 款第 9 项认定 2 年内受过行政处罚，又非法获取、出售或者提供公民个人信息的情形构成《刑法》第 253 条之一规定的“情节严重”；又如，2016 年“两高”颁行的《关于办理贪污贿赂刑事案件适用法律若干问题的解释》（法释〔2016〕9 号）对贪污贿赂犯罪采取了“数额 + 情节”的定罪量刑标准，其中“多次”的相关规定是构成入罪、加重的“情节”要素之一。

从法理上讲，“情节”是否“严重”需要综合分析全部案件事实情

---

〔1〕 若不作特别说明，此处的“情节严重”，既指作为入罪条件的“情节严重”，如侵犯公民个人信息罪，也指作为法定刑升格条件的“情节严重”，如抢劫罪；包括“情节严重”“情节特别严重”“其他较重情节”“其他严重情节”“其他特别严重情节”“情节恶劣”“情节特别恶劣”“其他恶劣情节”“其他特别恶劣情节”等表述。

〔2〕 参见陈洪兵：《“情节严重”司法解释的纰漏及规范性重构》，载《东方法学》2019 年第 4 期。

〔3〕 陆建强：《刑法分则条文中“情节严重”类综合性犯罪构成要件研究——以司法实践将综合性要件转化为单一性要件的需求为视角》，载《政治与法律》2012 年第 8 期；马改然：《情节犯存在之合理性》，载《内蒙古社会科学（汉文版）》2012 年第 5 期。

〔4〕 余双彪：《论犯罪构成要件要素的“情节严重”》，载《中国刑事法杂志》2013 年第 8 期。

〔5〕 姜涛：《贪污受贿犯罪之量刑标准的再界定》，载《比较法研究》2017 年第 1 期。

状，不是强调某一方面的具体内容，而是需要“任何一个方面的具体内容严重”〔1〕，涉及犯罪的客观方面、主体、主观方面的内容。当犯罪某一方面的情节严重，能够使全案事实达到应受刑罚处罚或者加重处罚的程度时，就可以成立犯罪或者适用升格的法定刑档次。司法解释作为刑法的“副法体系”〔2〕，在细则化“情节严重”的典型事例之时，总结司法经验，将足以使案件综合情节达到应当追究（加重）刑事责任的主观、客观、主体等方面事实予以类型化，符合罪刑法定基本原则的实践需求。然而，将目光往来于“多次”相关司法解释与“情节严重”之间，可以发现，理论与实践中存在将“情节严重”解释为“多次”相关规定从而造成“情节”标准适用僵化的困境。

具体表现为“多次”相关规定在同一罪名的入罪和加重条件的“情节严重”之间存在适用尴尬。众所周知，《刑法修正案（九）》调整受贿罪的定罪量刑标准，确立了“概括数额＋情节”的定罪量刑模式；为了淡化受贿罪定罪量刑中“数额中心论”，加大犯罪情节在定罪量刑中的作用，2016年4月18日，“两高”颁行《关于办理贪污贿赂刑事案件适用法律若干问题的解释》（法释〔2016〕9号）细化概括数额与情节的认定标准，其中，第1条第3款第1项将“多次索贿”作为相关“情节”的类型化事例之一，并与不同的数额标准协调，成立受贿罪入罪、加重（包括加重至第二档或者第三档）标准。然而，由于“多次索贿”作为情节标准没有形成合理分层，易造成相关定罪量刑标准适用僵化。例如，行为人多次索贿，索贿金额为15万元，可按照第383条第1款第1项规定的法定刑幅度（3年以下有期徒刑、拘役，并处罚金）内定罪处刑；行为人多次索贿，索贿金额达至100万元，则可在第383条第1款第2项的法

〔1〕张明楷：《论刑法分则中作为构成要件的“情节严重”》，载《法商研究（中南政法学院学报）》1995年第1期。

〔2〕参见林维：《刑法解释的权力分析》，中国人民公安大学出版社2006年版，第441页。

定刑幅度（3年以上10年以下有期徒刑，并处罚金或没收财产）内定罪处刑。上述这种情形只是受贿数额在案件处理过程中仍发挥决定性作用，"削弱情节对定罪量刑的影响力"[1]，一定程度上致使情节因素的认定僵化。

二、"多次"中部分行为处于未遂形态的司法困境

从系统论视角来看，在个案的定罪量刑过程中，不仅应直接涉及分则的有关条文，而且必须遵守总则所规定的各项原则，从而获得合理、合法的裁判结果。就单次行为处于未遂形态的案件而言，法官可在按照分则条文选定具体罪名与法定刑幅度的基础之上，适用总则第23条之规定裁量是否从宽及从宽处罚的幅度。然而，总则第23条在三种类型"多次"规定的适用过程中遭遇掣肘，不仅理论争议不绝于耳，而且采取不同观点的裁量结果呈现较大的量刑差异，极大影响公民对裁判结果的认同，实有必要对此问题深入研究。

（一）部分违法行为未遂时入罪型"多次"规定的适用困境

对于作为入罪条件的"多次"规定而言，单次行为未遂或者中止是否应当累计？理论上对于这一问题仍未达成共识，存在肯定说与否定说之争。实践中，行为人实施的多次行为中一次或者数次未遂、中止的情形并不鲜见，这一问题的解释结论直接关乎此类"多次"规定的成立范围。下面以一则多次盗窃中存在未遂行为的案件为例进行简要分析。

2004年9月27日晚，被告人班某窜至某公司住宅楼501室的王某家，推门入室，窃得人民币350元；随后窜至该楼的105室任某家内，入室盗窃皮夹一只（价值人民币15元）；其后，又窜至某住宅楼，剪破403室张某家的防盗门纱，企图打开防盗门实施入户盗窃，但在实施盗窃的过程

[1] 商浩文：《论受贿罪数额与情节定罪量刑标准之调和》，载《政法论丛》2018年第6期。

中，被屋主张某发现。随即，被告人班某被抓获。[1] 本案中，存在两种不同的意见，形成两条不同处理路径。

路径一：因为班某非以数额巨大的财物或国家珍贵文物为窃取目标，故未达到情节严重的标准，所以虽然班某在一年内入户盗窃三次，未遂这一次不能作为多次盗窃中的“一次”，因而本案不构成多次盗窃。

此路径是基于作为入罪条件“多次”规定中的“次”包含未遂形态行为否定论。支持该路径的学者认为，多次盗窃的每一次盗窃行为需为既遂形态的行为；若非如此，仅在行为人以数额巨大的财物或国家珍贵文物为窃取目标时，才可将未遂的行为予以累计。既然将“多次”作为盗窃罪的入罪条件，那么对此处的“多次”的认定标准就不能降低，即每一次的盗窃行为原则上是完成形态。换言之，由于“多次盗窃”的认定本身就降低了数额标准，除最高人民法院的《关于审理盗窃案件具体应用法律若干问题的解释》（已废止）第 1 条第 2 项规定的“以数额巨大的财物或者国家珍贵文物等为盗窃目标的，应当定罪处罚”的外，对未遂的盗窃行为可以不作为认定多次盗窃的依据。[2] 当多次行为中存在未完成形态的次数时，应在次数总数中予以排除。若排除之后仍达到一年之内三次以上行为的，可以按照盗窃罪处理。[3]

路径二：肯定作为入罪条件“多次”规定中的“次”包含未遂形态的行为，认为行为人主观上有非法占有的故意，客观上实施了多次盗窃的行为，虽然具有一次未遂行为，但是那只能作为本案量刑时的考量情节，不影响本案构成多次盗窃。

此路径立论于作为入罪条件“多次”规定中“次”包含未遂形态行

---

〔1〕 参见李建国：《如何理解盗窃罪“次数标准”与“数额标准”的关系》，载张毅主编：《刑事典型类案法律适用参考》，中国检察出版社 2008 年版，第 253 页。

〔2〕 参见李忠诚：《多次盗窃的认定和盗窃数额的累计》，载《人民检察》2000 年第 8 期。

〔3〕 参见贺平凡：《论刑事诉讼中的数量认定规则》，载《法学》2003 年第 2 期。

为肯定论的基础之上。支持该路径的学者认为，多次盗窃不以每次盗窃既遂为前提。[1] 因为，《刑法修正案（八）》与2013年“两高”《关于办理盗窃刑事案件适用法律若干问题的解释》将“多次盗窃”单独列为一种行为类型，主要就是考虑到“多次盗窃”足以反映行为人的主观恶性与盗窃习性。一旦行为人着手实施犯罪，就可以算为“多次”中的“一次”盗窃。即使行为因为意志以外的原因未达既遂，也不影响次数的累计。[2]

（二）部分犯罪行为未遂时加重型“多次”规定的适用困境

综观作为加重处罚条件“多次”中部分行为未遂、部分行为既遂情形的司法认定，主要存在两方面的问题：一是作为加重处罚条件“多次”未遂形态存在论上的问题，即作为加重处罚条件的“多次”是否存在未遂形态；二是存在论争议的延伸——作为加重处罚条件的“多次”未遂形态在处罚论上的困境，其中，处罚论以作为加重处罚条件“多次”中单次行为的形态与部分行为未遂时如何裁量的问题最为突出。

1. 加重处罚条件“多次”规定未遂形态存在与否的争议

对于作为加重处罚条件的“多次”是否存在未遂形态的问题，目前学界与实务界未形成统一认识，存在肯定论与否定论两种观点。持肯定论的学者认为，犯罪构成分为独立的犯罪构成与派生的犯罪构成。独立的犯罪构成是指，“刑法条文对具有通常社会危害程度的行为所规定的犯罪构成”；派生的犯罪构成是指，“以独立的犯罪构成为基础，具有较重或较轻社会危害程度而从独立的犯罪构成衍生出来的犯罪构成”[3]。循此逻辑，作为加重处罚条件的“多次”属于派生的犯罪构成，因多次犯罪行为导致

---

〔1〕 参见张明楷：《刑法学》，法律出版社2016年版，第953页。

〔2〕 参见黄祥青：《认定多次盗窃的事实与法理依据》，载《人民司法》2009年第9期。

〔3〕 马克昌主编：《犯罪通论：根据1997年刑法修订》，武汉大学出版社1999年版，第94～95页。

违法性提升，从而在量刑上有别于独立的犯罪构成。[1] 符合作为加重处罚条件的“多次”的加重情节，其中一次或者数次犯罪行为未达到既遂形态，应当适用升格的法定刑档次，再按照总则的规定对“多次”犯罪行为酌情从宽处罚。[2]

否定论则认为，相比某一犯罪的基本犯罪构成，加重犯的构成特征是在基本构成基础之上，出现了不能包含在基本构成条件之内的法定严重后果或者情节。此加重情节或结果的有无，只是加重犯成立与否的条件，加重犯的犯罪特征决定了它只存在构成与否这一种犯罪形态，而无犯罪未遂、中止等未完成形态存在的余地。[3] 还有相似的观点认为，加重情节不是构成要件而是量刑情节，加重犯系“‘基本犯犯罪行为的既未遂’+‘加重情节（加重结果）具备与否’”的结构，“有此结果或情节就构成并完备了加重犯的要件，无此结果或情节就构成基本犯而根本不成立加重犯”[4]，否定其犯罪未完成形态的存在。有别于全面否定法定刑升格条件存在未遂形态的其他观点认为，我国刑法中设立的法定刑升格条件应区分加重构成与量刑规则。“刑法分则条文因行为、对象等构成要件要素的特殊性使行为类型发生变化，导致违法性增加并加重法定刑时，才属于加重的犯罪构成。”[5] 而如“首要分子”“数额较大”“情节严重”“多次”等升格条件因不表明违法行为类型的变化，故只能认定为量刑规则。而就量刑规则而言，其只涉及具备与不具备的问题，并不涉及未完成形态。

---

〔1〕 参见宣炳昭、黄志正：《犯罪构成与刑事责任——刑法学研究综述》，中国政法大学出版社1993年版，第40~41页。

〔2〕 参见马克昌主编：《刑罚通论》，武汉大学出版社1999年版，第328~329页。转引自卢建平、赵康：《“多次抢劫”中“抢劫”的犯罪形态》，载《人民检察》2016年第1期。

〔3〕 参见高铭暄：《刑法学原理》（第一卷），中国人民大学出版社1993年版，第276~277页。

〔4〕 赵秉志主编：《刑法总则要论》，中国法制出版社2010年版，第402~403页。

〔5〕 张明楷：《加重构成与量刑规则的区分》，载《清华法学》2011年第1期。

2. 作为加重处罚条件的“多次”规定中“次”的未遂形态双面争议

关于作为加重处罚条件的“多次”规定中“次”未遂形态存在与否的争议。在作为加重处罚条件的“多次”中，单次行为需要达到犯罪成立的违法性程度。虽然在未完成形态体系中，犯罪预备行为已经为犯罪的实行创造了便利条件，对法益构成危险，原则上具有可罚性。但是通常而言，因犯罪预备行为直接产生法益侵害的紧迫性低，为警惕作为加重处罚条件的“多次”的处罚范围过度扩张，预备行为通常不纳入多次的累计。然而，犯罪未遂形态因进入犯罪实行阶段，对法益已产生现实、紧迫危险，多次犯罪中存在未遂形态犯罪时就需要讨论如何合理处置的问题。

未遂行为是否可算作“多次”中的一次呢？基于对设立作为加重处罚条件“多次”立法目的与刑事政策的考量，学界对于如何认定作为加重处罚条件“多次”中单次犯罪的形态具有不同意见。以典型的“多次”抢劫为例。有学者认为，“立法规定的侧重点不是在于多次抢劫行为客观上有多大的危害，是基于多次抢劫行为人主观恶性较大……构成犯罪的行为是否达到抢劫既遂状态”[1]，都应算作“多次”中的一次抢劫行为。立法者规定多次抢劫的要旨，显然是犯罪行为的次数，而非犯罪行为的形态，因此，“犯罪未遂不影响多次抢劫的认定”[2]。与上述观点相反，也有学者认为，多次抢劫不应包括多次抢劫预备、多次抢劫未遂的情形。因为“多次抢劫”作为抢劫罪的加重犯，应该从严掌握其适用条件，“抢劫预备虽然也可能构成犯罪，但毕竟未着手实行，抢劫未遂虽已着手实行，但同抢劫既遂相比危害性还是要小一些”[3]。所以，处于未遂形态的抢劫行为不

---

〔1〕 龚培华、肖中华：《刑法疑难争议问题与司法对策》，中国检察出版社2000年版，第508～509页。

〔2〕 万鄂湘、张军主编：《最新刑事法律文件解读》（第5辑），人民法院出版社2005年版，第86页。

〔3〕 刘明祥：《论抢劫罪的加重犯》，载《法律科学（西北政法学院学报）》2003年第1期。

应作为“多次”中的一次犯罪。另外，还有折中的观点认为，应当以行为是否负刑事责任为基准，判断是否纳入多次的累计。

关于作为加重处罚条件“多次”中部分行为未遂时的司法裁量争议的问题，能否针对部分未遂行为适用未遂的从宽处罚规定？存在肯定适用、否定适用及限制适用三种观点。同样以“多次抢劫”为例，部分行为未遂时，持否定意见的观点认为，由于“多次抢劫”本身没有犯罪停止形态的问题，一旦构成“多次”抢劫，则直接适用“10 年以上有期徒刑、无期徒刑或者死刑，并处罚金或者没收财产”的法定刑档次，“除了适用特殊减刑制度外，没有从轻或者减轻处罚的依据和通道”[1]。限制适用说在批判否定说可能造成罪刑极不适应的基础上提出，认为对于多次抢劫未遂的成立应当从严把握，只有多次抢劫中每次抢劫行为均未遂的情况下才能构成多次抢劫未遂。[2] 申言之，多次抢劫中部分行为未遂时只能以多次抢劫整体既遂论处，适用加重的法定刑档次，并且不能因部分行为未遂获得量刑上的从宽处罚。只有在多次抢劫中每次行为均处于未遂形态时才可认定多次抢劫整体未遂，对行为人宽宥处理。目前肯定说是实践中的通说观点，即认可其中一次犯罪的未遂形态。裁判中通常列明数次行为中未遂的次数并在最终判决中对部分犯罪适用未遂犯的从宽处罚的规定。[3]

（三）部分行为处于未遂时，累计型“多次”规定的适用困境

根据我国《刑法》第 23 条规定，我国以处罚未遂为原则，但是司法解释对部分个罪的未遂处罚作出了特殊规定，如“侵犯财产罪”一章中的

---

〔1〕 卢建平、赵康：《“多次抢劫”中“抢劫”的犯罪形态》，载《人民检察》2016 年第 1 期。

〔2〕 参见重庆市永川区人民法院刑事判决书，（2012）永刑初字第 00577 号；四川省成都市锦江区人民法院刑事判决书，（2016）川 0104 刑初 75 号；杭州市余杭区人民法院刑事判决书，（2014）杭余刑初字第 1500 号。

〔3〕 参见广东省东莞市第一中级人民法院刑事判决书，（2015）东一法刑初字第 1769 号；湖北省武汉市江汉区人民法院刑事判决书，（2015）鄂江汉刑初字第 01562 号。

盗窃罪〔1〕与诈骗罪〔2〕。这些规定为未遂形态下案件的处理提供了裁量的参考，且为部分违法行为既遂、部分行为未遂时定罪数额的选定、量刑情节的划分提供了规则。然而，这些规定是法律拟制性规定还是注意性规定，司法解释中未予说明。这使得没有相关司法解释指引的相关规定存在适用困境。对于视情况考察入罪或加重处罚的“多次”规定而言，如何与《刑法》第23条对接存在以下疑虑：

首先，对于视情况考察入罪或加重处罚的“多次”规定而言，行为“次数”是数额累计的载体。有观点认为，视情况考察入罪或者加重处罚的规定（有学者称之为数额累计处罚规定）是一项注意性规定，实际上只要涉及“数额较大”“经营数额达到……”的规定均应累计违法、犯罪行为的数额与数量。〔3〕由此，《刑法》第23条与“多次”规定的对接仅是定罪数额如何界定的问题。然而，对于“多次”规定的性质并非没有疑问，一种有力的观点认为，此类“多次”规定是一项拟制性规定，“多次”规定的设置前提是《刑法》分则中有关数额、数量的限度性规定，是针对一次行为形态而言的。〔4〕当行为表现为多次行为的集合形态时，需区分情况处理。通常而言，倘若没有累计处罚的规定，多次违法行为（每次均不构成犯

〔1〕2013年“两高”颁布的《关于办理盗窃刑事案件适用法律若干问题的解释》第12条规定：“盗窃未遂，具有下列情形之一的，应当依法追究刑事责任：（一）以数额巨大的财物为盗窃目标的；（二）以珍贵文物为盗窃目标的；（三）其他情节严重的情形。盗窃既有既遂，又有未遂，分别达到不同量刑幅度的，依照处罚较重的规定处罚；达到同一量刑幅度的，以盗窃罪既遂处罚。”

〔2〕2011年“两高”颁布的《关于办理诈骗刑事案件具体应用法律若干问题的解释》（法释〔2011〕7号）第5条第1款规定：“诈骗未遂，以数额巨大的财物为诈骗目标的，或者具有其他严重情节的，应当定罪处罚。”第6条规定：“诈骗既有既遂，又有未遂，分别达到不同量刑幅度的，依照处罚较重的规定处罚；达到同一量刑幅度的，以诈骗罪既遂处罚。”

〔3〕学者认为，我国刑法及有关司法解释关于累计计算的方式有两种：一种是明确的规定；另一种是隐含的规定。对累计计算的明确规定，实质刑法中明确使用“累计”“累计数额计算”“累计计算”等字样的规定。隐含的规定，实质刑法或者有关解释虽然没有明确规定，但按照有关规定的含义，在办案过程中应当对有关数量予以累计的情形。参见王飞跃：《论一罪累计数量处罚制度的合理性》，载《法律科学（西北政法大学学报）》2009年第4期。

〔4〕参见陈航：《累计数额刑事处罚制度研究》，载《云南大学学报（法学版）》2007年第6期。

罪）无论如何也无法进入刑法的评价视野。那么，盗窃罪与诈骗罪部分既遂、部分未遂时的处罚规则将涉及是否构成犯罪的问题。以侵犯知识产权行为为例，若行为人实施3次损害他人商誉的行为（每次不构成犯罪），其中一次未遂二次既遂。若将该规定适用至此类“多次”规定中，未遂行为仅能作为量刑情节，既遂行为给他人造成直接的经济损失作为定罪事实（既遂行为给他人造成的经济损失已达到50万元），则此案不能作为犯罪处理，而仅能认定为一般的违法行为。如果不按照盗窃罪与诈骗罪的特殊未遂规定进行处理，而是将未遂行为与既遂行为一并处理，则可认定为犯罪。

其次，虽然行为人实施多次同种犯罪行为，或实施多次行为且部分达到入罪标准的情形，是否适用诈骗罪、盗窃罪部分既遂、部分未遂的处理规则，不涉及罪与非罪的“鸿沟”。然而，分别计量（数额、数量）或一并计量的处理方式在量刑上存在差异。为了解决这些问题，并消除特殊未遂规定在具体适用中的疑虑，司法解释有必要作出回应。

三、“多次”有关规定法定刑配置存在正当性质疑

就作为加重处罚条件的“多次”有关规定而言，1997年《刑法》中共在6个罪名中确立这类规定。经过20余年的发展，这类“多次”规定在刑法典与相关司法解释中增至19处。相对于作为入罪条件的“多次”规定而言，此类“多次”规定数量较少，“碎片化”现象较为突出。不仅总体范围仅集中在分则第四章、第五章与第六章之中，而且在三个章节内部也呈现“碎片化”分布特点。总体而言，刑法立法对于这类“多次”规定的增设较为克制，但将视线往来于作为加重处罚条件“多次”规定与同一罪名其他加重刑格罪量要素，以及“多次”规定体现的同种数罪以一罪加重处罚与常规处罚（数罪并罚或者以一罪从重处罚）之间，可以发现部分规定恐造成罪刑不均衡处罚的结果，从而使法定刑配置正当性遭到

质疑。

作为加重处罚条件“多次”的有关规定，是我国同种数罪处罚的一项特别拟制规定。[1] 根据此类“多次”规定的处断规则，行为人一人实施同种数个犯罪行为直接按照加重处罚规定，而不按照通常同种数罪的处断规则。例如，依据《刑法》第263条第4项规定，行为人实施多次抢劫犯罪行为的，直接在抢劫罪第二档法定刑（10年以上有期徒刑、无期徒刑或者死刑，并处罚金或者没收财产）予以处刑。然而，“多次抢劫”与抢劫罪其他8种加重处罚的情形相比，其对多次加重犯的法定刑配置体现出立法者对多次数行为综合体现出的行为人反规范人格一致性的关注，恐会违反双重评价原则。[2] 此外，实践中，多次加重犯的法定刑配置与常规处罚规则相比，恐造成判罚结果罪刑不均衡的现象。例如，倘若行为人实施3次情节较轻的抢劫行为，一般而言可能在3年左右有期徒刑处刑；由此，无论是按照同种数罪一罪从重处罚还是按照《刑法》第69条的并罚规则，甚至是采用数罪的并科处罚，行为人的刑期将在10年有期徒刑以下。而按照《刑法》第263条第4项“多次抢劫”的处断规则，需在10年以上有期徒刑的刑期内处罚行为人。[3] 因此，有论者提出，此类规定体现出刑法的扩张，背离刑法的谦抑性原则，应当让位于刑法基本理论规则予以处理。[4]

---

〔1〕 虽然对于行为人一人犯有同种数罪应当如何处理，刑法理论上存在争议，但是实践中通常不采取并罚，而是按照一罪从重处罚。

〔2〕 在多次加重犯的立法例下，各单个行为还将因为行为的多次从而因行为人的人格而受到第二重评价，这是对同一犯行使其负担二重责任，可能面临违反双重评价原则。参见邓超：《多次加重犯限缩论》，载《中国人民公安大学学报（社会科学版）》2007年第4期。

〔3〕 参见邓超：《多次加重犯限缩论》，载《中国人民公安大学学报（社会科学版）》2007年第4期。

〔4〕 参见张小虎：《多次行为的理论定性与立法存疑》，载《法学杂志》2006年第3期。

第三节　“多次”规定与其他部门法交叉关系系统维度的问题检视

在系统论的视野下，刑法作为其他部门法的保障法和“二次法”，相关定罪量刑制度需要进行系统性设计，确保刑法外部与“周边”部门法的协调。[1] 申言之，刑法整体需作为整个宪法法律系统的子系统或者组成要素来看待，实现“刑法外部的协调性”[2]。因此，对刑法中“多次”有关规定的系统性检视，离不开仔细推敲“多次”有关规定与“周边”相关法律（民法典、行政法、环境法等其他部门法）是否协调与衔接。近年来，从学界关于增加“扰乱国家机关工作秩序罪”将多次“缠访”“闹访”违法行为入罪的合理性质疑，以及实践中受过行政处罚的行为是否认定为“次”“未经处理”如何认定的困境，可以看出刑法与其他部门法交叉系统视野下的“多次”规定存在“失调”的现象。因此，有必要梳理交叉系统中的“多次”规定存在哪些方面的失调？失调的原因是什么？如何强化等问题。

一、“多次”有关规定设立界限不明导致多重困境

刑法作为从属性的法益保护手段，根本任务是维护公民被宪法保护的基本权利，使其自由、和平地共同生活在一起。[3] 刑法参与社会治理，不仅以预防犯罪、维护社会秩序为目的，从根本上还是维护公民自由的重要手段。为防止刑法的扩张威胁公民的自由，应恪守刑罚在社会控制系统工

〔1〕参见周光权：《法典化时代的刑法典修订》，载《中国法学》2021 年第 5 期。

〔2〕参见周少华：《刑法规范的语言表达及其法治意义》，载《法律科学（西北政法大学学报）》2016 年第 4 期。

〔3〕参见［德］克劳斯·罗克辛：《对批判立法之法益概念的检视》，陈璇译，载《法学评论》2015 年第 1 期。

程中的“有限及短促的作用”[1]，从而划清刑事制裁在社会治理手段中的限度。我国刑法采用的“立法定性+罪量”的立法模式、设定入罪及升格法定刑门槛等举措无不体现出对防止刑罚权过度扩张的根本立场坚守。但是，随着以降低入罪门槛、提高预防刑、违法行为累计入罪为特征的“多次”相关立法的进一步扩张[2]，传统刑法理论支撑下的刑法谦抑精神、消极的刑法立法观有部分被搁置的迹象。为了避免刑法过度侵入行政法、民法等非刑事法领域，以及防止过度适用重刑造成严重不公的后果，对“多次”立法规定的设置范围应合理控制，明晰设立“多次”立法规定的理性界限。

（一）刑法中“多次”有关规定设立范围的全景考察

在刑事立法中，作为入罪条件的“多次”规定共涉及9个罪名，分布在我国《刑法》分则第三章、第四章、第五章、第六章中。其中，第三章中涉及2个罪名，即第153条“走私普通货物、物品罪”与第201条“逃税罪”；第四章中涉及1个罪名，即第237条第3款“猥亵儿童罪”；第五章中涉及3个罪名，即第264条“盗窃罪”、第267条第1款“抢夺罪”与第274条“敲诈勒索罪”；第六章中涉及3个罪名，即第290条第3款“扰乱国家机关工作秩序罪”、第4款“组织、资助非法聚集罪”与第301条第1款“聚众淫乱罪”。

论及“多次”规定在整个刑法体系中的扩张，应当说，其在司法解释中的扩张趋势最为明显，司法解释已成为“多次”规定的主要载体。这一趋势从司法解释中“多次”规定设置的数量和范围两个方面得以显现。从增设“多次”规定的数量上看，司法解释总共增设96个“多次”规定。其中，司法解释增加作为入罪条件的“多次”规定58处，增加作为加重

---

[1] 何荣功：《社会治理“过度刑法化”的法哲学批判》，载《中外法学》2015年第2期。

[2] 从近年来刑法修正的趋势来看，“多次”规定的“出镜率”呈上升趋势，既有刑法条文中含有“多次”立法规定的罪名已增至19个；司法解释中“多次”立法规定的频率较快，数量也大幅度增加，而且呈现从单一罪名中设置“多次”条款逐步走向在类罪名中增设“多次”条款的趋势。

处罚条件的“多次”规定12处，增加视情况考察入罪或加重处罚的“多次”规定26处。从“多次”规定涉及的范围来看，从原本集中在分则第三章、第四章、第五章、第六章、第九章中，扩张至分布在除第一章危害国家安全罪之外的所有章节。

通过逐条梳理刑法典与司法解释中的“多次”规定，可以发现，“多次”规定呈“碎片化”分布。主要表现在以下两个方面：

一方面，就“多次”规定在分则相关章节中的整体分布而言，不同类型的“多次”规定具有不同的分布特点，呈零散化的状态，即并非所有的犯罪类型均采用“多次”作为入罪或者加重处罚的罪量要素，也并非所有将数额、数量作为罪量要素的罪名均设置了多次累计处罚的规定。对于作为入罪条件的“多次”规定而言，其分布最为广泛，已蔓延至除了第一章危害国家安全罪之外的所有犯罪类型中。

另一方面，就“多次”规定在分则相关章节内部的分布而言，也呈现“碎片化”特点。在章以下设节的犯罪类型中，呈现“节”之间分布“碎片化”及“节”以内分布“碎片化”的特征。“节”之间分布的“碎片化”，是指虽然“多次”有关规定在分则第三章与第六章犯罪中的集中分布体现了立法者对秩序类犯罪的从严掌控，但是并非所有类型的经济秩序类犯罪或者社会管理秩序类犯罪均设置“多次”规定，立法者与有权解释者仅选取其中的几类设置“多次”规定。“节”以内的“碎片化”，是指即使立法者与有权解释者在某一节中涉及“多次”规定，也并非全面分布，而是选取其中的某一个或者某一些罪名。以第五章“侵犯财产罪”为例，“多次”仅是盗窃罪、敲诈勒索罪与抢夺罪的入罪标准，而其余犯罪未涉及此种类型的规定。

（二）刑法中“多次”有关规定设立存在的主要问题

1. 对作为入罪条件“多次”规定规制范围的质疑

如前所述，“多次”规定的设置不仅在分则相关章节中整体呈“碎片化”，而且在不同章节的内部呈现“碎片化”，难以从“多次”规定的设置范围入手，探知“多次”规定的设置规律，进而明晰其设立的一般标准。这让作为入罪条件“多次”有关规定的设立“多了几分恣意少了几分理性”[1]。

（1）存在“多次”规定规制范围不合理的质疑

就前者而言，实践中，作为入罪条件“多次”有关规定的设置较为“碎片化”，使得学界对此类“多次”规定的规则范围存在质疑。部分观点认为，作为入罪条件的“多次”规定不可避免地与刑法谦抑性原则相悖，立法者应保持谨慎的态度，避免犯罪圈过度扩张。[2] 另有观点从刑法与其他部门法紧密衔接的视角，反思了当前因“多次”规定的规制范围有限，不利于严密刑事法网、发挥刑法后盾法作用的问题。例如，在《刑法修正案（九）》颁布之前，有学者提出，应当在《刑法》分则第五章中增设“多次抢夺”作为抢夺罪的入罪条件。因为，从法律条文的排序来看，抢夺罪的社会危害程度较敲诈勒索罪更高，《刑法修正案（八）》将“多次敲诈勒索”作为敲诈勒索罪的入罪条件，而未设置“多次抢夺”行为作为抢夺罪的入罪门槛，体现出“多次”规定的分布失衡与不统一。[3]《刑法修正案（九）》增设“多次抢夺”为不法行为类型之后，具有高发性的诈骗罪是否应当设置“多次”型入罪条件，不无疑问。又如，同样作为侵害公民的基本权益的行为类型，多次侵害公民财产权益的“多次盗窃”“多次抢夺”等行为被犯罪化，行为人多次实施故意伤害行为（未达轻伤）的

〔1〕 孙本雄：《多次犯立法中行政法与刑法交叉问题研究》，载《江西社会科学》2019年第3期。

〔2〕 参见张小虎：《多次行为的理论定性与立法存疑》，载《法学杂志》2006年第3期；张志勋：《多次犯：刑法的制度化产物及其限制路径》，载《江西社会科学》2015年第6期。

〔3〕 参见郝川、王远伟：《对我国刑法量刑改革的立法反思——以侵犯财产罪中“多次”行为规定为视角》，载《西南大学学报（社会科学版）》2014年第3期。

情形只能通过行政处罚的方式制裁，不利于刑法立法相对统一。[1]

据此，有观点提出作为入罪条件的“多次”有关规定的一般性的立法重构思路，即在可运用数额（数量）表征不法侵害的犯罪类型（侵犯财产犯罪与贪污贿赂犯罪）中不应设置“多次”规定，而应在多次违法行为造成的法益侵害较为抽象的罪名（如在妨害社会管理秩序犯罪和经济犯罪）中设立“多次”规定为宜。[2] 有观点质疑个罪中“多次”规定设立的合理性，提出作为入罪条件的“多次”有关规定设立存在局部过罪化的现象，表现为对于违法行为的处置过度依赖刑事罚，导致原本可以在相关行政法、经济法体系内处理的秩序违法“跨越”到刑法的界域范围；立法降低入罪门槛，将“多次”作为犯罪化标准有违前置法用尽的原则。例如，为了维护国有信贷资金的安全及金融市场的经济秩序，刑法立法设置高利转贷罪，将高利转贷达到“数额较大”的行为作为犯罪处理；1997 年《刑法》颁布实施之后，为提高对高利转贷行为的打击力度，司法解释进一步降低其入罪门槛，将 2 年内实施高利转贷行为受过行政处罚又实施高利转贷行为作为入罪标准，使刑法对高利转贷行为的调整范围进一步扩张，有患上“肥大症”的感觉[3]。此外，还有观点认为，违法出具金融票证罪无须将多次违法行为作为犯罪处理。[4]

（2）使法益论立法批判机能陷入危机的质疑

犯罪的本质是侵害法益，而刑法的任务在于“附属性地保护法益”。[5] 刑事立法以法益作为根据勾勒刑罚权的边界，并据此发挥审查与

---

〔1〕 参见孙本雄：《多次犯立法中行政法与刑法交叉问题研究》，载《江西社会科学》2019 年第 3 期。

〔2〕 参见肖洪、汤思淼：《对多次犯的反思》，载《江苏警官学院学报》2015 年第 1 期。

〔3〕 参见姜涛：《经济新常态与经济刑法体系创新》，载《法学》2016 年第 7 期。

〔4〕 参见钱小平：《中国金融刑法立法的应然转向：从“秩序法益观”到“利益法益观”》，载《政治与法律》2017 年第 5 期。

〔5〕 参见［德］克劳斯·罗克辛：《德国刑法学总论——犯罪原理的基本构造（第 1 卷）》，王世洲译，法律出版社 2005 年版，第 12 页。

批判行为作为犯罪处以刑罚的正当性的作用，即法益概念的立法批判功能。[1] 罗克辛教授以法益概念为中心，推演出一系列具体命题，针对如何对刑事立法发挥限制功能，划定刑事可罚性的界限提供具体的标准。传统刑法以保护生命、健康与财产等个人法益为中心，原则上限缩刑事可罚性的边界为造成侵害结果的行为。然而，随着现代刑法通过累积犯的立法[2]，或者通过“受过二次行政处罚，又……”的形式[3]设置抽象危险犯的入罪模式，超个人法益概念得以确立，使得法益概念逐渐摆脱古典法益（个人法益）的框架，呈现政策化、功能化的势头。如何化解法益理论这一困境，合理划定作为入罪条件“多次”有关规定的设立界限面临难题。

例如，司法解释细化成立污染环境罪的构成要件，将原有的结果要件（“造成重大环境污染事故，致使公司财产遭受重大损失或者人身伤亡的严重后果”）修改为“严重污染环境”，并将“二年内曾因违反国家规定，排放、倾倒、处置有放射性的废物、含传染病病原体的废物、有毒物质受过两次以上行政处罚，又实施前列行为的”解释为“严重污染环境”的具体情形之一。[4] 对增设这一“多次”行为类型持否定观点的学者指出，行为人曾因实施污染行为受过二次行政处罚的行为“并不能说明此次实施的污染环境行为已达到应受刑罚处罚的程度”[5]。因为，与前5项的规定

〔1〕 参见许恒达：《法益保护与行为刑法》，台北，元照出版有限公司2016年版，第2~3页。

〔2〕 虽然污染环境罪以“严重污染环境”作为罪量要素，但是司法解释将“二年内曾因违反国家规定，排放、倾倒、处置有放射性的废物、含传染病病原体的废物、有毒物质受过两次以上行政处罚，又实施前列行为的”列举为构成“严重污染环境”的情形之一，不要求行为造成实然的“严重污染环境”后果，有学者认为满足累积犯构成条件。

〔3〕 例如将“两年内因出版、印刷、复制、发行非法出版物受过行政处罚两次以上的，又出版、印刷、复制、发行非法出版物的”作为构成非法经营罪罪量构成要素的情形之一。

〔4〕 根据“两高”2023年颁布的《关于办理环境污染刑事案件适用法律若干问题的解释》（法释〔2023〕7号）第1条规定，“具有下列情形之一的，应当认定为‘严重污染环境’……（八）二年内曾因违反国家规定，排放、倾倒、处置有放射性的废物、含传染病病原体的废物、有毒物质受过两次以上行政处罚，又实施前列行为的”。

〔5〕 田国宝：《我国污染环境罪立法检讨》，载《法学评论》2019年第1期。

不同，第8项的规定并未限定每次行为实施的行为方式、地点、受行政处罚事由等条件，所以无论是受到行政处罚的二次行为还是再次实施的污染环境行为，并不一定具有严重污染环境的危险。而持肯定观点的学者则认为，实际上，将其作为“严重污染环境”的具体事例实则可能扩大了“严重污染环境”的危险范围，体现环境污染治理早期化、前置化的趋势。[1]

然而，正如部分学者所质疑的，“多次”作为入罪条件的规定虽然大部分属于微罪扩张型的犯罪化形式，表现为将原本属于行政处罚界域的行为，因行为人反复实施而作为犯罪处理，契合当前刑事立法向“严而不厉”方向发展的趋势；但是，由于某些仓促的犯罪化反映出立法内心的燥热，刑法谦抑性原则在立法中被搁置[2]。现代刑法不断丰富着法益的概念，许多保护法益不明确的“多次”有关规定的设立使得法益概念抽象化，反而削弱了法益论的立法批判与限制机能；法益概念已无法发挥限制国家刑罚权、划定刑事可罚性界限的作用，只能作为犯罪化的根据之一。[3]

2. 对视情况考察入罪或者加重处罚“多次”规定范围的质疑

同样，对于视情况考察入罪或加重处罚“多次”有关规定而言，“碎片化”的设置模式恐会造成罪刑不相适应的现象。有学者曾梳理出我国刑法中共有311个罪名将犯罪数额作为定罪或者量刑的根据，超过我国罪名总数的七成。[4] 相对而言，视情况考察入罪或加重处罚“多次”有关规定的设置呈现“碎片化”现象，即并非所有涉及数额的犯罪均设置此类

[1] 李梁：《环境犯罪刑法治理早期化之理论与实践》，载《法学杂志》2017年第12期。

[2] 参见张志勋、卢建平：《多次犯：刑法的制度化产物及其限制路径》，载《江西社会科学》2015年第6期。

[3] 参见［英］安德鲁·冯·赫尔希：《法益概念与“损害原则”》，樊文译，载《刑事法评论》2009年第1期。

[4] 参见孙春雨：《关于犯罪数额的几个问题》，载《法学杂志》2006年第3期；山东省高级人民法院刑二庭：《经济犯罪数额与量刑专题研究》，载《山东审判（山东法官培训学院学报）》2006年第4期。

“多次”规定，多次行为数额、数量累计的规定仅占总数的9%，由此引发数额、数量的处理困境，问题的关键在于视情况考察入罪或者加重处罚“多次”规定是一项注意性规定还是拟制性规定。

有观点认为，这是一项注意性规定，对于将数额、数量作为罪量要素的犯罪具有普适作用。原因在于，我国采取违法、犯罪的二元制裁体系，虽然违法与犯罪的界限存在“质”、“量”以及“质与量”等差异标准理论，但是对于数额犯而言，数额是界定是否成立犯罪的标准。按照量变到质变的哲学原理，当数额达到“量”的标准时，即可质变为犯罪行为。多次行为累计达到数额标准与一次行为就达到数额标准具有相当性，所以数额累计的规定“对数额犯具有普适性”[1]。由此，即使是没有设置此类数额累计功能“多次”规定的数额犯，多次行为的数额也应当累计计算，如“多次诈骗”“多次信用卡诈骗”[2]等。与之相反，有观点认为，视情况考察入罪或者加重处罚的“多次”规定是法律拟制的规则，多次行为的数额并非都应当累计计算，累计计算的规则以法律明文规定为限[3]，不能推广至所有数额犯。实践中，同样是“多次信用卡诈骗”的案件，由于实践部门认为缺乏此类拟制的“多次”规定，单次行为均未达到入罪标准时，不应当累计数额处理，而应作为违法行为处理。[4] 由此观

〔1〕 朱铁军：《犯罪数额累计问题研究》，载《法治研究》2009年第10期。

〔2〕 参见袁彬：《专家点评多次诈骗可以累计计算数额》，载《检察调研与指导》2018年第3辑；周君：《多次诈骗数额计算问题的思考》，载《中国检察官》2019年第2期；孙书杰、李其林、季广兵：《一定期间内多次恶意透支犯罪数额当累计》，载《河南法制报》2015年12月16日，第13版。

〔3〕 除了“多次……未经处理，数额累计计算”等视情况考察入罪或者加重处罚的“多次”规定，学者认为还包括以下四种累计处罚规则：(1)“一个行为侵害数额对象的犯罪”，如虚报注册资本罪、挪用资金罪，行为人实施一个行为通常会给数个侵害对象造成损害；(2)“复合性犯罪”，构成要件本身包括多次行为的规定，如集资诈骗罪；(3)“徐行犯或连续犯”等理论；(4)其余法律特别规定，包括“实施某种行为，相关数额累计达到一定标准的应予追究”、同一诉讼中涉及选择性罪名的数个案件数额等。参见张伟：《数额犯若干问题研究》，载《中国刑事法杂志》2010年第3期。

〔4〕 参见林清红：《未达恶意透支追诉标准的数额不应累计》，载《中国检察官》2013年第12期。

之，视情况考察入罪或者加重处罚的“多次”规定设置“零散化”“碎片化”的现象，不仅影响对此类累计处罚规则属性的理解，而且会在具体适用中影响罪与非罪的判断。解决此问题亟须厘清此类“多次”规定的内在属性，从而进一步结合相关立法原则，明晰此种“多次”规定的设置标准。

二、与受刑罚、行政处罚行为交叉时存在认定困惑

按照公法私法的划分理论，刑法与行政法同属公法领域的制裁手段，两者在所要维护的社会秩序、责任追究的实质价值取向以及责任追究机制方面具有一定的同质性。[1] 行政法与刑法衔接领域，特别是在行政法与刑法犬牙交错、重叠竞合的“交织地带”，《刑法》分则相关规范的理解与适用是司法办案中罪与非罪、此罪与彼罪认定难题的多发地带。如果多次行为中部分行为已受过刑罚或者行政处罚，是否还能累计计入“多次”之中？如果是将“行政处罚两次又……”作为犯罪构成要件的罪名，“次”包含受过行政处罚的行为通常不易引起混乱。问题在于，对于“多次……”（基本犯）的规范形式，“次”是否包含受过刑罚或者行政处罚的行为并非不言自明。倘若部分行为已受到行政处罚或者被处以刑罚，是否应当累计成为“多次”中的“次”存在较大的理论争议。主要有肯定说、部分肯定说与否定说三种观点。

有学者认为，作为入罪条件的“多次”中不仅每次行为应包括未经处理或处罚的行为，还应当包含已经受过行政处罚或者刑事处罚的行为。[2] 禁止重复评价的问题仅出现在同一诉讼之内，对同一构成事实进行两次

---

〔1〕 参见王周户、王漾：《论行政处罚的适用条件及其与刑罚的适用关系》，载《法律科学（西北政法大学学报）》2011 年第 3 期。

〔2〕 参见陈国庆、韩耀元、宋丹：《〈关于办理盗窃刑事案件适用法律若干问题的解释〉的理解与适用》，载《人民检察》2013 年第 11 期。

或者两次以上相同性质法律评价之时；而在不同诉讼中，将已经受过行政处罚、刑罚的事实作为人身危险性的考量因素，不违背禁止重复评价原则。[1] 此为肯定说的观点。多数学者把受过行政处罚与刑事处罚区分对待，并否定刑事处罚行为可计入次数，即部分肯定说。详言之，支持部分肯定说的学者否定将刑事处罚累计进入“多次”，认为这不仅会造成与其他并列规定的成罪标准发生重合或重叠现象（如“多次盗窃”与“数额较大”“扒窃”等并列的成罪标准），而且会出现与累犯情节适用冲突，步入“一个事实两头挑”的尴尬境地，显有用刑严苛之弊病。[2] 而对受过行政处罚的行为纳入“多次”持肯定态度，认为其不仅不会出现上述问题，也不存在违背禁止重复评价原则的问题。因为行政处罚和刑罚分属不同的制裁体系，制裁的目的与功能互不相同，所以将分属两个制裁体系的制裁手段合并使用不违反“一事不再罚”的原则。除此之外，将被行政处罚过的行为纳入“多次”与规范目的相契合：首先，作为入罪条件的“多次”规定是作为相应罪名的补充性规定，强调对具有实施违法、犯罪行为习性行为人的规制。行为人在已经受过行政处罚的情况下，再次实施违法行为，可以作为判断行为是否形成盗窃习性的事实根据。其次，若排除受过行政处罚的行为，将会使作为入罪条件“多次”规定的成立遭遇窘境——只有司法机关发现前两次违法行为不予处理，等待第三次违法时才能抓获一并处理的现象。[3]

有少数学者持否定说的观点，既否认将受过刑罚的行为计入“多次”，也否认受过行政处罚行为作为“多次”的入罪根据。原因在于，两者作为公法上的制裁措施，在一般预防与个别预防的机能上，都具有排除危害与

---

[1] 参见刘宪权：《盗窃罪新司法解释若干疑难问题解析》，载《华东政法大学学报》2013 年第 6 期。

[2] 参见黄祥青：《盗窃罪的认定思路与要点》，载《人民司法》2014 年第 7 期。

[3] 参见黄祥青：《盗窃罪的认定思路与要点》，载《人民司法》2014 年第 7 期。

改善教育的机能，互为交错。[1] 在责任追究的方向性和保护目的及其功能上具有一致的公法性能和公共性能。如果对同一事实同时适用具有同一方向性能的行政处罚与刑罚，将违反“一事不再罚”原则，亦违反罚则相当原则。[2] 因而，出于对重复评价问题的考量，受过刑罚与行政处罚的行为均不可作为“一次”累计。[3]

三、数额数量累计的“未经处理”规则界定有争议

在我国“立法定性+定量”的一元定罪模式中，数额、数量因表征法益侵害程度，在分则规定中细化为成立犯罪或者升格法定刑档次的罪量要素。我国《刑法》为26个罪名设置未经处理的数额、数量累计计算规则，如第347条第7款规定：“对多次走私、贩卖、运输、制造毒品，未经处理的，毒品数量累计计算。”由于数额犯、数量犯的行为类型往往也是行政法规制的对象，如何体系化地解释“未经处理”的认定规则、明确“次”的行为性质，对完善健全行政执法与刑事司法衔接机制，“实现行政处罚和刑事处罚无缝衔接”战略目标具有至关重要的意义。具体而言，“未经处理”规则的认定存在两个方面争议：

1.“未经处理”中“处理”的内涵存在争议

“未经处理”的“处理”是为何意？从立法及有权解释相关规定来看，存在三种规范形式：一是条文中明确规定“未经处理”是指未经刑事处理与行政处理。例如，“两高”《关于办理走私刑事案件适用法律若干问题的解释》（法释〔2014〕10号）第18条明确规定，“多次走私未经处理”包括未经行政处理和刑事处理。又如，“两高”在《关于办理内幕交易、泄

---

〔1〕 参见汪永清：《行政处罚与刑罚的适用范围和竞合问题》，载《政治与法律》1993年第2期。

〔2〕 参见王周户、王漾：《论行政处罚的适用条件及其刑罚的适用关系》，载《法律科学（西北政法大学学报）》2011年第3期。

〔3〕 参见谢望原等：《盗窃案件适用法律难点五人谈》，载《中国检察官》2014年第10期。

露内幕信息刑事案件具体应用法律若干问题的解释》（法释〔2012〕6号）第8条提出，相关交易数额累计计算需未经行政处理或刑事处理。二是仅规定未经行政处罚时数量、数额可累计计算。例如，2011年“两高”与公安部联合发布的《关于办理侵犯知识产权刑事案件适用法律若干问题的意见》（法发〔2011〕3号）第十四部分“关于多次实施侵犯知识产权行为累计计算数额问题”规定，2年内多次实施侵犯知识产权违法行为，未经行政处理的，累计数额构成犯罪的，应当依法定罪处罚。三是未予规定“未经处理”是指未经行政或者刑事处理还是两者皆包括。

关于“未经处理”中“处理”的含义，学界对已经受过刑事处罚的行为不应再次进行评价已基本达成共识。但是，对于受过行政处罚后再实施违法犯罪行为，能否累计处罚不无疑问。肯定说认为，“未经处理”不应有“未经行政处罚”之意，因为行政处罚与刑罚的性质不同，所以在处罚对象与具体内容上不会存在违背重复评价的问题〔1〕，并且还能弥补行政处罚不力的问题〔2〕。而否定说则认为，一般情况下，如果性质仅达到民事处罚或行政处罚的程度，未达到构成犯罪“量”的程度，行政处罚或民事处罚就具有终局性，否则构成重复评价；只有在行为本应受到刑事处罚而只作行政违法处理时，才可进行刑事追究。〔3〕

2. “未经处理”的“次”是否需要达到定罪标准

关于“未经处理”的“次”危害程度界定问题，相关司法解释有三种规范模式，缺乏统一性的认定标准：（1）每“次”均未达到构成犯罪的程度，即未达到犯罪的数额标准或数量标准。例如，根据2002年最高人民法院《关于审理偷税抗税刑事案件具体应用法律若干问题的解释》第2条规定，偷税罪中未经处理予以累计的行为，是纳税人或者扣缴义务人在5年

---

〔1〕参见陈航：《累计数额刑事处罚制度研究》，载《云南大学学报（法学版）》2007年第6期。
〔2〕参见张勇：《如何对犯罪数额进行累计计算》，载《甘肃政法学院学报》2006年第3期。
〔3〕参见唐世月：《数额犯论》，法律出版社2005年版，第148～149页。

内实施的多次偷税行为，且每次偷税行为均未达到《刑法》第201条规定的构成犯罪的数额标准。[1]（2）每“次”行为既可是犯罪行为，亦可是违法行为，只是违法行为的累计需要受到存续期限的限制。这类规定主要集中在有关破坏土地、林地、矿产资源犯罪的司法解释中。以2000年最高人民法院《关于审理破坏土地资源刑事案件具体应用法律适用若干问题的解释》第9条为例，按照该条规定，多次实施依法应当追诉的破坏土地资源行为，或者1年内多次实施破坏土地资源行为未经处理的，均适用累计处罚规则，将数额、数量累计计算。（3）语焉不详，未予明确规定每次行为危害程度标准的。包括《刑罚》第140条“生产、销售伪劣产品罪”、第153条“走私普通货物、物品罪”、第180条第1款“内幕交易、泄露内幕信息罪”、第347条“走私、贩卖、运输、制造毒品罪”、第389条“行贿罪”5个罪名。

理论上关于“未经处理”的多次行为是否应当限制其性质。是否应当限制为达到定罪标准的程度？概括起来大体有三种观点：一是肯定说，认为“未经处理”的行为需要达到定罪标准。如果将没有达到刑事可罚标准的违法行为数额一并累计，将会出现党纪政纪或者行政处分代替刑事处罚的现象。[2]二是否定说，认为正如《刑法》第347条第1款，“无论数量多少，都应当追究刑事责任，予以刑事处罚”，此类“多次”规定可以将本来不具有构成要件意义的自然行为纳入实质违法性评价中。据此，未经处理的多次行为既包括未达定罪标准的违法行为也包括符合定罪标准的犯罪行为。[3]三是部分肯定说，认为将多次没有达到定罪标准的违法

---

〔1〕虽然《刑法修正案（七）》将偷税罪改为了逃税罪，但是该罪中累计处罚的规则未被最新司法解释修改，故而目前仍可参照此规定。参见马克昌主编：《百罪通论》，北京大学出版社2014年版，第401页。

〔2〕参见黄伟明、李泽康：《受贿罪定罪数额标准与数额累计适用研究》，载《山东大学学报（哲学社会科学版）》2019年第5期。

〔3〕参见唐世月：《数额犯论》，法律出版社2005年版，第150～151页。

行为纳入犯罪圈的正当性根据，仅限于多次行为满足徐行犯、接续犯、集合犯（如常习犯、营业犯等）构成要件的情形[1]；或是立法者因某种行为类型预防必要性大小，将多次违法行为作一罪处理，如“多次盗窃”“多次抢夺”。[2]

---

[1] 参见陈航：《累计数额刑事处罚制度研究》，载《云南大学学报（法学版）》2007年第6期；叶良芳：《刑法中数额的性质及其计算》，载《云南大学学报（法学版）》2006年第4期。有学者将满足连续犯的构成要件作为多次违法行为累计的根据。参见曾文科：《刑行衔接视野下“未经处理”的认定规则》，载《法学》2021年第5期。笔者认为，按照通说观点，构成连续犯需以每次行为均构成犯罪为充分条件，不能涵盖多次违法行为累计计算的情形。

[2] 参见曾文科：《刑行衔接视野下“未经处理”的认定规则》，载《法学》2021年第5期。

第三章　刑法中“多次”有关规定的问题剖析

通过对我国“多次”规定存在的立法与适用问题的考察，我们不禁要问，是什么原因导致上述一系列问题？这是我们进一步提出完善路径需要回答的问题。笔者的基本看法是：首先，对于“多次”有关规定设置根据与内在机理的认识偏差是造成“多次”规定相关内涵解读困境的重要原因，具体分为对作为入罪条件与加重处罚条件的“多次”有关规定处罚根据的认识偏差以及对视情况考察入罪或者加重处罚条件“多次”规定设置机理的认识偏差；其次，立法上不满足设立作为入罪条件的“多次”规定与作为加重处罚条件的“多次”规定的正当性、必要性及均衡性的要求，从而导致设置“过量”的问题；最后，“多次”规定的适用离不开公正、合理的司法裁量规则的指引，如果相关裁量方法违背罪刑相适应原则等基本原则或者刑法的基本价值诉求，就难以称其为合理或者公正的。有基于此，本部分拟从“多次”规定的处罚根据与内在机理、立法原则以及司法适用规则三个方面对造成“多次”规定立法与适用问题的原因进行分析。

第一节 对设置根据与内在机理存在认识偏差

针对“多次”有关规定中“多”的差异性解读、“多次”型罪量要素体系性释读不畅、存续期限“零散化”，以及视情况考察入罪或加重处罚“多次”规定中“次”的危害程度、犯意联系等内涵解读问题，需要厘清“多次”规定的设置根据与内在机理。混淆不同类型“多次”规定的设置根据与内在机理，或者未厘清同一类型“多次”规定的设置根据与内在机理，会造成相关规范要件的认识偏差。

一、未厘清同一类型“多次”规定的设置根据与内在机理

对于“多次”型罪量要素体系性释读不畅、存续期限设置问题以及视情况考察入罪或加重处罚“多次”规定中“次”的危害程度、犯意联系等要件的内在涵义解读问题，体现出对同一类型“多次”规定的设置根据与内在机理未予厘清。

（一）未厘清作为入罪条件的“多次”规定处罚根据

将“多次”设置为独立的不法行为定型与数额、危害后果等罪量要素并列，抑或是被司法解释视为情节的影响因素，有助于改善我国刑法个罪罪刑规范结构“严而不厉”现象，更好地规制常见多发犯罪。针对作为入罪条件“多次”这一独立不法行为类型与同一罪名“数额较大”的行为类型体系性释读的争议问题，以多次盗窃为例，“竞合说”由于要求成立“多次盗窃”需要多次行为的违法数额累计起来达到数额较大的标准，忽略了“多次盗窃”与“数额较大”同为并列不法类型的规范性价值，不无

商榷的余地。评析“独立说”或者“补充说”〔1〕，其逻辑前提需先厘清满足多次盗窃行为是否不分情节一律入罪。也即是说，在行为符合“二年内三次盗窃”的构成要件情况下，是否就已经达到了应受刑罚处罚的程度，司法机关能否适用及如何适用《刑法》第13条但书规定认定其不构成犯罪。

学界一般认为，我国《刑法》第13条后半段的但书规定，对前半段规定发挥着反向制约功能。〔2〕这表明有别于英美法系或者大陆法系所采纳的“立法定性、司法定量”的二元化模式，我国采取了具有中国特色的“立法定性＋定量”的一元化模式。〔3〕这表现在不仅立法者基于但书的立法性刑事政策指引机能，在设定犯罪化不法行为类型的同时，将表征不法行为应受刑罚处罚危害程度纳入犯罪的一般概念之中，把数额较大、情节恶劣（严重）等罪量要素作为犯罪构成要件，划定刑法评价、干预不法行为的程度边界〔4〕；而且还需司法者发挥但书的信条性的刑事政策功能，在判定行为是否符合个罪不法行为类型（定性分析）的同时，判定行为达到法定数额、情节、后果等标准（定量分析）。〔5〕曾有学者认为第13条“但书”这一“叙明刑法谦抑性之条款”〔6〕有逾越罪刑法定原则之嫌而对其适用提出质疑，认为“但书”条款采用“危害不大”的社会危害性标准

---

〔1〕最高人民法院2017年颁布的《关于常见犯罪的量刑指导意见》（法发〔2017〕7号，已失效）第四部分“常见犯罪的量刑”“（六）盗窃罪”规定，“多次盗窃，数额达到较大以上的，以盗窃数额确定量刑起点，盗窃次数可作为调节基准刑的量刑情节；数额未达到较大的，以盗窃次数确定量刑起点，超过三次的次数作为增加刑罚量的事实”，间接否定了竞合说的观点，后文的具体讨论围绕“独立说”与“补充说”展开。

〔2〕参见曲新久：《醉驾不一律入罪无需依赖于“但书”的适用》，载《法学》2011年第7期；阎二鹏：《论但书规制下的罪量要素的体系性定位——以扒窃型盗窃罪的规范解释为例》，载《政治与法律》2013年第4期。

〔3〕参见储槐植：《我国刑法中犯罪概念的定量因素》，载《法学研究》1988年第2期。

〔4〕参见梁根林：《刑事法网：扩张与限缩》，法律出版社2005年版，第29页。

〔5〕参见陈兴良：《社会危害性理论——一个反思性检讨》，载《法学研究》2000年第1期。

〔6〕刘艳红：《目的二阶层体系与“但书”出罪功能的自洽性》，载《法学评论》2012年第6期。

与第 13 条前半段“依照法律应当受刑罚处罚”的规范标准相互冲突[1]，并且社会危害性标准具有不确定性、模糊性等特点，是“未能精细地予以量化”标准[2]，“增加了司法上的恣意性，放任司法人员‘粗犷化’的办案思维”[3]。

诚然，否定说认为但书规定的不明确性导致与罪刑法定原则相冲突有一定合理性，但是不可否认，但书具有限制犯罪圈的功能已逐渐成为学界的共识。世界各国均认同“微罪不举”的必要性与合理性。虽然仍未改变“立法定性、司法定量”的二元模式，但是司法实践中诸如日本“一厘事件”等案件说明，对于符合刑法规定并未一律入罪处理，而是采取各种途径出罪。[4] 德、日等大陆法系国家的学者为给“微罪不举”提供正当性根据，深耕可罚的违法性论、社会相当性理论及实质违法性理论，这与我国援引犯罪的实质概念，借由犯罪的刑事违法性特征制约社会危害性的判断有异曲同工之妙。[5] 此外，在司法实践中，法院将但书作为法律依据作出无罪判决已属较为普遍的现象。[6]

通过具体地、区别地分析但书对刑法分则各罪构成要件该当性判断的指引机能，可以发现，但书适用范围存在分歧。近年来，历次刑法修正将“扒窃”“醉驾”等仅含定性描述而未作罪量要求的行为类型予以犯

---

[1] 参见樊文：《罪刑法定与社会危害性的冲突——兼析新刑法第 13 条关于犯罪的概念》，载《法律科学（西北政法学院学报）》1998 年第 1 期。

[2] 参见储槐植、汪永乐：《再论我国刑法中犯罪概念的定量因素》，载《法学研究》2000 年第 2 期。

[3] 参见李翔：《论我国〈刑法〉第 13 条“但书”司法化之非》，载《东方法学》2016 年第 2 期。

[4] 参见陈兴良：《但书规定的法理考察》，载《法学家》2014 年第 4 期。

[5] 参见王昭武：《犯罪的本质特征与但书的机能及其适用》，载《法学家》2014 年第 4 期。

[6] 有学者分析了 200 份各级法院公示的涉及“情节显著轻微危害不大”的刑事判决书，发现法院最终作无罪判决的案件有 63 起，无罪率高达 31.5%。参见储陈城：《出罪机制保障论》，法律出版社 2018 年版，第 113 ~ 114 页。

罪化〔1〕，引发学界对此类不法行为类型应“一律入罪”还是“区别对待”的争论。支持“一律入罪”的学者提出，在刑事立法已然兼顾总则要求的前提下不能“区别对待”；而不少观点则认为应再次限缩“醉驾”的适用范围〔2〕，通过明晰涵盖罪量要素〔3〕，明确刑事处罚和行政处罚衔接点〔4〕，运用《刑法》第13条但书实质审查刑事违法性〔5〕等途径，从而合理划定犯罪圈。对于我国《刑法》分则中某些犯罪已根据不同犯罪侵犯法益的性质、手段等不同情况，在罪状中明文规定“情节恶劣（严重）”“多次”等罪量因素的情形，有观点认为但书已发挥了“照应功能”，应排除适用《刑法》第13条但书的实际效果。〔6〕但是，笔者认为，这并不说明应排除其对符合罪状类型特征的不法行为的出罪规制机能。原因在于：一方面，虽然立法者已将但书中的“情节”类型化为“数额”“结果”等罪量要素，但是“情节”是一个整体性的评价要素，倘若仅将数额、结果作为是否具有可罚的违法性的唯一评价标准，容易忽视对影响行为社会危害性及行为人人身危险性主客观事实的全面评价，导致将“情节显著轻微，危害不大”的行为作为犯罪处理。另一方面，对满足“数额”“结果”构成要件要素的行为进行可罚性判定，符合我国的司法习惯。以非法捕捞水产品罪为例，根据“两高”《关于办理破坏野生动物资源刑事案件适用法律若干问题的解释》（法释〔2022〕12号）第3条第1款第1项规

〔1〕《刑法》分则未明文规定罪量要素可分为两种情形：一是行为侵害的法益性质特别重大或者手段特别严重，罪状中只对侵犯该法益的不法构成要件进行定性描述；二是行为侵害的法益性质并非重大，但行政法与刑法采用同样的语言文字来描述不法。“扒窃”“醉驾”就属于后者。

〔2〕参见陈伟：《醉驾：“一律入刑”还是“区别对待”》，载《法制与社会发展》2012年第1期。

〔3〕参见梁根林：《但书、罪量与扒窃入罪》，载《法学研究》2013年第2期。

〔4〕参见曲新久：《醉驾不一律入罪无需依赖于“但书”的适用》，载《法学》2011年第7期；陈兴良：《但书规定的法理考察》，载《法学家》2014年第4期。

〔5〕参见王昭武：《犯罪的本质特征与但书的机能及其适用》，载《法学家》2014年第4期。

〔6〕参见曲新久：《醉驾不一律入罪无需依赖于“但书”的适用》，载《法学》2011年第7期。

定，“非法捕捞水产品五百公斤以上或者价值一万元以上的”应当认定为“情节严重”，以非法捕捞水产品罪定罪量刑。但是该条第3款规定：“根据渔获物的数量、价值和捕捞方法、工具等，认为对水生生物资源危害明显较轻的，综合考虑行为人自愿接受行政处罚、积极修复生态环境等情节，可以认定为犯罪情节轻微，不起诉或者免予刑事处罚；情节显著轻微危害不大的，不作为犯罪处理。”易言之，数额抑或数量并非非法捕捞水产品罪成立的唯一罪量，在此之外还需综合考虑“情节”的构成要件要素。因此，《刑法》第13条但书已发挥“照应功能”将“情节”具体化为“多次”“数额较大”等罪量要素，不能由此排除但书的适用，需综合其他影响行为社会危害性与行为人人身危险性的事实对刑事可罚性进行实质判断。

在此基础上再进一步分析独立说与补充说，以“多次盗窃”为例，“二年内盗窃三次以上”的明示罪量要素之外是否存在数额、情节等涵盖的罪量要素，争议的根源在于对作为入罪条件“多次”规定处罚根据的不同认知。关于“多次盗窃”的处罚根据，倘若理解“多次盗窃”处罚的正当性根据侧重这一行为类型的法律规定本身，那么仅需要依照“二年内盗窃三次以上”的构成要件认定已足；倘若认为“多次盗窃”这一行为类型的正当性固然重要，但是是否构成“多次盗窃”这一行为类型还需要在具体判断中考虑法律适用的正当性，那么就需要实质判断数次盗窃违法行为是否具有应受刑罚处罚的严重社会危害性。循此逻辑，独立说实质上采用前一种观点，认为“多次盗窃”这一行为模式规定为独立的行为类型，本身意味着已经具有犯罪的严重社会危害性；而补充说倾向于后者，认为判断是否构成“多次盗窃”需要在满足次数要素与时限要素之外，考虑多次盗窃行为是否“情节显著轻微危害不大”。

对于作为入罪条件的“多次”规定适用是否需要存续期限限制的问题，同样体现出相关观点未厘清此类“多次”规定的处罚根据。如果认为

“多次”的处罚根据主要在于多次行为引起的客观法益侵害，需要行为在规范评价的期限内（满足诉讼时效的要求）为客观法益侵害提供事实根据；如果认为“多次”处罚的内在动因在于行为人的人身危险性，则需要行为的时间期限作为行为人再犯可能性的评价依据，即需要存续期限为人身危险性提供实质的“加功”作用。由此可见，相关观点似乎没有厘清设置此类“多次”规定的处罚根据，从而引发争议。同时，期限的具体设置也需要在明晰此类“多次”规定的处罚根据基础上，予以具体分析。

（二）未厘清视情况考察入罪或加重处罚的“多次”规定内在机理

1. “次”的危险程度争议体现未厘清“多次”规定内在机理

对于视情况考察入罪或者加重处罚“多次”规定中“次”的危害程度界定，肯定说依据最高人民法院《关于审理偷税抗税刑事案件具体应用法律若干问题的解释》（法释〔2002〕33 号）第 2 条第 4 款的规定，将“次”限定为每次偷税数额均未达到逃税罪的定罪标准，也就是将“次”限定为违法行为。这一观点对“次”的构成限制过严，并排除同种数罪不采取并罚而是累计计算的规则在相关数额犯或者数量犯中适用，缺乏充分的论证。实际上，否定说与部分肯定说均认同，多次行为构成徐行犯、同种数罪、集合犯时，可以通过罪数形态处断规则，将单独来看均未达到定罪标准的多次行为、同种犯罪行为评价为一个犯罪。两者的争议在于视情况考察入罪或者加重处罚“多次”规定是否包含以上既有罪数形态射程范围以外情形下多次行为数额、数量累计处理规则。申言之，倘若不满足同种数罪、集合犯、徐行犯以及连续犯的成立条件，违法行为的数额（数量）是否应当累计。

这一问题涉及我国刑法对于数额、数量的处理模式，即究竟分则中的“数额较大”“数额巨大”“违法所得数额较大”等罪量要素是指一次行为的数额、数量，还是既指一次行为也指多次行为的数额、数量的问题，这对于“多次”中单次行为的危害程度限定具有重要意义。由此，需要将多次数额累计处罚制度所体现的处罚思路放置于数额处理的一般规则中，明晰其内在机理的特征。倘若多次违法、犯罪行为数额、数量的累计处罚规则本身是一条注意性规定，那么，单次行为的形态按照相关罪数形态的成立条件理解即可。倘若多次违法、犯罪行为数额、数量的累计处罚规则是一条拟制规定或者具有拟制成分，则需要遵循拟制相当性、拟制谦抑性、机能协调性等拟制正当性规则[1]；运用比例原则，严格解释“未经处理”的认定规则。综观相关理论实践争议，部分观点未厘清视情况考察入罪或加重处罚“多次”规定内在机理。否定说基于唯物辩证法的量变质变规律，认为数额、数量在累计之后，不仅使每次行为发生量变还可发生质变。[2] 这实际上承认罪量本身可由多次行为累计构成，既有罪数形态本身包含了多次行为累计规则。部分肯定说则认为，除了满足徐行犯（接续犯）、集合犯（如常习犯、营业犯等）构成要件的情形或是立法者因某种行为类型预防必要性大小的条件，将多次违法行为作一罪处理具有重刑主义的倾向[3]，把不需要刑法应对的“小恶”行为累计作为犯罪处理，与谦抑性原则相背离[4]。

2. “次”的存续期限争议体现未厘清“多次”规定内在机理

视情况考察入罪或者加重处罚的“多次”规定的适用是否需要存续期限限制的问题，同样体现出相关观点未厘清此类“多次”规定的内在机理。部分观点之所以强调不需要另立规则设置存续期限，是因为其认为此类“多次”规定中的“次”如果构成犯罪，可以直接适用刑法中的追诉时效；而每次行为不构成犯罪，或者部分构成犯罪的情形，属于徐行犯、集

---

〔1〕 参见刘宪权、李振林：《论刑法中法律拟制的设置规则》，载《中国刑事法杂志》2013年第9期。

〔2〕 参见唐世月：《数额犯论》，法律出版社2005年版，第150～151页。

〔3〕 参见陈航：《累计数额刑事处罚制度研究》，载《云南大学学报（法学版）》2007年第6期；叶良芳：《刑法中数额的性质及其计算》，载《云南大学学报（法学版）》2006年第4期。

〔4〕 参见张小虎：《多次行为的理论定性与立法存疑》，载《法学杂志》2006年第3期。

合犯等犯罪形态，只要从整个犯罪行为实施终了之日起计算，满足追诉时效即可。由此可见，论者认为不需要设置存续期限，是因为此类“多次”规定只能针对符合徐行犯、集合犯的多次行为形态。而支持应当为此类“多次”规定设置存续期限的观点则认为，多次行为数额累计规则的涵盖范围不仅针对符合徐行犯与集合犯的多个行为，还包括多个独立的违法行为。

二、混淆了不同类型“多次”规定的设置根据与内在机理

不可否认，对刑法进行体系解释，要求刑法条文之间相互协调；但是，体系解释并不意味着同一用语作出完全一致的解释。[1] 如果对同一用语不加区分地作完全相同的解释，结论必然违反罪刑法定原则。[2] “多次”作为一个规范概念，须将三种不同类型“多次”规定中的“多”置于整体之中作出准确阐释，阐明其规范意旨。司法实践中，对视情况考察入罪或者加重处罚“多次”规定的“多”与作为入罪条件“多次”规定中的“多”是否作同一解释尚无明确的规定，“多”的数目争议体现为前者的累计基础是“二次以上”与“三次以上”的问题，症结在于部分观点混淆了不同类型的“多次”设置根据与内在机理。

倘若承认作为入罪条件“多次”规定设置根据是对行为人人身危险性或者主观恶性的综合评估，那么将人身危险性导入罪量因素，需以违法行为倾向性（通常倾向性的判定需要行为频率为三次以上）客观化标准为基础进行认定。以多次盗窃为例，有别于“数额较大”的不法行为类型，处罚“多次盗窃”的内在动因在于行为频率所推定的犯罪倾向性、习性，那么行为次数作为行为人再犯可能性的重要考量因素，就需严格解释为“三次以上”。反观视情况考察入罪或者加重处罚“多次”规定，“多”的认

---

〔1〕 参见张明楷：《刑法分则的解释原理（下）》，中国人民大学出版社2016年版，第778页。
〔2〕 参见张明楷：《刑法分则的解释原理（下）》，中国人民大学出版社2016年版，第62页。

定争议在于对多次行为数额（数量）累计载体的差异性解读。申言之，对适用这一数额（数量）累计规则将数次行为认定为单纯一罪的基础存在不同认识。

倘若认为视情况考察入罪或者加重处罚“多次”规定的处罚基础在于多次行为造成的客观侵害，并且满足基本犯或者加重犯规范数额（数量）标准的行为结构本身不限于单次行为，还可以包括数次行为；那么，行为的次数只是客观法益侵害的载体，两次行为累计至数额（数量）较大的客观违法性与单次行为具有相当性；“次”的数目仅具有相对意义，无须对其进行严格限制。正因如此，有观点提出诈骗罪没有对“数额较大”的入罪标准设置行为次数的限制，将二次诈骗行为数额累计达到“数额较大”标准的情形认定为犯罪，不违反罪刑法定原则的要求。[1] 如果将“多”限制为三次以上，实则混淆了不同“多次”规定的设置根据与内在机理，将具有应受刑罚处罚的行为排除在犯罪圈之外，因违背“多次”规定规范目的而不可取。然而，数额（数量）累计规则不能一概而论，数次涉及数额的违法犯罪行为存在多种形态（数次违法行为总和达到犯罪标准、数次行为均未达到犯罪标准、数次行为部分达到部分未达到犯罪标准、数次违法行为总和未达到犯罪标准）[2]，需将视情况考察入罪或者加重处罚“多次”规定纳入我国数额累计处罚规则体系之中，考察其设置根据与内在机理。

第二节　对设置缺乏正当、必要、均衡性审视

随着以降低入罪门槛、提高预防刑、违法行为累计入罪为特征的“多

---

〔1〕 参见袁彬：《专家点评多次诈骗可以累计计算数额》，载《检察调研与指导》2018 年第 3 期。

〔2〕 参见叶良芳：《刑法中数额的性质及其计算》，载《云南大学学报（法学版）》2006 年第 4 期。

次”相关立法的不断扩张[1]，刑法的法益保护机能、秩序维护机能也得以不断强化与扩张。与之相反，公民刑法立法和司法权进一步被挤压，体现出刑法的自由保障机能被进一步克减。以传统刑法理论支撑的法益保护原则、刑法谦抑性原则等理论为核心的刑法教义学制约路径，发挥立法批判与限缩机能的效果并不太理想。反而暴露出为追求体系外在完美而引发的立法内心燥热[2]，不仅使得刑法谦抑性原则被搁置，而且存在社会效益与犯罪控制等方面隐忧[3]的质疑。

据此，学界提出“向外借力”，即寻求其他学科的理论资源来补强教义学制约机制的观点。例如，张翔教授提出，在宪法教义学助力下，来“贯通”区隔刑事政策与刑法的“李斯特鸿沟”：一方面，通过法益概念内涵的宪法化、法益概念的关联性，恢复法益概念的批判立法功能；另一方面，运用比例原则严密的思维框架，步骤化、可操作化地对刑事政策进行合宪性审查，并指导刑法体系内的体系性解读。[4] 也有学者指出，比例原则在限制刑法立法权方面可弥补刑法谦抑性原则不具有强制约束力的缺陷[5]，其可有效代替法益原则发挥批判和限制立法机能。张明楷教授虽反对比例原则替代法益原则，但是认同比例原则可保障法益原则功能的发挥。[6] 学者陈晓明也指出，比例原则基于“目的导向”“手段选择”“价

---

[1] 从近年来刑法修正的趋势来看，“多次”规定的“出镜率”呈上升趋势，既有刑法条文中含有“多次”立法规定的罪名已增至19个；司法解释中“多次”立法规定的出现频率较高，数量也大幅度增加，而且呈现从单一罪名中设置“多次”条款逐步走向在类罪名中增设“多次”条款的趋势。

[2] 参见谢望原、卢建平：《中国刑事政策研究》，中国人民大学出版社2006年版，第334页。

[3] 参见石聚航：《刑法谦抑性是如何被搁浅的？——基于定罪实践的反思性观察》，载《法制与社会发展》2014年第1期。

[4] 参见张翔：《刑法体系的合宪性调控——以“李斯特鸿沟”为视角》，载《法学研究》2016年第4期。

[5] 参见姜涛：《追寻理性的罪刑模式：把比例原则植入刑法理论》，载《法律科学（西北政法大学学报）》2013年第1期；程红、吴荣富：《刑事立法活性化与刑法理念的转变》，载《云南大学学报（法学版）》2016年第4期。

[6] 参见张明楷：《法益保护与比例原则》，载《中国社会科学》2017年第7期。

值取向”提出刑法立法与司法上规范刑法手段与目的的三个子原则，解决如何划定行为刑事可罚性、需罚性边界及合理罪刑关系的问题。[1]

可见，学界对于运用比例原则，对刑罚权的行使进行合宪性调控已基本达成共识。反观“多次”有关规定设立界限不清导致的过罪化、重刑化问题，以及“多次”作为“情节严重”“情节特别严重”的细化性罪量要素存在的适用尴尬及视情况考察入罪条件“多次”规定中“次”的行为性质等问题，其主要源于对“多次”规定设置缺乏正当性、必要性以及均衡性的审视。

一、设置部分“多次”有关规定没有满足正当性要求

正如学者所言：“刑法修正必须符合合宪法化的刑事政策目的设定、刑法的规范目的与保护法益设置。无论新设罪名构成要件的设置，还是现有犯罪构成要件要素的完善，都应当合目的性地进行。”[2] 作为刑法修正与解释不可逾越的“鸿沟”，合宪法化的刑事政策目的以及规范目的对其具有堵截作用。特别是对于刑法解释而言，实现某一特定的政策目标只能通过目的管道进入规范体系之中。申言之，必须通过作用于规范保护目的来实现。然而，实践中，误解刑事政策、为了追求某一目的而忽略手段合法性和正当性的现象并不鲜见。[3] 倘若为了追求某一具体的政策目标而忽视了解释合目的的正当性限度，就会出现调整范围过度化的现象。

针对作为入罪条件“多次”有关规定设立界限不明所引发的规制范围不合理的问题，究其原因，在于对此类“多次”规定是否侵害何种法益以及运用刑罚措施是否能够有效保护法益的疑问。例如，就高利转贷罪而言，“多次”作为不法行为类型的质疑源自：一方面，倘若高利转贷行为

---

〔1〕 参见陈晓明：《刑法上比例原则应用之探讨》，载《法治研究》2012年第9期。

〔2〕 梁根林：《刑法修正：维度、策略、评价与反思》，载《法学研究》2017年第1期。

〔3〕 参见卢建平：《刑事政策与刑法》，中国人民公安大学出版社2004年版，第140页。

未给银行等金融机构造成资金损失，将其认定为民事纠纷尚属牵强，不值得动用刑法予以惩罚[1]；另一方面，在第三方支付、“P2P”网贷、大数据金融等新兴金融业态模式崛起的时代背景下，相关互联网金融模式仍属审批的“灰色地带”[2]。以保障国家金融领域行政审批秩序为目的的高利转贷罪，限制了市场自由，扼杀了创业者冒险创新精神和投机动力，从社会发展需求层面看，继续犯罪化具有合理性的质疑。[3] 违法出具金融票证罪同样因为属于金融机构内部管理不当生成的违法行为，对相关违法行为的规制可以通过加强金融机构内部管理并提升惩戒力度，从而达到有效预防的目的，受到设立“多次”规定的质疑。[4]

作为入罪条件的“多次”有关规定设立界限不明引发了法益论立法批判机能质疑，原因在于对个罪中“多次”作为不法类型是否具有法益侵害性、是否具有重要价值存在疑问。回顾在污染环境罪中设置的“多次”入罪规定，诚然，构成污染环境罪并非以污染环境行为造成严重污染的实害结果为必要要件，“污染环境罪相对于不同的法益而言，既可能是行为犯也可能是结果犯，既可能是危险犯也可能是实害犯”[5]。就成立污染环境罪的危险犯而言，并非只要单纯地实施了行为，而是由于同时造成（推定造成）了污染环境结果。以“两高”《关于办理环境污染刑事案件适用法律若干问题的解释》第1条第1~5项[6]的规定为例，虽然满足前5项规

---

〔1〕参见何荣功：《社会治理“过度刑法化”的法哲学批判》，载《中外法学》2015年第2期。

〔2〕参见魏昌东：《中国金融刑法法益之理论辨正与定位革新》，载《法学评论》2017年第6期。

〔3〕参见蒋涤非：《试析高利转贷行为的非罪化——以隙某、周某信贷资金转贷牟利案为例》，载《中国检察官》2014年第16期；魏东：《现代刑法的犯罪化根据》，中国民主法制出版社2004年版，第13页。

〔4〕参见钱小平：《中国金融刑法立法的应然转向：从“秩序法益观”到“利益法益观”》，载《政治与法律》2017年第5期。

〔5〕张明楷：《污染环境罪的争议问题》，载《法学评论》2018年第2期。

〔6〕此解释因2023年8月“两高”颁布的《关于办理环境污染刑事案件适用法律若干问题的解释》〔2023〕7号而废止，但前5项仅对第1项涉及的犯罪对象进行了调整（将“饮用水水源一级保护区”调整为“饮用水水源保护区”），仍满足“累积犯”的特点。

定而构成“严重污染环境”不需要造成实害结果，司法解释基于环境污染行为通常是由小型污染行为累积而成的特点，将虽然“自身按照相关规则不会对受法律保护的利益造成损害”但却具有与同种其他行为共同造成损害危险的情形，作为累积犯处理。[1] 但是，最高司法机关通过限定污染环境行为的一定方式、一定地点或者超过一定数量，实则是因为行为“本身就是对环境的严重污染”“结果与行为同时发生”抑或“推定”[2] 具有严重污染环境的“危险”。由此，构成污染环境罪的危险犯仍须以是否造成（推定造成）严重污染环境的危险作为追究污染环境行为刑事责任的限定因素。虽然这一规定回应了当前环境污染犯罪的严峻态势，修正了以往结果本位的入罪模式。但是，这一规定与规范保护目的存在错位，没有满足目的正义性的价值追求。

二、设置部分“多次”有关规定没有满足必要性要求

部分“多次”规定的设置，由于体现了立法对刑罚威慑功能的倚重，以及强调刑罚手段在民事、行政等前置解决机制运行不畅时弥补“缺位”的优先性，忽视了报应与功利之间的协调统一关系或者泛化了刑罚手段应控制在其他手段不能有效发挥治理效果的界限，从而不满足必要性的要求。具体表现在两个方面：

一方面，部分“多次”规定的设置体现了立法对刑罚威慑功能的目的性倚重，忽略了报应与功利的联动、制约关系，从而呈现出“刑罚过剩”的倾向，不能满足必要性要求。按照犯罪学与经济学的相关理论，实现最优的刑罚效果并非由刑罚的轻重因素一元决定的，而是需要在刑罚的严厉性与刑罚确定性两个变量因素间寻求一个“最大的交换值”[3]。从法律经

[1] 孙国祥：《集体法益的刑法保护及其边界》，载《法学研究》2018 年第 6 期。
[2] 张明楷：《污染环境罪的争议问题》，载《法学评论》2018 年第 2 期。
[3] 王博阳：《酷刑的政治经济学》，载《法学》2017 年第 3 期。

济学原理来看，现代较为理想的威慑模式是通过提升惩罚概率、确保刑罚的确定性代之以刑罚的严厉性实现犯罪的预防目的。倘若出于功利主义目的考虑，刑罚过度依赖其严厉性实现威慑目的，忽视提升惩罚概率等措施的经济性、便利性，就会导致刑罚资源的浪费。部分作为加重处罚条件的“多次”规定的设置受到学界诟病，究其原因，就是立法出于功利的预防目的，倚重升格法定刑的手段威慑特定历史时期具有高发性的犯罪，承受超过报应刑限度预防犯罪的风险，这就难以避免出现“刑罚过剩”的现象，与手段必要性要求相悖。

另一方面，部分“多次”规定的设置体现了相关立法在民事、行政等纠纷解决机制运行不畅时，优先动用刑罚惩治相关越轨行为，以求得即时性的制裁效果，从而忽视刑法与前置法互动关系中应保持“补位法”“最后法”的实质理性，缺乏必要性审视。根据刑法谦抑性原则，刑法应具有最后手段性，在社会治理体系中应始终作为规制社会越轨行为的最后一道防线。实践中，当一些社会问题出现民事、行政解决机制运行不畅或者借由相关处罚措施出现耗时长，难以及时见效的情形时，国家会运用刑罚措施及时弥补“缺位”[1]。实际上，一些违法行为是由于非刑法解决措施缺位导致，通过完善相应机制与手段同样可以达到规制效果。倘若将通过完善行业内部的管理措施即可消解的秩序违法“跨越”到刑法领域，会造成刑罚资源的浪费。违规出具金融票证罪就是例证。违规出具金融票证的行为，属于金融机构内部管理不当产生的违法行为，通过加强前置法的处罚力度，可以达到对这一越轨行为的遏制效果。[2]

---

〔1〕参见何荣功：《社会治理“过度刑法化”的法哲学批判》，载《中外法学》2015 年第 2 期。

〔2〕参见钱小平：《中国金融刑法立法的应然转向：从“秩序法益观”到“利益法益观”》，载《政治与法律》2017 年第 5 期。

三、设置部分“多次”有关规定没有满足均衡性要求

部分“多次”规定的设置，由于过度回应了秩序安全焦虑或者过度追求精简化，忽视了保护利益与限制利益之间应具有的均衡关系，或者忽视了个罪中不同法定刑档次对应的情节设置应具有的梯度性，从而导致“多次”规定不满足均衡性要求。具体表现在：

一方面，刑法对秩序安全焦虑的过度回应，导致“多次”规定的设置不符合均衡性要求。正如学者所言，集体法益具有政治功能，如果过度保护便有沦为纯粹政治工具的潜在风险，所以，“集体法益的价值支撑和预设是对人的利益的保护”[1]。也就是说，刑法保护最低限度的集体法益，应当仅回应其中具有侵害人的利益危险的集体法益，与人的利益无关的秩序安全不应纳入刑法保护的集体法益范畴。但是，何为危害公民利益的集体法益，相关界定并不清楚。加之回应对象的不明确性，给过度回应留下较大的解释空间，容易造成刑法过度保护集体的秩序安全利益，从而侵害公民个人基本权利，导致“多次”规定的设置不具有均衡性。实际上，部分“多次”规定的设置已体现出过度回应秩序安全焦虑，出现不当地压制公民行使基本权利行为的现象。《刑法修正案（九）》在扰乱国家机关工作秩序罪中增设“多次扰乱国家机关工作秩序”的入罪条件就是很好的例证。其中，不仅“扰乱”与“国家机关工作秩序”的把握标准较为抽象，容易为不当限制公民上访权利提供条件，而且其保护的利益并不必然大于被处分人牺牲的利益[2]，违反“损益”的均衡性要求。

另一方面，立法过度追求精简性，使得个罪内部的罪刑规范梯度性不强，恐会造成罪刑不均衡的现象。从法理上讲，刑法立法应遵循罪刑相适

---

〔1〕 孙国祥：《集体法益的刑法保护及其边界》，载《法学研究》2018年第6期。

〔2〕 参见姜敏：《“危害原则”的法哲学意义及对中国刑法犯罪化趋势的警喻》，载《环球法律评论》2017年第1期。

应原则，罪与刑之间“相适应”，表现为罪刑关系应具有“相对性”、“相当性”与“相称性”[1]。具体而言，应注重罪刑关系在性质上的相对性，实现罪与刑在性质上相同或者相近，致使“犯罪行为同等严重的人应当同等地受到惩罚”[2]。实现质的方面的相当性，有赖于国家刑罚结构与犯罪性质的阶梯性设置，当前我国《刑法》分则十大类犯罪按照社会危害性大小排列、各类犯罪按照侵害权益大小排列以及刑罚结构由重向轻排列等做法，均体现了罪刑相适应原则质的相当性内涵。同时，罪刑配置比例上应当实现相称性，达到量的相当性。实现量的要素相称性，有赖于犯罪的等级化、系列化与刑格规定的合理化和科学化。[3] 从个罪内部的纵向维度上讲，立法者应根据行为后果、方式、数额等具体情节“运用基本构成与加重构成的立法技术合理划分法定刑幅度”[4]，并合理配置不同法定刑档次的刑种与刑度；从罪与罪之间的横向维度上讲，需注意刑罚配置量上的相称性，对于危害性质与危害程度相近的犯罪，法定刑配置应大致相当。倘若立法过度追求精简化，使得个罪内部的刑罚配置与罪状之间未充分体现出相称性，或者不同刑格的具体情节与法定刑档次的刑种、刑度不具有相当性，基本犯与加重犯的具体情节未凸显出等级性，在个案中易产生罪刑配置不均衡的现象。受贿罪中“多次索贿”、“情节严重”的适用尴尬与未合理区分基本法定刑、加重法定刑中“多次索贿”不无关系。

第三节　误读“多次”有关规定的司法适用规则

一、禁止重复评价原则的界域、对象、标准存在误读

实际上，作为入罪条件的“多次”规定中的“次”是否包含受过行政

[1] 参见李永升：《罪刑相适应原则的内涵解读》，载《甘肃社会科学》2005 年第 4 期。
[2] 邱兴隆：《罪与罚讲演录》(第 1 卷)，中国检察出版社 2000 年版，第 183～184 页。
[3] 参见李永升：《罪刑相适应原则的内涵解读》，载《甘肃社会科学》2005 年第 4 期。
[4] 陈兴良主编：《刑法总论精释》，人民法院出版社 2016 年版，第 65 页。

处罚或者刑事处罚的行为，以及视情况考察入罪或者加重处罚“多次”规定中的“未经处理”是未经行政处罚还是刑事处罚的争议问题，焦点在于将已经受到行政处罚或者刑罚的行为纳入“次”的次数累计是否违背禁止重复评价原则。从表面上看，有关作为入罪条件“多次”规定中“次”的肯定说、否定说、部分肯定说以及有关视情况考察入罪或加重处罚“多次”中“次”的肯定说、否定说各执一词、势同水火，并且都以禁止重复评价原则作为理论根据，但事实上，多方的争议并不在同一层次上，各学说对于禁止重复评价原则的基本内涵存在不同解读，甚至是误读。

（一）在作为入罪条件“多次”规定对“次”的认定存在误读

针对作为入罪条件“多次”规定中的“次”是否包含受过行政处罚或者刑事处罚的问题，肯定说、否定说及部分肯定说均以禁止重复评价原则为核心论点展开论述，产生争议的原因在于，对禁止重复评价原则的界域、对象与标准层面存在差异性观点，主要表现在：

首先，在作为入罪条件“多次”规定适用过程中，部分违法行为受过行政处罚或者刑事处罚的情况下，如何理解禁止重复评价原则中的“评价”呢？此处的“评价”，仅指刑事处罚，还是既包括刑事处罚又包括行政处罚？否定说认为，应将禁止重复评价的“评价”理解为“价值判断”。也就是说，即使属于不同制裁体系，只要制裁的公共机能、内容、保护目的等具有同一性就属于重复评价。当对同一评价对象进行多次评判，如非法行医受过二次行政处罚之后再次行医属之“情节严重”，就属于重复评价。因为受过行政处罚的行为在第一次评价为行政违法之后，在第二次的评价中演变为犯罪行为，实则是对违法行为进行了两次价值评判。[1] 而肯定说与部分肯定说则将“评价”框定为刑事价值判断，即对同一行为不能

〔1〕参见孙万怀、刘环宇：《论禁止重复评价的判断标准及其适用争议问题》，载《法治研究》2022年第2期。

二次以上评价为犯罪。[1] 由于分属不同制裁体系，且目的与功能不尽相同的行政处罚与刑罚，不存在重合关系，[2] 因此同一行为同时受到行政法与刑法的双重评价不违背禁止重复评价原则。

其次，在作为入罪条件“多次”规定适用过程中，部分违法行为受过行政处罚或者刑事处罚的情况下，禁止重复评价中的“重复”是否排除“同一事实”不同侧面或者不同属性的价值判断。肯定说将禁止对“同一诉讼中”“同一事实”的重复评价作为禁止重复评价原则的适用前提，并且强调对同一事实不同侧面的多次评价不属于“重复评价”。部分肯定说在作用界域及对象层面与肯定说观点基本一致，只是前者评价对象更全面，即还包括了对不同侧面评价效果的考察。而否定说对“重复”的理解不拘泥于处罚性质，而是以责任追究的方向性和保护目的及其功能上具有一致的公法性能和公共性能为判断标准。当对同一事实进行具有“同一方向性能”的行政处罚与刑事处罚时，就认为属于重复评价，应当予以禁止。

最后，在作为入罪条件“多次”规定适用过程中，部分违法行为受过行政处罚或者刑事处罚的情况下，将受过行政处罚或者刑事处罚的行为作为判断行为人犯罪习性的要件，并累计为一次，是否违背重复评价原则？肯定说与部分肯定说认为，将受过行政处罚或者刑事处罚的行为累计为“多次”中的“次”，体现了对其不同层次的评价。“第一次”对行为进行行政处罚或者刑事处罚，是对行为客观危害结果的评价；“第二次”则是评价行为人受到行政处罚与刑事处罚背后其人身危险性的因素，强调对具有实施违法、犯罪行为习性行为人的规制。[3] 肯定说与部分肯定说的差异在于，部分肯定说认为将刑事处罚作为“多次”中“次”，与累犯规定相

[1] 参见任涛：《多次盗窃的教义学分析及司法认定》，载《学术交流》2021 年第 3 期。
[2] 参见张明楷：《刑法格言的展开》，法律出版社 1999 年版，第 317 页。
[3] 参见黄祥青：《盗窃罪的认定思路与要点》，载《人民司法》2014 年第 7 期。

冲突，违反禁止重复评价原则。[1]

（二）在视情况考察入罪或者加重处罚“多次”规定中对“次”的认定存在误读

有关视情况考察入罪或者加重处罚“多次”规定中“次”的肯定说、否定说的争议焦点，与上述争议相似。肯定说以处罚的性质作为判断根据，认为是否属于重复评价，判断标准在于是否属于同一性质的评价。由于刑罚与行政处罚存在性质的差异，是分属不同制裁体系的处罚，因而将受过行政处罚和刑事处罚的行为认定为“次”，将数额予以累计，不存在“重复”的问题。而否定说则认为，行政处罚与刑事处罚的性质差异并不必然代表着可以进行双重评价。由此可见，虽然多方观点都用重复评价原则分析工具，但是界域、对象、基准并不一致，究其根本在于人们对禁止重复评价原则存在认识上的误区。

二、以主观或客观因素为“次”的认定根据具有片面性

行为人在故意的支配下，反复实施危害行为究竟属于一次行为还是多次行为，究竟构成基本犯还是加重犯的问题，是司法实践中经常遇到的重要问题。“多次”次数判定标准的准确厘定，不仅需在作为入罪条件“多次”规定或者作为加重处罚“多次”有关规定某一个子系统内进行类型化分析，还需要运用系统论方法，研究其在犯罪形态系统中的定位，辨析其与近似犯罪形态的关系。具体而言，主要包括三个子问题：第一，作为入罪条件“多次”规定是否适用与作为加重处罚条件“多次”规定相同的次数判定标准。第二，“多次入罪”和“多次加重”的犯罪形态是否可以适用连续犯、徐行犯等犯罪形态相关的次数判定标准？第三，“多次入罪”的次数判定是否应采用自然标准？其中，前两个问题是回答第三个问题的

〔1〕 参见任涛：《多次盗窃的教义学分析及司法认定》，载《学术交流》2021 年第 3 期。

前提。

（一）“多次入罪”规定的次数认定不应忽略主观或客观因素

首先，作为入罪条件“多次”规定与作为加重处罚条件“多次”规定中“次”的标准应区分探讨，两者在规范目的、“次”的价值功能上存在差异。第一，“多次入罪”的相关规定的设置旨在强化社会管理，扩大轻微危害行为的犯罪化。〔1〕将原属行政不法的行为作为犯罪处理，扩大个罪的处罚范围，修正过于缩小刑罚处罚范围的入罪模式。〔2〕然而，作为加重处罚条件“多次”规定则有所不同，其将原本为复数的犯罪拟制为一罪，并按基本犯的加重犯进行处理，仅对部分罪名中行为人实施数行为所综合体现的反规范一致性的加重处罚。此外，由于规范设立具有“从根本上颠覆行为责任与特殊预防关系”的正当性风险，所以对行为次数的认定应予以“目的论上的限缩”〔3〕。第二，虽然“多次入罪”与“多次加重”均使用“多次”作为构成要件，但是不等同于两者概念内涵相同。实际上，两者在价值功能上存在差异。作为加重处罚条件的“多次”规定是立法出于刑事政策的考量，拟制的法定刑升格条件，以单次行为能够独立构成犯罪为前提。按照罪刑均衡原则，“多次加重”的判断应遵循“相当规则”，这使得“多次”与同一罪名其余法定刑升格条件具有相当的危害性。据此，2005 年最高人民法院颁布的《关于审理抢劫、抢夺刑事案件适用法律若干问题的意见》（法发〔2005〕8 号）对抢劫罪“多次”进行限定，利用犯罪故意的产生、空间及时间等客观因素来综合判断“次”的成立标准。但是，“多次抢夺”“多次盗窃”等入罪型规定不要求每次行为能够成立犯

〔1〕张志勋、卢建平：《多次犯：刑法的制度化产物及其限制路径》，载《江西社会科学》2015 年第 6 期。

〔2〕参见张明楷：《刑法学（下）》，法律出版社 2021 年版，第 1242 页。张明楷教授认为，刑法将盗窃罪的成立限定为数额较大的情形，明显过于缩小了处罚范围。“多次盗窃”入罪要件的增设是为了扩大盗窃罪的处罚范围。

〔3〕邓超：《多次加重犯限缩论》，载《中国人民公安大学学报（社会科学版）》2007 年第 4 期。

罪，作为基本犯罪构成，没有必要同等适用“多次加重”规定中严格的限定条件。[1]

其次，作为入罪条件“多次”规定应与连续犯、徐行犯相区分，其在成立条件上存在差异。找准罪数形态中作为入罪条件“多次”规定的定位，不仅对我国犯罪形态理论体系的完善有所裨益，而且有利于避免因“多次入罪”规定所属犯罪形态的混淆引发“次”的认定困境。按照吴振兴教授的观点，犯罪形态体系可分为两个基本形态（罪体形态与罪责形态），以及三个修正形态（停止形态、共犯形态和罪数形态）。就内部构造及特征而言，作为入罪条件“多次”规定是一种独立的罪数形态[2]，应与连续犯、徐行犯等类似罪数形态相区分。例如，需厘清作为入罪条件“多次”规定与连续犯的区别。就行为的危害程度而言，连续犯无法涵摄作为入罪条件“多次”规定。虽然有学者将连续犯的行为模式界定为数次行为均成立犯罪、数次行为均不构成犯罪以及数次中部分行为构成犯罪三种情形，据此将“多次入罪”的形态纳入连续犯的范畴。但是，按照通说观点，成立连续犯的数次行为具备独立成罪的要件。[3] 而作为入罪条件“多次”规定的“次”是不能独立成罪的违法行为。就行为的主客观情状而言，连续犯要求主观层面数次行为基于同一或者概括的犯罪故意。这一要求超过了作为入罪条件“多次”规定的责任内容。因为成立“多次”仅强调数次行为触犯同一罪名，而未把主观上是否存在连续的犯罪意图作为责任要件。又如，需厘清作为入罪条件“多次”规定与徐行犯的区别。虽然在客观方面，徐行犯与作为入罪条件“多次”规定都只符合一个犯罪构成，但是两者在客观行为的具体情状方面存在差异。徐行犯的数个举动受

---

〔1〕 参见黎宏：《论盗窃罪中的多次盗窃》，载《人民检察》2010 年第 1 期。

〔2〕 参见张志勋：《多次犯研究——以系统论为视角》，南昌大学 2016 年博士学位论文，第 72～73 页。

〔3〕 参见高铭暄、马克昌：《刑法学》，北京大学出版社、高等教育出版社 2017 年版，第 192 页。

一个犯意支配，只存在一个犯罪故意，因而在客观层面需要数个行为场所的密接性、行为对象同一性、数个行为合成性等要件来与主观方面相统一。作为入罪条件“多次”规定则不同，犯罪对象不仅可以是同一对象也可是不同对象、多次行为间不需具有密接性、多次行为可相对独立。

最后，在作为入罪条件“多次”规定中一次行为的判断过程中，客观标准说对“次”的判定采取形式解读，由一般人凭经验认定，自然观察行为是一次还是数次。该说强调不应考虑行为人的主观心理状态，在同一车库盗窃不同被害人的车辆，或者连续多次盗窃同一车辆内的财物的情形都应构成“多次盗窃”。[1] 然而，不考虑行为人的主观心理状态，可能会将行为人以一个犯意分多个阶段实施的一个盗窃行为分割为“多次”，不当地增加了对行为人的责任非难。类似于构成行为单数的徐行犯，其表现为行为人有意采取徐缓的方式陆续完成可以即时达到预期目的的犯罪。徐行犯只有一个行为，并且这一行为是由数个性质相同的举动组合而成。[2] 徐行犯由数个举动徐缓地构成一行为，仍属一罪。[3] 虽然作为入罪条件的“多次”规定不以每一次行为构成犯罪为必要条件，不能直接套用徐行犯的处理方式，但是按照司法认定的常识常理常情而言，采取“蚂蚁搬家式”的手段分多次小额挪取也不应认定为满足“多次”的次数要件。主观标准说强调以主观意思作为判断次数的标准，其问题在于，仅强调主观因素作为判断根据，忽视客观因素的有机统一，恐会扩大同一故意的射程范围，将原本具有较为独立的数个行为评价为一次，从而轻纵行为人。综合标准说强调主观因素与客观因素相统一较为合理，但是论者通常强调客观因素在判断中的主导地位，通过时间、空间等客观因素框定侵害范围，弱化主观因素对客观行为内容、状态、因果关系的支配作用，这一点值得

---

〔1〕 参见陈兴良主编：《刑法各论精释》，人民法院出版社2016年版，第235页。
〔2〕 参见吴振兴：《罪数形态论》，中国检察出版社2006年版，第159页。
〔3〕 参见陈兴良：《本体刑法学》，中国人民大学出版社2018年版，第483页。

商榷。

（二）"多次加重"规定的次数认定不应忽略主观或客观因素

从既有研究来看，部分观点从行为人的主观意思层面或者行为的客观情状层面寻找判定一次行为的根据，为次数判断问题提供解决思路。这一思路以单一因素作为次数判定的根据，存在一定的片面性。

在作为加重处罚条件"多次"有关规定的一次行为具体判定中，同样存在以单一因素作为判断依据从而导致的不合理现象。例如，支持"同时同地 + 侵害范围说"的论者，一方面坚持成立一次行为需要行为的时间段不受阻隔，认为当行为隔断足以造成行为无法继续进行，继续实施侵害需要重复先前已经实施的一定动作时，缺乏认定为一次行为的"同一行为"因素，应视为不同时间的不同次行为；另一方面又认为在"线状地点"内重复侵害沿途的受害人视为一次。一方面认为，地点的转移具有承接性就应认定为同一地点；另一方面又认为，只要与外界隔绝并不依附于其他空间而独立存在的应认定为一个地点。例如，认为行为人连续撬三家居民住宅应认定为三次。[1]

相当危险说虽然承认作为一次行为划分基础是构成要件行为或其密切行为产生的抽象危险范围，并通过犯意和时空标准来阐述其抽象危险的涵盖范围。但是，论者又认为行为人实施类型化的构成要件或其密切行为产生的抽象危险与行为无关，（抢劫）"暴力或者胁迫产生的现实危险发生之前，行为人造成的抽象危险应当包含该相对封闭楼栋内的所有居民，无论如何涵摄不到绝对空间相隔的其他楼栋，更遑论同一小区了"。[2] 这产生了两个问题：第一，脱离行为的主观罪过具体内容来谈论"一经实施构成要件或者密切行为的抽象危险"，实则是以论者事先设定的客观危险时空范围为基础，但是没有主观罪过的指引，何以认定危险的涵盖范围，值得

---

〔1〕 参见王飞跃：《论我国刑法中的"次"》，载《云南大学学报（法学版）》2006 年第 1 期。
〔2〕 吴亚安：《论多次加重犯的"次"》，载《政治与法律》2015 年第 8 期。

商榷；第二，论者提出作为加重处罚条件的“多次”规定（论者称为多次加重犯）的“次”没有必要以着手一般的“现实的、紧迫的”危险作为起点，以“结果发生的相当程度危险”成立时间作为起点即可。但是论者并未说明缘何对于此种“多次”中的“次”需要运用此种标准？合理性与必要性为何？这不无疑问。此外，脱离行为人的主观故意内容，谈论行为抽象危险的射程范围，难免有一些“缘木求鱼”的韵味。

从以上的分析可以看出，不管是在作为入罪条件“多次”规定中“次”判定中，主观标准说与客观标准说偏重性地强调主观因素或者客观因素在判定次数中的决定性作用，还是在作为加重处罚条件“多次”规定的次数判定中强调通过框定行为的侵害能力范围划定“次”的客观存在范围，均具有片面性，究其原因在于，忽视主观因素与客观因素之间的互动关系，缺乏主客观因素相统一的判断。此问题的解决，需要在充分结合主客观因素的基础上，在规范目的与价值基准的指导之下作出合理的次数认定。

三、部分行为未遂时如何全面评价未遂情节存在误读

（一）未遂行为构成“次”的条件存在认识误区

关于未遂行为是否可以成为“次”的问题，相关观点存在不当限缩或者扩张了未遂行为成立“次”的范围的嫌疑。

就作为入罪条件的“多次”有关规定而言，路径一[1]混淆了盗窃罪的未遂犯成立与“多次盗窃”中单次违法行为可否处于未遂形态之间的关系。其实，未遂行为纳入次数累计不以符合未遂行为入罪的标准作为必要条件。这是因为：一方面，“以数额巨大的财物为目标”或“以珍贵文物

〔1〕根据前文所述，路径一认为未遂行为成立作为入罪条件“多次”规定中的“次”应满足数额巨大或者以国家珍贵文物为窃取目标等情节严重的标准；否则，不能成立“次”。

为盗窃目标”等盗窃罪未遂犯成立条件与“多次盗窃”这一行为类型不具有兼容性。“多次”这一入罪行为类型只有构成与不构成之分，“多次”整体不存在未完成形态，亦无“多次”以数额巨大、珍贵文物等为犯罪目标从而成立盗窃罪未遂的场合。另一方面，“多次”中的单次行为也不以数额巨大、珍贵文物为犯罪目标等条件。“两高”设立未遂犯是为框定盗窃罪未遂犯的处罚范围，划定作为行政违法行为的盗窃行为和作为盗窃罪未遂犯的盗窃行为之界限。符合情节严重的事实情状就构成盗窃罪的未遂犯；反之，则作为一般违法行为处理。按照学界与实务界的通说观点，作为入罪型的“多次”规定以行为次数作为入罪之根据，每次行为无须达到构成犯罪的危害程度。如此一来，如果将“以盗窃数额巨大或者国家珍贵文物等为盗窃目标”作为累计未遂行为的必要条件，恐会不当限缩对未遂行为的评价。路径二虽然强调未遂行为能够成立一次具有一定合理性，但是一律将未遂行为纳入次数累计恐会将造成对盗窃数额极少的行为作为犯罪处理，造成盗窃罪处罚的不当扩张。

就作为加重处罚条件的“多次”规定而言，将犯罪未完成形态的行为与犯罪既遂形态行为等同视之，一律予以累计或者将“次”限缩为犯罪既遂行为的观点会不当地限缩或者扩张“次”的成立范围。详言之，一律将犯罪未完成形态行为作为“多次”中的“次”恐会泛化“多次”的成立范围。一般而言，犯罪未完成形态由于缺乏基本犯罪构成要件中的结果要素，较之犯罪既遂形态往往从宽处罚。特别是对于危害程度较低的预备犯罪，以及对于通过行为人努力消灭了因为着手实施行为所产生的“既遂的现实、客观危险”进而政策性减免刑罚的中止犯而言，实践中不作为犯罪处理的案件并非少数。倘若强调将包括预备犯与中止犯在内的未完成形态犯罪一律作为一次，会造成处罚范围的不当扩张。反之，虽然将“次”限缩为犯罪既遂形态行为能够防止“多次”成立的泛化，但是将具有引起既遂的现实、客观危险的未遂行为一律排除累计，与当前基于法益保护主义的见地将处罚时期早期化的主流态势不相符，产生对刑法保护利益保障不力的现象。

（二）“多次”是否存在未遂形态存在认识误区

肯定说将符合犯罪构成作为犯罪未遂存在的前提条件是值得肯定的〔1〕，但是肯定说笼统地将加重或减轻的法定情节视为犯罪构成未免以偏概全。支持肯定说的相关文献认为，加重犯是“一种在基本构成基础之上又具备加重要件的相对独立的犯罪形态”〔2〕，从学理上说，加重构成存在未完成形态只需要判断行为人着手实施了基本犯之行为并且具备了加重犯罪要件（加重因素），即可认为符合加重犯罪构成。加重构成具有独立的构成要件，因此，其与基本犯一样属于独立的犯罪。然而，以上结论难以适用于分则中特殊的加重情节。例如，一些罪名将“首要分子”作为法定刑的升格条件。按照理论上的通说观点，“首要分子”不是不法的加重因素，亦非行为时需要具备的要素，行为人在实施行为时不需要认识到自己是首要分子〔3〕。故而，“首要分子”不具备违法推定机能与故意规制机能，不满足成立犯罪未遂形态的基本前提，因此不存在犯罪未遂形态。否定说提出“多次”作为加重处罚条件因为缺乏犯罪的个别化机能，与普通的加重构成不能等同视之的观点具有合理性，但是将“多次”视为典型的量刑规则却忽视了“多次”可为违法性判断提供根据以及具有故意规制机能等特点。

（三）如何对未遂行为从宽处罚存在认识误区

对于作为加重处罚条件的“多次”，可否针对未遂行为适用犯罪未遂

---

〔1〕 参见赵秉志主编：《犯罪停止形态适用中的疑难问题研究》，吉林人民出版社2001年版，第243页。

〔2〕 周光权、卢宇蓉：《犯罪加重构成基本问题研究》，载《法律科学（西北政法大学学报）》2001年第5期。

〔3〕 参见柏浪涛：《加重构成与量刑规则的实质区分——兼与张明楷教授商榷》，载《法律科学（西北政法大学学报）》2016年第6期。

的从宽处罚规定，否定说与限制否定说认为，一律不适用或者只能多次犯罪均未遂时才能适用犯罪未遂的从宽处罚规定失之武断，而且缺乏限制适用的合理根据。肯定说虽然结论存在合理性，但是论证前提存在以偏概全的偏误。

全面否定作为加重处罚条件“多次”因构成行为未遂获得从宽处罚“依据与通道”的观点，与量刑情节全面评价原则背道而驰，更难以与罪刑相适应原则相契合，不仅缺乏充分的法律依据，还会造成个别案件罪刑不均衡的现象。例如，如采取全面否定的观点，“多次抢劫”中即使三次行为均未遂也应当适用加重法定刑档次，可判处10年有期徒刑、无期徒刑甚至死刑。而这可能超过三次既遂犯罪并科之刑罚总和。限制适用说与否定说属于“原则—例外”的关系，因缺乏限缩全面评价原则的充分理由，难免造成司法适用难题。

综上所述，关于“多次”中部分行为未遂时的相关理论与实践问题的症结主要集中在两点：一是“多次”中部分行为未遂时的相关处理结果与罪刑相适应原则的价值追求相抵触；二是“多次”中部分行为未遂时相关的技术处理规则违背全面评价原则。有基于此，有必要在罪刑相适应原则价值观念指引下，秉持全面评价原则，对部分行为未遂这一情节的适用基础、范围、从宽裁量幅度等内容进行合理释读。

第四章　破解刑法中“多次”立法规定问题的基本立场

正如前述，“多次”规定的立法与适用中存在的问题源于相关理论和实务对“多次”有关规定的设置根据与内在机理存在认识偏差，或是对引导“多次”有关规定适用的禁止重复评价原则、主客观相统一原则以及未遂情节全面评价规则存在误读，抑或是对“多次”立法缺乏正当性、必要性以及均衡性审视。因此，解决“多次”规定的立法与适用问题，最根本的出路在于探寻“多次”规定的处罚根据与内在机理、明晰司法裁量规则以及明确合乎正当性、必要性、均衡性的比例原则，并在此基础上，把握解决立法、适用问题的价值取向。本章将从这三个方面展开论述。

第一节　厘清“多次”有关规定的处罚根据与内在机理

处罚根据，作为相关犯罪形态处罚的基础，是其具有违法性的根据。处罚根据对于构成要件的解读具有关键作用，内在机理作为相关处理规则的构造、功能和相互关系的体现，是支撑其发挥作用的核心。对于“多次”这样一个立法现象，不仅可作为独立的罪量要素（作为入罪条件的“多次”以及作为加重处罚条件的“多次”），而且是一项特别的数额、数量处理规则，我们需要深挖其作为罪量要素的处罚根据，以及其作为数额、数量处理规则的内在机理，据以支撑对“多次”规定相关要件的解读。因为如果对“多次”规定的处罚根据或者内在机理认识不清，则会使其解读成为无源之水、无本之木，“多次”规定的功能发挥也会受到阻碍。其实，学界的相关研究对“多次”规定的处罚根据与内在机理已有涉及，但尚未形成统一认识。本部分拟从学界的相关争议入手，进而展开论述。

一、厘清作为入罪与加重处罚条件“多次”规定的处罚根据

法律不理会琐碎之事，尤其是对于刑法而言。基于刑法补充性、不完整性与宽容性的基本理念，其他社会治理手段尚可处理的事项，不得直接动用刑法；唯有其他社会治理手段不充分，“有代之以刑法之必要时，才可以动用刑法”[1]。与域外刑事“立法定性＋司法定量”的二元定罪模式不同，我国采用“立法定性＋定量”的一元定罪模式。[2] 在《刑法》第13条“但书”的“指导”之下，为犯罪设置“定量”因素框定危害行为的处罚范围。[3] 运用刑法处罚危害行为的根据，不仅在于行为性质具有社会危害性，而且行为的社会危害程度需达到值得科处刑罚的程度；《刑法》分则中“数额较大”“情节严重”“情节恶劣”“多次”等犯罪成立罪量要

---

〔1〕［日］平野龙一：《刑法总论Ⅰ》，有斐阁1992年版，第21页。转引自张明楷：《刑法格言的展开》，北京大学出版社2013年版，第167页。

〔2〕参见储槐植、汪永乐：《再论我国刑法中犯罪概念的定量因素》，载《法学研究》2000年第2期。

〔3〕参见储槐植：《刑事一体化论要》，北京大学出版社2007年版，第116～117页。

素就是“但书”这一总括性原则在限缩个罪危害行为类型的处罚“量”的具体体现。

作为入罪条件的“多次”以行为的次数（有的规定还包括存续期限）作为刑事处罚根据，它与特定行为造成“数额较大”、“严重后果”或者“情节严重”的处罚根据相比，呈现出一种非常态的、不典型的样态。从构成应受刑罚处罚“量”的主观危害与客观危害的关系视角观之，这意味着应受刑罚处罚的“量”在客观层面的淡化——不要求行为所造成的数额的大小或者后果、情节的严重程度，抑或降低数额、后果或者情节的严重程度。但是处罚根据与“数额较大”“严重后果”或者“情节严重”一样，根本上都是犯罪成立的罪量要素，都需要满足犯罪成立一般性规定。因此，无论是“多次”还是与其并列的数额、严重后果或情节的入罪都需要考察处罚根据的正当性。

与之相似，作为加重处罚条件的“多次”亦以行为次数作为加重处罚的根据，它与并列的以客观危害为中心拟定的加重罪量要素相比，呈现非常态、不典型的特点。立法者通过加重犯的刑法立法技术，将非基本犯罪罪状中的要素并列作为加重处罚的罪量要素；从比例原则上看，并列的加重处罚罪量要素之间应具有相当的社会危害性，都需要满足同一罪名体系中加重处罚的罪刑梯度需求。因此，同样需要考察“多次”作为加重处罚条件的处罚根据。

（一）“多次”的处罚根据的理论争议及其评析

1. “多次”处罚根据的争议

刑法为什么将“多次”作为犯罪成立条件，或者为什么将其作为加重处罚行为人的根据。总体而言，学界主要有以下几种观点：

其一，以人身危险性作为“多次”处罚根据。这一观点主张“多次”作为犯罪成立或者加重处罚的根据体现了立法者对行为人人身危险性的关注。有关“多次”的规定，虽然每一次行为的客观危害程度不大，但是由于行为人多次实施，表现出其实施这类越轨行为的倾向性、惯性，行为人再次置身于相同或者相似的客观环境之时，可以预测其具有实施同种类型越轨行为的较高可能性。那么，出于特殊预防的目的有必要对其进行处罚。申言之，这类规定的共同特点在于，多次行为造成客观危害本身并非处罚的依据，而是基于支撑行为人实施多次行为背后的“人身危险性或者主观恶性的综合评估”[1]。

其二，以犯罪人格作为“多次”处罚根据。这一观点主张，作为入罪条件的“多次”是以多次危害行为为表征体现出来的人格危险性作为犯罪成立要件的犯罪。[2] “多次”的本质特征，是多次违法性反映出行为人明显的危险性格，立法者考虑到行为人客观上重复实施性质相同的违法行为，显示出行为人具有较高的社会危险性，从而以客观行为的次数为基础设定刑罚，实现刑罚特殊预防的目的。[3] 与此同时，有学者提出，作为加重处罚条件的“多次”有关规定同样体现对行为人危险人格的关注，多次行为加重处罚是基于数次行为综合的情节考量，即“数次行为综合体现出的行为人反规范的人格一致性”[4]，而非多次行为本身的行为责任。

其三，以违法量的量变到质变作为“多次”处罚根据。有学者借助唯物辩证法量变质变规律，认为犯罪作为一个复杂的社会系统，体现着质与量的统一；行为的社会危害性是“质”，行为造成社会危害的程度是“量”，当“量”达到一定程度时，可发生质的变化。[5] 我国刑法采用“立法定性+定量”的立法模式，不仅可以通过行为性质及罪量要素区分

---

〔1〕 刘艳红、马改然：《刑法主观主义原则：文化成因、现实体现与具体危害》，载《政法论坛》2012年第3期。

〔2〕 参见胡东平：《人格导入定罪研究》，武汉大学2010年博士学位论文，第103页。

〔3〕 参见刘德法、孔德琴：《论多次犯》，载《法治研究》2011年第9期。

〔4〕 邓超：《多次加重犯限缩论》，载《中国人民公安大学学报（社会科学版）》2007年第4期。

〔5〕 参见李恩民：《多次违法构成犯罪初探》，载《人民检察》1999年第2期。

一般违法行为与犯罪行为，达到社会治安分权治理的效果，也可以通过罪量要素区分基本犯与加重犯，达到罪刑相适应的处罚效果，而将“多次”作为罪量要素体现了行为违法程度量变质变规律。

其四，以法益侵害作为“多次”处罚根据。在批判人身危险性说将“多次”的构成要件依据建立在主观主义基础之上，背离客观主义和法益保护主义，实则将“真正的处罚根据确立在行为背后的思想与信仰”[1]的观点前提下，有学者提出，应将偏重行为人危险性的规定回归行为主义的立场。简而言之，“多次”作为成立犯罪的罪量要素，其处罚根据还是应当立足于法益保护主义，属之行为本身对法益的侵害或威胁。[2]

其五，以社会危害性作为“多次”的处罚根据。主张这一观点的学者认为，“多次”的处罚根据应回归犯罪的本质特征，即社会危害性，原因在于在《刑法》第13条“但书”规制下的犯罪概念，社会危害性仍是区分成立犯罪与否的标准。对于“多次”的质而言，具有较深的社会伦理非难性；就量而言，也具有较高的损害性，可以综合评价为社会危害性较大。正如学者所言：“多次违法在主观上表现为行为人较高的人身危险性，客观上表现为对法益的反复侵害，达到了刑法规制的社会危害程度。”[3]

2.“多次”处罚根据理论争议的评析

在笔者看来，“多次”相关规定的处罚根据是违法量量变到质变的观点，虽然揭示了违法行为与犯罪行为、基本犯罪与加重犯罪在违法量上的客观差异，却未阐明立法上使量变发生质变的核心价值因素；将处罚根据归之行为人多次行为背后的较高人身危险性或者危险性格，揭示了立法者设置“多次”规定的内在价值动因，但是将人身危险性或者行为人危险性

[1] 陈家林：《外国刑法通论》，中国人民公安大学出版社2009年版，第69页。
[2] 参见肖洪、汤思淼：《对多次犯的反思》，载《江苏警官学院学报》2015年第1期。
[3] 张志勋：《多次犯研究——以系统论为视角》，法律出版社2018年版，第64页。

格作为处罚直接根据，与我国刑法的基本立场相冲突。相对而言，法益侵害理论与社会危害性理论较为合理，但是将多次行为的法益侵害作为处罚根据，恐会造成对主观危险因素关注的弱化，笔者赞同社会危害性理论的观点。具体理由如下：

将“多次”相关规定的处罚根据归于违法量的量变到质变，虽然一定程度上契合我国“立法定性＋定量”的立法模式——当违法的量较为轻微时，是一般违法行为；而一般违法的量突破一定界值，则成立犯罪行为；犯罪行为突破一定的量即可升格法定刑档次进行处罚。多次行为成立犯罪或者加重构成反映了客观危害与主观危险由量变到质变转变的客观规律。但是，正如批评者所称，“量是一定质范围内的量”，社会危害性的量只能证成犯罪的危害程度，不能说明罪与非罪的问题；“客观的不同量的危害行为只是被划分的对象而不可能成为划分的标准”，社会危害性这一渐进斜线上不存在客观的节点。反伦理行为、违法行为、犯罪行为就像冷水、冰水、热水，三者之间的差异不得不引入水温之外的物——认识主体，以主体对水温的价值需要与选择为划分标准，用以确定一定温度“量”的标准。[1] 也即是说，运用何种制裁手段处理危害行为是立法者主观判断的产物，而不全是客观的“量”质变的结果。因此，探知“多次”的处罚根据，需要着眼于立法者选择不同制裁手段的评价标准。

同样，将“多次”的处罚根据归于行为人的人身危险性或者危险性格的观点，认识到仅就多次行为累积的客观危害结果而言，多次行为整体无法达到成立犯罪或者加重处罚的危害程度，转而将处罚根据归于多次行为背后的人格或者人身危险性因素。例如，将处罚根据归于犯罪人格的观点，认为多次行为受到刑事处罚或者加重处罚的基础是行为背后的人格，是多次行为的客观违法要素（行为）与主观违法要素（人格）相结合使得

---

〔1〕 参见冯亚东：《理性主义与刑法模式：犯罪概念研究》，中国政法大学出版社1999年版，第126页。

行为整体的危害性突破临界值，将处罚根据归因于行为人实施多次行为的惯性或者常习性。笔者认为，“多次”规定的立法本意应该包含了对行为人主观因素的考量，体现了行为人刑法因素与我国行为刑法基本立场的融合。然而，无论是行为人人身危险性还是行为人犯罪人格均面临难以量定的难题，再犯可能性测量不仅方法各异，主要有投射测量技术、主体测量技术、行为观察法与自陈量表法〔1〕四种，而且由于影响重新犯罪可能的家庭因素、朋友影响因素、社区影响等因素众多，导致需要考察的项目往往较为繁重〔2〕，针对每一个行为人予以预测难度较大，可操作性不强。

将“多次”的处罚根据归于多次行为造成的法益侵害也存在不妥之处。根据法益保护原则，刑法的目的是保护法益，犯罪或者说违法性的实质即是对法益的侵害〔3〕，运用法益概念有助于确定立法者制定刑法欲达到的目的〔4〕。将“多次”作为基本或者加重犯罪构成不违反法益侵害原则，从“多次”规定涉及的分则条文来看，无论是抢劫、盗窃、抢夺，还是走私普通货物、物品等行为均具有侵害国家利益、集体利益或者个人利益的危害性质，实质上侵害或者威胁了法益。问题在于，虽然无论是将“多次”处罚的根据归之社会危害性还是法益，均能够说明客观行为对国家、社会、个人利益的侵害，但是相较而言，法益作为处罚根据更倾向于多次行为的客观层面〔5〕。加之，法益概念具有抽象性，可能会造成探知立法者对行为人多次行为背后反规范意识的关注弱化。

---

〔1〕参见汪明亮：《犯罪饱和性生成模式：犯罪宏观生成模式研究》，载《刑事法评论》2006 年第 2 期。

〔2〕例如，可以预测重新犯罪可能性的水平评估量表列明评估项目涉及 10 方面 54 项内容，包括犯罪史、教育或就业情况、财产情况、家庭情况、住宿情况、娱乐情况、交往、使用酒精或毒品问题、态度以及情感问题 10 个方面，具体 10 个方面 54 项每个内容 1 分，最终结合行为人得分，综合评测行为人重新犯罪的可能。参见翟中东：《危险评估与控制——新刑罚学的主张》，载《法律科学（西北政法大学学报）》2010 年第 4 期。

〔3〕参见张明楷：《实质解释论的再提倡》，载《中国法学》2010 年第 4 期。

〔4〕参见梁根林：《刑法修正：维度、策略、评价与反思》，载《法学研究》2017 年第 1 期。

〔5〕参见高铭暄、陈璐：《论社会危害性概念的解释》，载《刑法论丛》2012 年第 3 期。

总体而言，将社会危害性作为“多次”的处罚根据较为合理。一方面，虽然立法者将“多次”作为基本犯罪构成与加重犯罪构成体现了对人身危险性因素的关注，但是离开社会危害性来探讨行为人人身危险性，由于缺乏判断人身危险性的事实根据，容易出现主观擅断、破坏法制的后果，最终演变成“心情刑法”；另一方面，将处罚根据归于社会危害性契合我国《刑法》第13条“但书”的内涵。《刑法》第13条“但书”对于犯罪概念具有反向限制作用。根据反向限制的理念，立法者在大多数分则罪状中设置罪量因素，如“多次”“情节严重”“数额特别巨大”等，倘若没有达到“多次”“情节严重”等罪量要素标准，就不认为是犯罪。由此，《刑法》第13条“但书”是罪量要素的总括性规定，“多次”等罪量要素是第13条“但书”在分则中的细化性规定。而判断是否属于《刑法》第13条“但书”规定的“情节显著轻微危害不大”的情形，归根结底是对社会危害性的判断。将“多次”的处罚根据归于社会危害性，有助于“多次”这一罪量要素与《刑法》第13条“但书”的体系性解释。

（二）“多次”的处罚以行为人的人身危险性为内在动因

廓清立法者在刑法规范中设置“多次”这一罪量要素的目的及依据，是阐明“多次”的处罚根据，从而划定“多次”的处罚范围的核心依据。详言之，“刑事实体法上设立犯罪构成所依据的行为严重社会危害性是刑事立法者观念的产物”[1]，某种行为是否成立犯罪或者是否加重处罚是立法者价值选择和价值判断的结果；社会危害性的“量”，客观上在循序渐进的斜线上不存在天然固有的判定标准，危害行为突破度的标准源于立法者采取不同的控制手段，那么作为评价标准的控制手段必然会渗透到所划

---

〔1〕 杨兴培：《犯罪构成原论》（修订版），北京大学出版社2014年版，第148页。

分出来的犯罪构成中去，与新类型的行为融为一体。[1] 由此，理解立法者遴选具有社会危害性的行为标准，是厘清犯罪构成的设立根据的前提。正如学者所言，“多次”被犯罪化不是因为其本身的社会危害随着社会变迁、情势发展变得更加严重，而是刑法在危害程度上降低了入罪标准[2]，那么阐明立法者遴选“多次”后设立犯罪构成的核心依据，是理解“多次”处罚根据的基础。

从相关规定设立的立法沿革与政策引导方向来看，“多次”作为基本或者加重犯罪构成，体现了刑法立法对行为人客观上具有实施危害行为的习性，凸显出的对其较大人身危险性的关注。

“困难始于界说。”[3] 在具体说明之前，有必要先厘清“多次”相关规定所体现的人身危险性的内涵。人身危险性的含义并非一个约定俗成的概念，总体而言，具有最广义、广义以及狭义三种主要观点。其中，最广义的观点将人身危险性理解为“行为人对社会造成侵害的可能性”。就社会侵害的危害程度而言，不仅包括行为人实施犯罪行为的侵害的可能性，而且实施违法行为的侵害的可能也囊括其中；就可能性的内容而言，不仅包括行为人犯罪后再次实施犯罪的可能性，还包括行为人受其他多重因素影响的触犯可能性；就行为人的主体范围而言，不仅包括具有刑事责任能力的主体，还包括没有刑事责任能力的主体。广义的观点认为，人身危险性“不仅指犯罪人将来再次犯罪的可能性，也包括其他有犯罪倾向的人初

---

〔1〕 参见冯亚东：《理性主义与刑法模式：犯罪概念研究》，中国政法大学出版社 1999 年版，第 125～127 页。

〔2〕 文章中，学者提出从《刑法修正案（九）》中行政违法行为犯罪化情况来看，这些行为被犯罪化不是因为其对社会的危害随着社会各方面情势的发展变得更严重，而是刑法在危害程度上降低了入罪的标准。而“多次抢夺”是行政违法行为犯罪化的重要表现之一，也是降低入罪标准的情形之一。参见刘志伟：《〈刑法修正案（九）〉的犯罪化立法问题》，载《华东政法大学学报》2016 年第 2 期。

〔3〕 ［美］尤劳：《政治行为论》，陈少廷译，台北，商务印书馆 1978 年版，第 22 页。

次实施犯罪的可能性（初犯可能性）”[1]。相比较而言，虽然两者囊括的主体范围相当广泛，既包括犯罪人，也包括被害人和一般守法公民，但是两者的外延和实质内涵存在较大差异。[2] 一方面，最广义说所指的侵害可能性未限制具体的危险程度，而广义说将初犯或者再犯的可能侵害程度限缩为犯罪行为，违法行为可能不纳入行为人是否具有人身危险性的评价范畴；另一方面，广义说进一步限缩行为人的主体范围，评判行为人具有人身危险性需以具有刑事责任能力为基础。而狭义说将人身危险性限定为犯罪人的再犯可能性，即行为人在犯罪中或者犯罪前后的事实情节表现出来再次实施犯罪行为的可能性。[3]

笔者认为，界定人身危险性的内涵与外延离不开研究的范围与目的，也就是对研究角度与领域的选择。[4] 就犯罪学与刑事政策学领域而言，其研究领域内的犯罪与刑法学领域不是同等的[5]，研究对象包括已经造成或可能造成社会危害的行为，所以犯罪学领域与刑事政策学领域的人身危险包含初犯可能性与再犯可能性；而在刑法学领域之内，由于其研究对象仅限于实施了严重危害行为的人，所以人身危险性的内涵就不包括初犯可能性，而是指再犯可能性。笔者所指的人身危险性是在刑法学领域使用的概念，即行为人的再犯可能性。有基于此，“多次”作为基本与加重犯罪构成的设立体现的是，刑事立法对行为人较高的再犯可能性的内在关注。从作为入罪条件“多次”规定、作为加重处罚条件“多次”规定的历史沿革以及相关立法理由中能够得到印证。

一方面，从立法的历史沿革角度分析，“多次”作为成立犯罪或者加

[1] 苗有水：《人身危险性的刑法学研究》，载刘生荣、黄丁全主编：《刑法基础理论研究》，法律出版社 2001 年版，第 318 页。

[2] 参见陈伟：《人身危险性研究》，法律出版社 2010 年版，第 34 页。

[3] 参见高铭暄：《刑法学原理》（第 3 卷），中国人民法学出版社 1993 年版，第 229 页。

[4] 参见胡学相、孙雷鸣：《对人身危险性理论的反思》，载《中国刑事法杂志》2013 年第 9 期。

[5] 参见张明楷：《犯罪定义与犯罪化》，载《法学研究》2008 年第 3 期。

重处罚的条件，体现了立法者对行为人实施特定行为惯常性的重点关注。有学者视“多次”这一立法模式为“对前期立法活动和司法活动的经验性总结”[1]。这一立法模式源于1979年《刑法》中的惯犯条款，是对惩处具有犯罪惯习性行为人的前期司法经验的总结与延续[2]；同时，从近年来“多次”规定的增设情况看，体现了劳动教养制度废除后的“衔接”需要，防止因治安管理处罚无法遏制常发性犯罪，从而造成社会不稳定现象，凸显出对后期司法活动经验的进一步延伸。无论是吸纳了惯犯的前期司法经验，还是延伸于劳动教养制度废除后的治理需求，都体现了惩治具有较高再犯可能性行为人的内在动因。

另一方面，从相关规定设立的具体语境来看，“多次”作为成立犯罪或者加重处罚的条件，体现了立法者对行为人具有实施危害行为的惯常性、危害较大特性的从严惩治。在立法阶段，立法者着重考虑了行为人实施“多次”违法犯罪的常习性。例如，“多次盗窃”的入罪主要考虑“盗窃犯罪具有常习性，且犯罪分子又具有一定的反侦察能力，一经抓获，往往只能认定现场查获的数额，而对其以往数额的交代也难以查证。将多次盗窃规定为犯罪正是针对盗窃罪的这一特点”[3]。又如，《刑法修正案(八)》增设“一年内曾因走私被给予二次行政处罚后又走私”的行为类型作为走私普通货物、物品罪的入罪根据，是为强调对屡罚屡犯“小额走私”、主观恶性与社会危害性大的行为人的从严惩戒。[4] 不仅如此，其余

---

〔1〕 吴亚安：《论我国刑法中的多次犯》，上海交通大学2016年博士学位论文，第28~31页。

〔2〕 有学者经过梳理认为，1997年修订《刑法》实际上吸纳了前期的相关规定，将1979年《刑法》中惯犯的规定直接以“多次”或者“数额累计计算”的方式，作为一罪的基本犯罪构成或者双重犯罪构成，扩大惯犯的适用范围。参见张莉琼：《集合犯研究》，武汉大学2009年博士学位论文，第108页。

〔3〕 全国人大常委会法制工作委员会刑法室：《〈中华人民共和国刑法〉条文说明、立法理由及相关规定》，北京大学出版社2009年版，第546页。

〔4〕 参见全国人大常委会法制工作委员会刑法室编：《〈中华人民共和国刑法修正案（八）〉条文说明、立法理由及相关规定》，北京大学出版社2011年版，第104页。

"多次"入罪规定也表现出立法者对行为人反复实施违法行为具有较大人身危险性从严处罚的考虑。[1] 这些解释传递出两个信息：一是"多次"入罪的规定不宜从结果之立场过多纠缠行为整体造成的危害结果，否则将会与普通的财产犯罪难以区分，背离立法之原意。以侵害财产罪中的"多次"入罪规定为例予以说明。权威观点认为，这类"多次"规定不以侵害财产的数额作为追诉标准，而以是否达到期限与次数条件，如满足二年内三次盗窃、二年内三次敲诈勒索。二是立法或者有权解释制度的当时，主要考虑了一些犯罪人的犯罪习性，或者以某种犯罪为业的行为人因素。申言之，立法的目的之一是重点打击这一类具有实施违法行为习性的人。

（三）"多次"的处罚以反复侵害行为的客观危害为外在表现

有观点质疑，"多次"相关规定体现立法层面对人身危险性的关注，对行为人予以处罚是基于其人身危险性的综合评价，体现了主观主义定罪原则，这不仅危及刑事规则主义的生成，而且淡化客观行为的定性意义，应当在立法中予以废除。[2] 诚然，将"多次"作为入罪或者加重处罚的罪量因素，一定程度上体现了某些主观主义的倾向，但是"多次"的处罚并未改变我国刑法坚守的行为刑法基本立场，认为只要行为人具备较高的危险性即可入罪或者加重处罚的主观定罪或单纯主观主义的定罪模式，仍强调反复实施的侵害行为作为处罚基础。

---

〔1〕 例如，《刑法修正案（八）》第40条增加"多次敲诈勒索"原因在于，有的犯罪分子多次敲诈勒索每次数额不大，单纯从数额上达不到"数额较大"入罪标准。参见黄太云：《刑法修正案解读全编——根据〈刑法修正案（九）〉全新阐释》，人民法院出版社2015年版，第139页。《刑法修正案（九）》第20条增加"多次抢夺"为抢夺罪的入罪条件，理由之一就在于"多次抢夺具有常习性，行为人主观恶性大，必须予以严厉打击"；第31条增加"多次聚众扰乱国家机关工作秩序，经行政处罚后仍不改正"作为聚众扰乱社会秩序罪的入罪条件，主要考虑到这类行为"扰乱的时间长、次数多、纠集的人数多……"参见臧铁伟、李寿伟主编：《〈中华人民共和国刑法修正案（九）〉条文说明、立法理由与相关规定》，北京大学出版社2016年版，第157、241页。

〔2〕 参见刘艳红、马改然：《刑法主观主义原则：文化成因、现实体现与具体危害》，载《政法论坛》2012年第3期。

首先，“多次”的处罚并不意味着对行为人定罪处刑应当主观归罪或者进行单纯的主观主义评价。也即是说，“多次”处罚体现的刑法立法主观主义倾向并非把人身危险性、反社会危险性格等主观要素作为认定犯罪和适用刑罚的标准。实际上，主观主义不是主观归罪，客观主义也不意味着客观归罪。即使主观主义与客观主义对刑事责任的根据存在分歧，主观主义认为刑事责任的基础是犯罪人反复实施犯罪行为的危险性格并以危险性的人格作为科刑基础，客观主义认为刑事责任的基础是犯罪人客观事实的危害行为并以客观行为及其实害行为作为认定犯罪的根据，但是，客观主义和主观主义均不否认客观行为对犯罪成立的意义，如日本典型的主观主义者牧野英一也认为，犯罪人的危险性格需要依据行为人的客观危害行为予以检定。〔1〕主观主义不违背“犯罪是行为”这一根本命题。认为主观主义完全不关心客观行为及其造成危害的观点实则是对主观主义的误解。只是，虽然客观主义与主观主义都要求主观要素与客观要素，但是与客观主义相比，主观主义弱化对行为客观结果要素的关注，而是将目光更倾注于通过反复实施危害行为的人身危险性来认识行为的性质。〔2〕“多次”处罚体现了我国刑法客观主义为本位的前提之下与主观主义的融合，但是并非仅从主观主义出发，忽略客观行为的定型作用，步入主观归罪的藩篱。

其次，“多次”的处罚不宜径直将行为人人身危险性作为具体成立要件或者将人身危险性作为额外的构成要件。如前所述，人身危险性是“多次”处罚的重要动因，然而，这并非将人身危险性直接作为犯罪成立或者加重处罚的要件，或者作为额外考察的构成要素。认为多次犯与惯犯的成

〔1〕参见郑军男：《论定罪中的“主客观相统一原则”——解读刑法理论中的主观主义与客观主义》，载《法制与社会发展》2005 年第 4 期。

〔2〕参见张明楷：《新刑法与客观主义》，载《法学研究》1997 年第 6 期。

立要件相似，需要将人身危险性作为犯罪成立的必备要件[1]的观点不能成立：一方面，人身危险性是一个综合评价的范畴，需要结合罪过、客观行为等主客观因素予以综合评判，其外延大于犯罪构成的承载空间。另一方面，将其作为犯罪的成立要件不仅缺乏具体判断要件的对接，而且面临危险性程度难以测量的窘境。另有观点提出，"多次"相关规定的法定构成要件仅对罪过、危害行为等共同要件进行了原则性规定，而对客观危害结果要件通常不作要求，使得行为整体的社会危害性难以达到成立犯罪的危害程度；需要行为人的人格危险性要件作为"补足"要件，使行为整体达到应受刑罚惩罚的程度。[2] 笔者认为，此观点同样难以成立。毋庸讳言，刑法立法将行为人人身危险性作为设立"多次"相关规定的重要考虑，但并非需要将人格危险性作为一个独立的要件予以考量。因为，一方面，人格及其构成要素的测量相当困难[3]，将其作为一个独立的构成要件要素恐会因为不具有可操作性而面临实施困境，造成司法的随意性和盲目性；另一方面，"多次"相关规定的罪刑规范未将人格或者人身危险性作为一个额外的构成要件，按照"法无明文规定不为罪"的基本要义，将其作为独立要件有违背刑法基本原则之嫌。

最后，"多次"的处罚仍以行为人反复实施侵害行为的主客观危害作为处罚基础。正如学者所言，若将行为人的危险性作为犯罪的处罚根据，以其作为是否成立犯罪的依据，不利于发挥刑法规制机能。[4] 不法行为运用何种制裁手段予以惩治以及运用同种制裁手段中何种程度的制裁措施，都是立法者根据一定政治社会内容进行价值遴选决定的，归根到底，仍离不开对社会危害性的考量。尽管立法者在"多次"相关规定的设置中考虑

[1] 参见赵永红：《论人身危险性在刑法中的定位》，载《法学评论》2002年第2期。

[2] 参见胡东平：《人格导入定罪研究》，武汉大学2010年博士学位论文，第103~104页。

[3] 参见张文：《刑事责任要义》，北京大学出版社1997年版，第49页。

[4] 参见张明楷：《新刑法与客观主义》，载《法学研究》1997年第6期。

了对行为人人身危险性的从严惩治，但是人身危险性的判断并非凭空臆断，而是需要结合多次违法、犯罪行为造成的客观行为状态、危害结果等情状予以判断。换言之，行为人是否具有人身危险性，应见之于行为人反复实施的危害行为，从而判断其是否具有继续实施更严重的违法、犯罪行为，导致更严重的社会危害后果的可能性。[1] 多次行为正是因为行为人客观实施了多次危害行为，扩大了客观危害行为规模；主观上由于多次行为的实施，使得反规范意志不断深化、加强，人身危险性较高；主客观因素相统一使得行为达到构成犯罪与加重刑事处罚的规制程度。虽然行为人多次实施危害行为的客观危害结果累加达不到单次行为构成犯罪或者加重处罚的危害程度，但是结合多次行为的情节与手段、行为反复性、行为目的等体现行为人人身危险性的主客观因素，立法者基于价值评价与价值选择将其遴选为入罪和加重处罚的犯罪构成，体现了立法者对行为社会危害性的综合评价。

二、厘清视情况考察入罪或加重处罚“多次”规定内在机理

与前述作为入罪和加重处罚条件的“多次”有关规定的处罚根据不同，视情况考察入罪或者加重处罚“多次”有关规定以“多次”的载体为处罚根据，表现为多次违法、犯罪行为的侵财数额、犯罪对象的数量或者对公私财产造成的损失等。也即是说，对于作为入罪条件“多次”规定与作为加重处罚条件“多次”规定而言，“多次”作为基本或者加重的罪量要素，具有对行为是否构成犯罪或者是否加重处罚的决定作用，在不满足同一罪名其他入罪或者加重处罚的罪量要素情形下，行为未达三次不能成立犯罪或者予以加重处罚；而对于视情况考察入罪或者加重处罚的“多次”规定而言，行为次数只是行为社会危害程度的载体，不具有对违法性

〔1〕 参见张志勋：《多次犯研究——以系统论为视角》，法律出版社2018年版，第63页。

高低的影响，是否满足每次行为的数目或者危害程度标准往往“被消解在数额总额的认定过程中”[1]。由此，把握视情况考察入罪或者加重处罚“多次”有关规定内在机理的重点在于，此类规定蕴含的数额处理规则是否具有普适性，以及与其余不以数额作为罪量要素的多次违法犯罪行为的处理规则的关系为何。厘清视情况考察入罪或者加重处罚“多次”规定，不仅是明晰此类“多次”规定的设置范围的前提性条件，也是相关内涵释义的解释基础。

（一）“多次”规定的内在机理理论争议及其评析

1. “多次”规定的内在机理理论争议

视情况考察入罪或者加重处罚的“多次”规定确立的数额累计规则，是否对于数额犯具有普遍的适用价值，以及与其他不涉及数额的多次违法犯罪行为的处理规则关系为何。要解决这一内在机理的问题，有必要对多次行为可能的内在结构进行类型化。一般情况下，以行为可能造成的危害程度作为划分基准，多次行为可能存在以下三种组成结构：第一，每次行为均构成犯罪的“多次”类型；第二，“多次”中既包含犯罪行为也包含违法行为的“多次”类型，即多次行为内部部分行为构成犯罪，部分行为则是一般违法行为；第三，每次行为均未构成犯罪的“多次”类型，仅是一般违法行为。关于此类“多次”规定的内在机理，目前尚未形成统一的观点，主要有单一机理说与复合机理说两种观点类型。

其中，单一机理说旨在通过一种理论或者根据解释此类“多次”规定的设置机理。该说又具体包括社会危害性说、社会防卫说及集合犯说。持社会危害性说的学者认为，不仅对于设置“多次”规定的数额犯而言，而且所有的数额犯的定罪和量刑都应坚持数额累计的原则。[2] 理由在于，数额对于数额犯而言是成立犯罪的构成要件，但是数额的标准不以一次行为

---

〔1〕 吴亚安：《论我国刑法中的多次犯》，上海交通大学2016年博士学位论文，第110页。

〔2〕 参见高铭暄主编：《新型经济犯罪研究》，中国方正出版社2000年版，第77页。

的数额为限，多次行为的数额达到入罪标准同样应当作为犯罪处理。社会防卫说站在国家的立场认为，多次行为的数额达到标准说明行为的社会危害已达到犯罪的危害程度，而且就行为人的主观恶性与人身危险性而言，相较一次行为达到数额标准的行为人并不能言轻。社会防卫说与社会危害性说具有相通之处，即站在国家的立场认为有必要将多次行为作为犯罪处理。不同点在于，社会危害性说认为数额累计本身是数额犯的一项共通的处理规则，多次行为的社会危害性与犯罪具有相当性。社会防卫说则承认累计处罚的规定是基于社会防卫的立场，为防止对具有多发性的违法行为起不到有效的遏制效果，而将满足条件的违法行为数额累计纳入刑事制裁的范围。[1] 持集合犯说的学者则认为，此类“多次”规定本身是多次行为构成一罪的一种类型，由于《刑法》分则的具体罪名将其法定化，所以只构成法定一罪的集合犯。[2]

复合机理说在指正单一机理说不能合理分析每一类型的数额累计规定基础之上，提出应当对各种类型的累计处罚规定进行类型化分析，拟为每一类型的累计处罚规定寻找合理的规范基础。具体而言：

针对第一种类型，有学者提出一元标准说，认为此类“多次”规定是我国有关连续犯的规定，行为人基于连续的或者概括的行为故意实施多次犯罪行为，构成连续犯。[3] 按照通说，涉及财产利益数额的连续犯，应当将多次行为的数额总数累计计算。[4] 也有学者坚持二元标准的立场，认为

---

〔1〕 按照学者的观点，多次走私普通货物、物品数额的累计计算就是因为东南沿海海上“蚂蚁搬家”式的小额走私活动严重，屡禁不止，仅以行政处罚起不到法定刑的起刑点，无法适用刑罚，所以累计计算犯罪数额，从而追究行为人的刑事责任。参见张勇：《如何对犯罪数额进行累计计算》，载《甘肃政法学院学报》2006 年第 3 期。

〔2〕 参见张莉琼：《集合犯研究》，武汉大学 2009 年博士学位论文，第 107 页。

〔3〕 参见叶良芳：《刑法中数额的性质及其计算》，载《云南大学学报（法学版）》2006 年第 7 期。

〔4〕 参见马克昌主编：《犯罪通论：根据 1997 年刑法修订》，武汉大学出版社 1999 年版，第 702 页。

第一种类型的数额累计规则不仅是连续犯的规定，还包括同种数罪的情形。因为累计的多次犯罪行为并非均具有同一或者概括的犯罪意图，没有连续故意的多次犯罪行为应当属于同种数罪，按照同种数罪的一般处罚规则以一罪处理。[1]

针对第二种和第三种类型，有学者尝试扩大解释连续犯的内涵[2]，使其能够包含多次违法行为或者部分行为构成犯罪、部分行为属于违法行为的数额累计规则。扩大传统理论中连续犯的概念不免存在合理性的质疑，多数学者将此类累计处罚规则诉诸徐行犯、接续犯或者集合犯理论[3]，认为多次行为的数额之所以累计处理，要么是因为行为人故意将犯罪的实现分为若干个行为阶段，缓慢达到犯罪目的，构成徐行犯，以一罪处理；要么是因为刑法已将具有营利性倾向的多次行为明文规定为一个犯罪，当行为人实施数个同种的违法、犯罪行为时，构成集合犯，按照一罪处理。不仅如此，有学者基于限制处罚范围的目的，认为多次违法行为唯有满足徐行犯与集合犯之时，数额才能累计计算。[4]

2. “多次”规定的内在机理争议的评析

不可否认，无论是单一机理说还是复合机理说都具有解释此类“多次”规定设置机理的合理性，但是整体性的解释思维使得三种类型数额累计处理规则存在部分不兼容或者解释力不足的问题。坚持类型化解释思维的复合机理说从传统理论中找寻此类“多次”规定的规范根据，试图通过

[1] 参见何秉松：《刑法学教科书》，中国法制出版社2011年版，第68页。

[2] 学者提出“通说认为连续犯仅限于每次行为能独立构成犯罪的情形……但是从我国刑法规定来看，连续犯数次行为应包括数次行为都独立构成犯罪，数次行为都不独立构成犯罪，数次行为中有的独立构成犯罪有的不独立构成犯罪的三种情形”（参见张明楷：《刑法学》，法律出版社2016年版，第478页。）有的学者认为，多次行为本来就是连续犯（参见张庆旭：《贪污罪立法缺陷探微》，载《比较法研究》2001年第4期。）

[3] 参见叶良芳：《刑法中数额的性质及其计算》，载《云南大学学报（法学版）》2006年第7期。

[4] 参见陈航：《累计数额刑事处罚制度研究》，载《云南大学学报（法学版）》2007年第6期。

扩大传统罪数形态概念范畴等途径提出合理依据，或者站在需符合传统罪数形态的立场，提出限缩此类“多次”的解释结论。这一路径一方面存在扩大解释适正性的疑问；另一方面可能招致窄化此类“多次”规定适用空间的不当后果。具体而言：

单一机理说中的社会危害性理论以数额是否达到入罪标准作为界定数额犯与相关行政违法行为的依据，认为多次行为累计数额达到数额标准即构成犯罪，忽略了行政违法与犯罪之间的“质”的差异。在被累计之前，单次行为的数额对于行为危害性具有影响力，不仅可以使单次行为发生量变，还能引起质变。但是，单次行为因违法程度达不到犯罪标准而构成行政违法，不能因为其他违法行为改变这次行为的“质”，将行为数额予以累计可能将本来不具有构成意义的行为纳入一个构成要件中予以评价。这种看重多次行为整体的做法，与通说行政违法与犯罪间“质与量”差异性标准不相符。同时，因为法律并未要求数额的达成以一次行为为限而认为累计具有普适性可能违反罪刑法定原则的内在要求。社会防卫理论以犯罪预防为基点，认为出于国家防卫的目的设置此类“多次”规定。但是，不仅是涉及数额的犯罪，运用刑罚制裁其余类型的犯罪也具有预防犯罪的目的，所以这一论点不能充分说明规范设立的合理性。除此之外，认为视情况考察入罪或者加重处罚“多次”规定属于集合犯的范畴，存在概念不能完全兼容的问题。按照通说观点，集合犯的成立需要行为人具有实施同种违法犯罪行为营利的犯罪倾向[1]，但是，我国立法中设置累计型“多次”规定的罪名并非都具有“营利”的目的或者倾向，如受贿罪、贪污罪。

复合机理说同样不能全面揭示设立视情况考察入罪或者加重处罚“多次”规定的内在机理。从复合机理说的论证逻辑来看，其是通过扩张传统理论中相关罪数形态的适用范围或者以传统理论的内涵作为限缩依据解释

---

〔1〕参见林亚刚：《论集合犯》，载《法学研究》2001年第3期。

此类规定，不仅存在扩张解释合理性的疑问，而且恐会招致此类“多次”规定适用范围的窄化。一方面，学者通过扩张连续犯的内涵达到合理解释多次累计规则的目的，将构成连续犯需每次行为构成犯罪的基本条件，扩大解释为部分或者全部可以是违法行为，扩张解释的正当性根据不无疑问；另一方面，由于担心此类“多次”规定成为“学理根据上‘四不像’”的处理规则，排除不属于连续犯等形态适用累计处罚规则，这同样存在疑问。倘若存在合理的并成为通识性的根据，可直接适用符合基本原理的做法，为何设置此类“多次”规定并且又提出需要限制适用？而且完全按照学理根据予以适用会造成适用空间的窄化。例如，增加小额走私数额累计计算的规则本身就是为了解决行为人采取“蚂蚁搬家”的形式实施走私行为，立法并未要求数次行为基于一个犯罪目的。如果将累计处罚规定视为徐行犯，不仅会增加证明难度，也会限缩适用范围。

（二）“多次”规定体现“合罪定刑”的处罚思路

如前所述，无论是单一机理说还是复合机理说都具有合理的因素，但是存在解释不全面等问题。解析视情况考察入罪或者加重处罚“多次”有关规定，不仅应当从传统的罪数形态中找寻合理根据，还应当在明晰传统逻辑中多次违法犯罪行为认定路径的基础之上，鉴别此种“多次”规定的特点，从而明确“多次”规定的内涵。有基于此，笔者拟在明晰罪数判断逻辑[1]前提下，找寻“多次”规定规范逻辑的特点，进而廓清此种“多次”规定的生成机理。

根据罪数论与司法实践经验，对多个违法犯罪行为合理定罪量刑需要

---

〔1〕 近年来，罪数体系的方法论存在罪数论与竞合论的争议，有关罪数论与竞合论超出了本书的讨论范畴，故不予赘述。笔者赞同“罪数论与竞合论所讨论的具体现象相同、目的相同，只是研究方法略有不同的，但是并不矛盾”的观点，并且因为竞合论回避了行为人究竟是一罪还是数罪的纠缠性问题，跳过“罪”的层面，进入“罚”的层面。参见张明楷：《罪数论与竞合论探究》，载《法商研究》2016 年第 1 期；胡荷佳：《罪数论与竞合论的关系辨析》，载《法学》2017 年第 9 期。而讨论此类“多次”规定离不开“罪”的个数的研讨，因而笔者以罪数论作为逻辑基础。

正确区分行为的罪数，先对犯罪的个数（罪数）加以判断，进而在实施了数个犯罪行为的场合考虑如何合理适用刑罚。[1] 简而言之，按照以下两个步骤逻辑推进：一是判断多个行为构成一罪还是数罪，从而为合理量定刑罚提供判断的基础。倘若仅构成一罪，则按照一罪处理；若构成数罪，则进一步讨论是否需要并罚的问题。二是在多次行为构成数罪的情形下判断是实行并罚还是不并罚。笔者认为，视情况考察入罪或者加重处罚的“多次”规定体现“合罪定刑”的处罚思路，实际上一定程度上突破了传统罪数形态的判断根据：虽然此类“多次”规定涵盖的犯罪个数判断思路部分符合徐行犯和集合犯的内在机理，但是数额累计处罚规则的界域范围宽于后者；虽然数罪的处理规则与连续犯、同种数罪相似，但是三者在处罚方式或者说处罚的效果问题上存在差异。具体而言：

一方面，累计处罚规则突破了传统罪数理论关于犯罪个数的判断依据，体现了“合罪定刑”的处罚思路，即将数个违法行为或者部分构成违法、部分构成犯罪行为的社会危害性综合相加（每次均为违法行为的“多次”与部分构成犯罪、部分是违法行为的“多次”类型），视为满足一个犯罪构成，然后再根据综合的社会危害程度选择刑罚幅度予以处罚。一般情况下，犯罪个数的判断标准存在行为标准说、法益（结果）标准说、犯意标准说、因果关系标准说、法规标准说、构成要件标准说以及犯罪构成标准说的纷争[2]，这源于不同观点对犯罪本质的认识差异。按照通说观点，犯罪个数的判断以行为满足的犯罪构成个数作为评价标准。在第一阶段的判断过程中，如果行为人基于一个故意，实施一个危害行为（可能是基于行为人一个犯罪目的分阶段地接续实施危害行为），满足一个犯罪构成，构成一个犯罪，不存在争议；当行为人实施一个行为而结果样态较为复杂（存在危害结果处于持续形态、想象竞合、结果加重或者转化），法

---

〔1〕 参见［日］山口厚：《刑法总论》，付立庆译，中国人民大学出版社2018年版，第388页。

〔2〕 参见任彦君：《数罪并罚论》，中国检察出版社2010年版，第69～71页。

律规定为一次或者作为一罪处理时实质上符合一个犯罪构成，构成实质的一罪；或者行为人事实上实施了多个行为，但是因为立法预先将行为人基于营业目的实施的多个同种违法犯罪行为规定为一个集合，合并为一个犯罪构成时，构成法定的一罪。[1] 毋庸讳言，视情况考察入罪或者加重处罚的"多次"规定体现的"合罪处刑"的处罚思路部分与徐行犯、集合犯相契合，表现为尽管行为人实施了数个危害行为，但是由于行为人在同一机会下将行为拆分为数个举动，并连续不断地完成一个犯罪行为[2]或者基于营利目的实施不定次数的同种违法犯罪行为，由于仅侵害一个法律规定的犯罪构成，属于单纯的一罪或者法定的一罪。然而，此类"多次"规定设置的数额累计处罚规则，突破了徐行犯与集合犯构成一罪的射程范围，将主观没有犯意连接或者没有营利倾向引导的数个独立违法犯罪行为"合罪"作为一个犯罪构成，整体视为一个单一的犯罪构成，累加数个行为的社会危害性。例如，受贿罪的数额累计条款，本就是为了解决行为人多次收受小额贿赂款，每次均没有达到定罪标准的问题。[3] 数额累计不要求多次行为基于一个犯罪故意，否则不仅会加重证明责任，而且恐难满足"从严治吏"的立法意图。

另一方面，累计处罚规则还突破了传统罪数理论关于处断一罪的处罚规则，即在每次行为均构成犯罪的"多次"类型中，将数个犯罪的犯罪数额"合罪"为一个整体并对总体数额予以处刑，突破了连续犯与同种数罪"以一罪从重"的处罚规则。详言之，"合罪定刑"的处罚思路突破了连续犯的处断原则。因为连续犯属于事实层面的数罪，定罪过程中出于策略或

---

〔1〕 按照通说观点，结合犯也属于法定的一罪，但是我国刑法中不存在结合犯，笔者仅在规范层面探讨罪数的判断，故而不将结合犯纳入讨论范畴。

〔2〕 参见高铭暄、马克昌：《刑法学》，北京大学出版社、高等教育出版社2016年版，第186页。

〔3〕 参见裴显鼎等：《〈关于办理贪污贿赂刑事案件适用法律若干问题的解释〉的理解与适用》，载《人民司法（应用）》2016年第19期。

者效果的考虑，将行为人实施的数个独立犯罪行为作为一罪处理[1]，其具体处断通常按照一罪从重处罚，或者在分则中规定了加重构成的量刑档次，连续犯符合加重构成时，也可按照加重构成的档次处罚。[2] 循此逻辑，虽然连续犯将数罪作为一罪处理，但是并非将数罪合并为一罪处罚，而是原则上“以一罪从重”，即涉及犯罪连续的数额犯“只不过选取数额最大行为针对的刑罚”[3]，其余数额作为量刑情节考量。例如，行为人基于连续犯意同一晚盗窃五家，每家都被偷走数额较大的财物，司法实践按一罪从重处罚。[4] 就此而言，累计处罚规则采取了多次行为数额整体累计作为判罚基础的方式，无疑突破了连续犯“以一罪从重”的处断原则。同样，“合罪定刑”的处罚思路突破了同种数罪的处断规则。虽然针对同种数罪的处罚问题历来存在一罚论、并罚论与折中论的争议，但是按照目前通说观点以及司法实践的惯常做法，判决宣告前行为人犯有同种数罪的无须并罚，原则上按照一罪从重处罚，特别情况下可以适当并罚或者升格法定刑。其实，广义的同种数罪包含了连续犯的概念。[5]

综上所述，视情况考察入罪或者加重处罚的“多次”规定并非仅是徐行犯、连续犯、集合犯或者同种数罪的规范体现，虽然这一数额累计处罚规则部分包含了徐行犯与集合犯的数额处理规则，但是其体现的“合罪定刑”的处罚逻辑在犯罪个数的判断层面突破了徐行犯、集合犯所要求的行为人故意将一个犯罪行为拆分成数个接续行为并连续实施以及实施同种违法犯罪行为人具有营利目的的主客观条件限制，将数个相对独立的违法犯罪行为“合并”为一个犯罪构成；在数罪的处罚层面突破了连续犯与同种数罪的并罚规则，实则是将数罪涉及的犯罪数额作为一个整体合并处刑。

---

[1] 参见赵秉志等：《刑法学》，北京师范大学出版社2010年版，第256~257页。
[2] 参见高铭暄、马克昌：《刑法学》，北京大学出版社、高等教育出版社2016年版，第194页。
[3] 吴亚安：《论我国刑法中的多次犯》，上海交通大学2016年博士学位论文，第115页。
[4] 参见储槐植：《论罪数不典型》，载《法学研究》1995年第1期。
[5] 参见吴振兴：《罪数形态论》，中国检察出版社2006年版，第179~180页。

第二节 遵循“多次”有关规定设置的比例原则

比例原则（the Principle of Proportionality），亦称过度禁止原则，该原则作为法治国家一项调和公民“自由的保障”和公权力“法治的支配”的重要规则，旨在平衡个人利益与国家利益、社会利益之间的冲突。比例原则发源于德国公法学界，并已从一项限制警察权力的德国行政法“帝王条款”，升格成为一项宪法原则，衍生成为保障国家公民基本权利的“安全阀”[1]。比例原则通过限制公权力行使的手段与方法，促使国家机关审慎、妥善地选择治理措施，不仅指导其选择保障公益目的行之有效的措施，而且制约其选择对公民基本权利造成损害最小的治理手段，继而实现所欲选择的手段与目的实现后所得利益之间的均衡。[2] 由于比例原则具有限制公权力滥用的基本属性，能够约束立法、行政与司法权力等国家权力在法治国框架内妥当、均衡、合乎比例地行使，虽然没有哪一个国家对其作出明文规定，但是其精神内核已得到普遍认可，并在相关宪法条款中得到体现。[3] 虽然我国没有像上述国家那样可从宪法的条款中导出比例原则，但是《宪法》第33条第3款与《立法法》第6条可以有限度地为比例原则提供规范依据。

---

〔1〕 参见姜涛：《追寻理性的罪刑模式：把比例原则植入刑法理论》，载《法律科学（西北政法大学学报）》2013年第1期。

〔2〕 参见陈新民：《宪法基本权利之基本理论》（上），台北，元照出版公司2002年版，第239页。

〔3〕 例如，《日本宪法》第13条、《加拿大权利与自由宪章》第1条同样也有比例原则的相关依据。例如，《日本宪法》第13条规定“全国国民都作为个人而受到尊重。对于谋求生存、自由以及幸福的国民权利，只要不违反公共福利，在立法及其他国政上都必须受到最大的尊重”；《加拿大权利与自由宪章》第1条规定“宪章上开列的权利与自由，只服从在自由民主社会中能够确凿证明正当的并且由法律规定的合理限制”。参见余凌云：《行政自由裁量论》，中国人民公安大学出版社2005年版，第59页；李念祖：《案例宪法Ⅲ（上）——人权保障的内容》，台北，三民书局2009年版，第113页；许玉镇：《比例原则的法理研究——私人权益控制政府权力的法律维度》，中国社会科学出版社2009年版，第4页。

一言以蔽之，比例原则对设定刑罚惩罚范围具有重要的指导作用[1]，不仅与刑法目的、刑法功能、刑法基本原则以及刑法谦抑性原则高度契合，而且能够为贯彻刑法基本原则和刑法谦抑理念，实现立法的实质妥当性提供方法论指导[2]。按照通说观点，比例原则包含了适当性原则、必要性原则和均衡性原则三个子原则，可以“目的导向、手段选择和价值导向”三个层面限制刑法立法目的与手段之间的均衡关系，对于分析“多次”相关规定的设置具有指导意义。本部分对比例原则三个子原则的基本内涵以及其在刑法中的展开进行阐述，为后文运用比例原则调控“多次”规定的设置范围等问题奠定基础。

一、遵循立法适当性原则

（一）适当性原则强调目的正当及手段目的实质关联

何为适当性原则？“适当”作为行政法领域的高频词汇，在具体语境中的涵义却不尽相同。总体而言，根据适当性的内涵范围，可分为最广义、广义与狭义三种理解。最广义的适当性等同于合法性与合理性两个范畴。也即是说，行为满足合法性与合理性的要求是判断适当性的实质根据。例如，我国《立法法》第 97 条第 3 项将“不适当”作为国务院改变或者撤销部门规章或者地方政府规章的审查标准，通常是以规章是否超越行政部门的法定权限、是否与上位法律及法规相抵触、是否存在其他不适当情形（如违反法定程序、规范之间存在冲突）作为框架进行审查，其合法性与合理性是审查的两大内容。广义的适当性原则等同于比例原则，“由适用性原则、必要性原则和比例原则三部分组成”[3]。相关行政行为融入目的与手段之间合乎比例的价值取向与精神内涵，通常强调行政强制

---

[1] 参见何荣功：《社会治理“过度刑法化”的法哲学批判》，载《中外法学》2015 年第 2 期。
[2] 参见于改之、吕小红：《比例原则的刑法适用及其展开》，载《现代法学》2018 年第 4 期。
[3] 刘夏：《德国保安处分制度中的适当性原则及其启示》，载《法商研究》2014 年第 2 期。

等制裁措施应当具有适当性。此处的“适当”是广义的规范内涵。例如，2011 年颁布的《行政强制法》第 5 条所强调的行政机关采取的行政强制行为“应当适当”就体现了对强制行为应合乎比例原则的强调。[1] 狭义的理解则是将适当性原则理解为比例原则的子原则之一。例如，姜明安教授就认为适当性原则旨在使“行政机关拟实施行政行为，特别是实施对行政相对人权益不利的行政行为时，只有认定该行为有助于达到相应行政目的或目标时，才能实施”[2]。不可否认，最广义说、广义说、狭义说的适当性原则都具有促使公权力合理行使的功能，但是最广义说与广义说的内涵过于宽泛，结合具体语境，笔者是在比例原则的视域下探讨适当性原则的价值取向与精神内涵，旨在以狭义适当性原则蕴含的“目的正当性”、“手段必要性”以及“手段与实质关联性”等内涵作为分析框架，审视“多次”相关立法规定，所以若无特别强调，笔者探讨的适当性原则是狭义的适当性原则。

比例原则视域下的适当性原则，亦称妥当性原则，是指公权力行使的手段具有正当性，需要对正当目的的实现具有促进作用。简言之，“手段符合目的”或者说“手段有助于目的的实现”[3]。适当性原则旨在权衡手段与目的之间的关系，强调行使公权力的手段应当对目的的实现具有实质的促进作用，至少有助于目的的达成，要求手段与目的之间具有实质关联性。然而，对于目的本身是否合宪，即公权力行为目的的正当与否是否属于适当性原则的基本内涵不无争议。传统适当性、必要性与均衡性的“三阶”原则产生于 18 世纪末 19 世纪初期的德国，受法国大革命“自由、平等、博爱”思想的影响，德国开始实行民主法治，公民自由得到极大重视；相对而

[1] 参见刘权：《目的正当性与比例原则的重构》，载《中国法学》2014 年第 4 期。

[2] 姜明安主编：《行政法与行政诉讼法》，北京大学出版社 2015 年版，第 74 页。

[3] 蒋红珍：《论适当性原则——引入立法事实的类型化审查强度理论》，载《中国法学》2010 年第 3 期。

言，政府职能的行使受到限制，政府权力的实施不得违反法律保留原则，相关的行政行为必须严格依照议会的授权。所以，在当时的历史时期，警察权力行使的目的几乎都是由法律事先设定好的，不存在目的正当性审查的必要性。但是，随着德国纳粹政权的粉墨登场，国家、民族利益一度超越了个人利益，为了民族利益侵害公民个人基本权的制度、措施比比皆是。在此背景下，对于行政目的的正当性审查受到重视，任何不当限制公民权利的立法或者行政措施都会被判定为无效。由此，虽然传统的“三阶”原则并未将目的正当性审查作为比例原则的组成部分，但是基于实质法治的理念与现实需求，权衡手段与目的关系的适当性原则不应脱离目的正当性的规范内涵。正如学者蒋红珍所言，在目的与手段关系的完备逻辑论证体系内，适当性审查作为比例原则的第一层次，对论证体系具有“截流”作用，而目的正当性是比例原则的“绝迹之地”。[1] 将目的正当性作为适当性原则的审查内容更具有逻辑论证的完整性。

（二）满足刑法立法适当性应目的正当与手段具有关联性

将适当性原则这一宪法性原则作为刑法立法的适当性基础，需要立法者从“目的”与“手段”双重视角思考立法的适当性，包含目的的正当性与手段关联性两方面内容。

刑法立法目的的正当性，是指相关立法具有保护值得刑法保护的利益的目的。也即是说，判断立法者设置罪刑规范是否正当，应以是否具有保护值得刑法保护的利益目标为基本依据。刑法立法作为一项国家权力，“从目的合理性的角度，应以预防犯罪这一社会利益而被正当化”[2]，其正确

---

〔1〕参见蒋红珍：《论比例原则——政府规制工具选择的司法评价》，法律出版社2010年版，第111页。

〔2〕［日］松原芳博：《刑法总论重要问题》，王昭武译，中国政法大学出版社2014年版，第7页。

行使的唯一目的就是防止对他人权利的损害。[1] 基于任何保护社会公共利益之外的目的设置罪刑规范，压缩或者限制个人利益都是非法的。[2] 反之，保护社会利益、社会制度与社会秩序等公共利益的目的，为刑法立法合宪性奠定了政策基础。但问题在于，立法权的行使并非简单地将宪法性规定予以细化，盖由刑法保护的社会利益选取无疑具有“自主形成的色彩”，这就需要进行目的正当性检视。

手段适当性，是指相关刑法立法作为达成公益保护目的的工具，能够对公益保护目的具有实质的促进作用。在是否满足适当性原则这一判断阶段，无须要求采取的刑罚手段具有完全保护的目的，仅对刑罚手段与公益保护目的具有实质的正当关联性作出实质判定，只要对于目的具有部分促进作用即可。而手段与目的的有效性程度以及是否存在其他替代性措施等问题通常会在比例“三阶”原则的后两个阶段（必要性、均衡性）中予以评价，倘若手段保护公益的成本较高，具有其他的非刑罚措施作为替代措施，同样也会因为不具有必要性被判定违宪。

二、遵循立法必要性原则

（一）必要性原则强调手段的相对最小损害性

必要性原则作为比例原则的子原则之一，亦称最少侵害原则或者不可替代原则，旨在要求公权力实现正当权利的手段具有必要性，并且对当事人造成的权利损害或者限制达到最小。这一原则肇始于18世纪末期与19世纪初期的德国，当时，德国处于自由法治国时期，公法学界提出“只有在必要的情形下，国家才能限制公民自由，以确保所有人自由与安全”[3]

---

〔1〕 参见［英］威廉姆·威尔逊：《刑法理论的核心问题》，谢望原等译，中国人民大学出版社2015年版，第21页。

〔2〕 参见胡建淼、邢益精：《公共利益概念透析》，载《法学》2004年第10期。

〔3〕 参见刘权：《论必要性原则的客观化》，载《中国法学》2016年第5期。

的权利主张，最终在1882年普鲁士高等行政法院的“十字架山案”判决中得以确立。该案起因于柏林警察当局的一项行政禁令，该禁令为了使当地居民能够随时仰首可见位于柏林市“十字架山”的一座建成于1878年的自由战争胜利纪念碑，命令“十字架山”周围的居民不得修建超过一定高度的建筑物。当地居民以此项禁令不当限制公民权利，起诉警察当局，要求撤销此项命令。最终，普鲁士高等行政法院判决认为，警察当局施行的建筑行政命令违背《普鲁士普通邦法》第10章第17条的规定，[1] 该项建筑高度的限令因为超过行政手段必要限度而不合法。此案之后的一段时期内，必要性原则一度成为警察机关必须遵守的基本行为准则，要求行政机关为促进公共利益而采取的行政手段须获得法律授权，而且不得超过必要性的限度。正如德国学者弗里茨·弗莱纳所描述的那样，“警察不能用大炮打麻雀”，政府权力只能选择最为缓和的行政手段保障公共利益。

必要性原则的早期内涵较为宽泛，一方面包括行政手段的必要性原则，即在目的正义的前提之下，公权力只能选取必要的手段限制或者侵害公民基本权利，相较而言，政府权力需要权衡手段的种类及所能造成的侵害程度等因素，选取损害较小的手段（“必要的手段”）；另一方面包括行政手段的目的必要性原则，即倘若政府权力不具有发动的必要性（非“必要的情形”），公民的基本权利与自由不受随意侵害与干涉。目的是否“必要”需要进行法益权衡与价值判断，结合欲达目的的重要性与紧迫性等因素，在欲达之目的与运用手段达成之目的收益间进行利益权衡。随着20世纪初期社会转型不断深化，社会矛盾激化，社会问题层出不穷，政府的行政权力启动通常被认为属于“必要的手段”。因而，对于政府权力启动的目的必要性关注逐渐弱化，目的与手段的双向必要性判断逐步走向对手段必要性的审查，必要性判断随之转变为对欲达目

---

〔1〕 转引自刘权：《论必要性原则的客观化》，载《中国法学》2016年第5期。

的之诸多手段的损害大小的权衡。20世纪30年代初期，《普鲁士警察行政法》进一步明确必要性原则的基本内涵，将必要性原则等同于最小损害原则。虽然随着公权力不断扩张，目的必要性的审查又重新提上日程，但是目的必要性原则并未再次融入必要性原则的涵义之中，而是成为狭义比例原则（均衡性原则）的重要组成部分。[1]

必要性原则是一个比较性的原则，即在欲达相同目的的诸多手段之间比较选择，选取损害性相对较小的手段。值得注意的是，必要性原则不仅是简单化地衡量哪个手段对公民自由的损害最小，它还牵涉手段与欲达目的间个别地、交互性的复杂价值判断与权衡。[2] 也即是说，并非达成相同目的的诸多行政手段中造成绝对损害最小的手段一定具有最优性，倘若相较于较为温和的手段A，手段B能够更为有效地实现公益保护目的，当两者的有效性实现具有程度差异时，不能仅以侵害程度大小作为判断的根据。否则，手段是否必要性的判断就被简单化为手段侵害程度的裁量，造成国家积极追求公益实现的功能瘫痪。因此，在挑选具有最小侵害性的手段时，不仅应当衡量各个手段造成的损害大小，还应当考虑不同手段对目的的实现程度。具体而言，必要性原则的适用应分解为两个问题，即具有适当性的不同手段的相同有效性与最小侵害性认定。

相同有效性规则是为设定手段侵害比较的最起码标准，即不同手段均具有实现目的的相同妥当性、有效性时，选择较为温和的手段才符合必要性原则。在具体的审查过程中，行政机关为了实现某一特定的公共目的而选择损害性较高的手段并非必然构成行政违法，证成较为温和手段更符合必要性原则，需要提供充足的证据证明较为温和的替代措施在各个方面与行政机关采取的措施具有相同的有效性，并且对于维护公共利益目的具有

---

〔1〕 参见刘权：《论必要性原则的客观化》，载《中国法学》2016年第5期。

〔2〕 参见许玉镇：《比例原则的法理研究——私人权益控制政府权力的法律维度》，中国社会科学出版社2009年版，第60页。

相当的目的达成度。最小侵害性规则，是指在具有目的正义的诸多手段中，在满足具有相同有效性的前置性条件下，选择对行政相对人权利限制或者损害最小的措施。通常而言，应当考虑经济性因素、时间性因素以及行政机关自由裁量权范围等。[1]

（二）满足刑法立法必要性应满足刑罚最后手段与经济性

必要性原则要求立法者在设置新罪或者调整罪刑结构时考虑手段的必要性问题，这就关涉对立法欲达目的诸多手段间的价值抉择问题。有关刑法立法如何适用必要性原则的问题，学界具有不同观点。有观点将刑法立法中的必要性原则细分为“最小侵害原则”、“最后手段原则”以及“刑罚经济原则”。[2] 也有观点从“相同有效性”与“最小侵害性”两个逻辑层面理解必要性原则，强调满足必要性原则需要在实现立法目的的诸多手段间选择最优的，并且对公民的基本权利的限制与压缩最小。除此之外，刑罚手段的节制也是必要性原则的题中之义。[3] 实际上，虽然两种观点关于刑法立法适用的必要性原则表述存在差异，但所解读的必要性原则两个层面与“最小侵害原则”、“最后手段原则”以及“刑罚经济原则”的内涵具有相通性，而二者的实质内涵基本相同。

刑法立法贯彻必要性原则应当强调刑罚的最后手段性与刑罚的经济性，但是认为立法者选择是否为了优先保护某些利益而限制或压缩公民的基本权利的内容应当属于均衡性原则的审查范畴。原因在于：一方面，正

---

〔1〕参见许玉镇：《比例原则的法理研究——私人权益控制政府权力的法律维度》，中国社会科学出版社2009年版，第61～64页。

〔2〕其中，满足“最小侵害原则”需要比较立法的行为侵害性与手段必要性，前者需要权衡欲达目的的诸多手段对基本权利的侵害程度；后者强调考虑诸种手段具有相同有效性时，欲采取的手段都是具有必要性及损害较小。满足“最后手段原则”则是强调考虑刑罚手段是否为穷尽一切其他手段之后的必要选择。满足“刑罚经济原则”要求立法考虑刑罚资源投入的成本与收益，是否满足以最小投入换取最大刑罚收益的功利性目的。参见陈晓明：《刑法上比例原则应用之探讨》，载《法治研究》2012年第9期。

〔3〕参见姜涛：《追寻理性的罪刑模式：把比例原则植入刑法理论》，载《法律科学（西北政法大学学报）》2013年第1期。

如前文对必要性原则内涵的历史梳理，虽然早期的必要性原则内涵较为宽泛，包含目的的必要性与手段的必要性两个方面的审查内容，但是随后已逐渐演变成狭义的内涵——手段的必要性判断，目的必要性的司法审查逐步成为均衡性原则的范畴，行政法领域对必要性原则的界定也倾向于强调手段的必要性〔1〕；另一方面，不可否认，目的必要性的判断中刑法立法目的与效果之间的关系至关重要，但是倘若将目的必要性的审查纳入必要性原则的内涵，可能会引发内涵重叠的困境。其实，相关论著在均衡性原则中也会涉及立法目的所得收益与限制个人自由的损害之间价值权衡的内容。所以，笔者认为刑法立法贯彻必要性原则是指刑罚最后手段性与经济性的价值评判。

必要性原则视域下的刑罚经济原则，强调在满足相同有效性前置性条件下的诸多处断措施中，立法者应当从功利性角度选择最具经济性的制裁措施，用最小的制裁成本获得最大的实际效益（制裁效果）。刑罚手段是否符合必要性原则的要求，关涉刑罚手段与其他手段间的比较问题，包括刑罚手段外的比较与手段内比较两个方面：一是刑罚手段外的比较。倘若刑罚手段与民事手段、行政手段取得的制裁效果相当，由于刑罚作为最严厉的制裁措施，不仅它的强制性与痛苦性最强，而且投入的制裁成本相对较高，此种情形下刑罚手段不具有必要性。二是在刑罚手段体系内比较。正如意大利著名刑法学家贝卡里亚所言：“一种正确的

---

〔1〕 例如，一些行政法学者将必要性原则定义为“在有多种方式达到同一目的时，在不减弱目的实现程度的情况下，应尽可能地选择损害最小的方式”，或者“必要性原则，又称最少侵害原则、不可替代原则，或称为最温和之手段原则，是指如有许多措施可实现行政目的，则必须选择那些最有必要的，而所谓最有必要就是选择对公众不会造成损害或损害最少的措施”，再或者“公权力行为欲侵犯人民之基本权，而有几种可能的途径可寻时，公权力机关应选择对于人民损害最小的方法为之”。参见李荣珍、王进：《论行政比例原则》，载《法治论坛》2007 年第 3 期；杨临宏：《行政法中的比例原则研究》，载《法制与社会发展》2001 年第 6 期；姜昕：《比例原则释义学结构构建及反思》，载《法律科学（西北政法大学学报）》2008 年第 5 期。

刑罚，它的强度只要阻止人们犯罪就够了。”[1] 刑罚手段的严厉程度大于犯罪带来的好处，就可以认为收到了效果。倘若诸种刑罚手段中，严厉程度与抑制犯罪的必要性不成比例，超过处罚必要性部分越多就被认为越不具有必要性。

诚然，刑罚作为最严厉的制裁手段，抑制越轨行为的有效性与刑罚外的制裁手段往往不可同日而语。又或者说，刑罚与民事、行政等其他制裁手段相比，难言是“最小损害”。然而，倘若不顾刑罚手段与其他手段的有效性差异，而一味强调在诸多手段之间选择损害最小的手段，难以满足应对风险社会与国家福利的需求。倘若因为忌惮刑罚手段必要的“恶”而弱化目的正当性与必要性，反而可能会造成刑罚权启动的“过度化”限缩，使其作为法律与社会控制手段的地位名存实亡。[2] 为了避免出现简单追求手段最小损害性而固化刑罚的治理范围，可以植入必要处罚的理念，从社会政策、刑事政策与犯罪学等多角度处罚，选择合理的治理手段。一方面，强调刑罚手段作为社会治理手段之一，应当尽可能地保留其最后手段的属性；另一方面，避免必要性判断走向损害性大小极端单一化判断，在其他手段无法完成保护法益的重任时出现治理“缺位”。

三、遵循立法均衡性原则

（一）均衡性原则强调手段侵害利益与收益的均衡

均衡性原则，是指公权力采取的行政措施对公民基本权利、公共利益造成侵害，不得过分超过行政目的实现所获得的收益，换言之，行政机关的治理措施对公民基本权造成的损害与其保护的社会公共利益之间应符合一定比例关系。所以，均衡性原则又称为狭义的比例原则。

---

〔1〕［意］贝卡里亚：《论犯罪与刑罚》，黄风译，中国大百科全书出版社1993年版，第37页。

〔2〕参见高铭暄、孙道萃：《预防性刑法观及其教义学思考》，载《中国法学》2018年第1期。

根据通说观点，均衡性原则肇始于1958年德国联邦宪法法院作出的药房案判决。[1] 该案起因于德国巴伐利亚邦颁布的《巴伐利亚邦药房法》(以下简称《药房法》) 第3条第1项的规定。[2] 该项规定限制“二战”之后美国政府在“营业自由指令”中赋予药剂师的职业自由权利——药剂师可通过许可，在个人资格、营业场所和设备符合规定的情形下，申请新的药房——只有在居民人口密度证明具有必要性以及保证药房能长期并且毫无瑕疵提供药物需要的前提下，才能许可开设药房。该案最大的争议焦点在于，巴伐利亚邦颁布的《药房法》第3条第1项阻止他人的职业选择自由是否侵害到了公民基本人权，以及是否因此违宪。虽然巴伐利亚邦以公共利益诉求以及促进药房工作效能等维护公益为抗辩理由，但是德国联邦宪法法院最终以《药房法》第3条第1项侵犯《德国基本法》第12条第1项[3]保护的基本人权，判定此法违宪，并在判决中确立了比例原则。联邦宪法法院在判决中认为只要经过合理的公共利益的考虑并显示出手段的合目的性，那么对职业从事自由的限制规则就具有适当性，但是，对于职业成员进行何种限制以及给予限制的程度应当根据行政权力防止公众利益遭受侵害的具体程度予以确定。而且法院明确指出，只有在防止公益利益即将遭受现实的严重侵害或者危险时，行政权力对职业选择自由的侵害才具有正当化的根据。[4] “药房案”对于均衡性原则的确立具有里程碑意义，此后，均衡性原则成为比例原则的重要组成部分。

均衡性原则作为比例原则最后一道“安全阀”，对于具有目的正义性

---

〔1〕 参见李荣珍、王进：《论行政比例原则》，载《法治论坛》2007年第3期。

〔2〕 转引自刘权：《目的正当性与比例原则的重构》，载《中国法学》2014年第4期。

〔3〕 《德国基本法》第12条第1项规定，所有德国人均有自由选择其职业、工作地点及训练地点的权利，职业的执行需依法律管理。转引自蒋红珍：《职业自由限制与比例原则适用——读德国“药房案”判决》，载李昕主编：《燕京法学：法律适用与解释》，中国民主法制出版社2010年版，第68~69页。

〔4〕 参见蒋红珍：《职业自由限制与比例原则适用——读德国“药房案”判决》，载李昕主编：《燕京法学：法律适用与解释》，中国民主法制出版社2010年版，第68~69页。

与手段必要性的行政措施具有补充性的“截断”作用，是进行价值评判的重要阀门。均衡性原则作为一项制衡性原则，运用此原则审查行政权力是否合乎比例将不可避免地涉及侵害利益与被保护利益之间的价值评判，衡量达成正当目的的利益增进是否超过限缩公民基本权利的侵害程度，从而判断选定的具有目的正当性以及手段有效性且无其他更小损害手段的行政措施是否具有施行的必要性。也正基于此，有学者认为均衡性原则实际上是目的必要性原则。[1]

发挥均衡性原则“权衡利弊”功能的关键在于，如何判断公权力的所保护的公共利益与对公民利益造成的侵害合乎比例。倘若对手段与目的之间的损害与收益是否均衡仅进行高度抽象的评判，不仅会出现均衡原则过于“形式化”的现象，导致均衡性的判断具有主观裁量滥用的危险；而且容易演变成简单化的结果导向评判，从而引发司法专断甚至腐败的风险，不利于行政权力发挥行政职能谋求社会整体福利。从比较法角度进行考察，虽然有的国家法院仍援用“不具有期待可能性”“不均衡的”等较为抽象性的标准判定行政措施不具有均衡性，从而判定其违宪，但是理论界对于如何细化“均衡性”的标准进行了有益的探讨。例如，德国学者罗伯特·阿列克西提出运用数字化的标准理性权衡权利侵害与权力产生收益的均衡性。[2] 也有学者提出应当从事实角度去评判行政行为是否具有均衡性，即决策者应当充分听取当事人的意见，并居中进行客观事实判定。我国学者也在相关论著中提出了较为具体的分析路径与标准。例如，有学者

---

〔1〕参见刘权：《均衡性原则的具体化》，载《法学家》2017 年第 2 期。

〔2〕阿列克西教授将权力侵害的利益与程度转换为“权利”的公约数，对其与行政手段所欲保护权利进行位阶对比，从而判断目的与手段是否具有均衡性。整体而言，分别确定“一个原则未满足程度或损害程度”（分子）与“满足另一个相冲突原则的重要性”（分母），对满足相冲突原则的重要性与未满足程度或损害程度进行位阶判断，然后通过将原则（权利）侵害程度细化为轻度侵犯、中度侵犯和重度侵犯等刻度，权衡两者是否均衡。参见蒋红珍：《比例原则在“陈宁案”中的适用——兼及“析出法”路径下个案规范的最短射程》，载《交大法学》2014 年第 2 期；刘权：《均衡性原则的具体化》，载《法学家》2017 年第 2 期。

提出在"行政行为对公民的权利侵害越强，则行政行为自身正当化的理由也必须随之增强"的总体衡量趋势下，搭建"公民权利受侵害强度"与"公共利益增进程度"进行衡量的整体框架，并在细化两者影响因素的基础上，强调由法官运用经验科学的方法对行政行为侵害面与增益面进行比较、评价。[1] 晚近时期，有学者引入"成本—收益"的经济学分析方法，进一步强化"收益"与"损害"权衡的科学性。[2]

（二）满足刑法立法均衡性需满足利益损益均衡与罪刑配置均衡

刑法立法满足均衡性原则，需要立法者在考量目的与手段是否适当、欲达目的的手段是否具有最小损害性之后，关注刑罚对犯罪人造成的"损害"与刑罚获得的社会增益是否成比例。因此，可以从两个维度进行审视：一是刑法立法贯彻均衡性原则需要权衡刑罚保护的法律利益与刑罚可能造成的利益侵害，从而制约刑法立法的边界；二是通过贯彻均衡性原则，保持犯罪、刑事责任与刑罚三者关系的均衡，禁止基于社会防卫的目的恣意加重犯罪人刑罚，从而实现罪刑配置均衡。具体而言：

第一，刑法立法设置新的罪刑规范需要权衡所欲达成的公益保护目的是否超过给个人自由带来的损失，从而限制刑法立法的边界。如果说行为对个人、社会及国家利益的实质侵害与侵害程度为立法者将这些行为确立为犯罪或者加重处罚提供了正当性的"根据"，那么均衡性原则就是在外部检验运用刑罚达到惩罚目的的必要性，为刑法立法框定正当性的"范围"。刑法的适当范围应当是能够于自由和秩序之间、于个人利益和公共利益之间达成平衡。[3] 公民基本权利作为宪法保护的基本权利，不受公权

---

〔1〕 参见许玉镇：《比较原则的法理研究——私人权益控制政府权力的法律维度》，中国社会科学出版社 2009 年版，第 70 ~ 75 页。

〔2〕 参见刘权：《均衡性原则的具体化》，载《法学家》2017 年第 2 期。

〔3〕 参见［英］威廉姆·威尔逊：《刑法理论的核心问题》，谢望原等译，中国人民大学出版社 2015 年版，第 21 页。

力的恣意限制与压缩。在法治国家中，任何损害或者压缩公民基本权利的行为都必须具备正当化根据，而且必须严守一定的比例与限度。[1] 哪怕这种损害与压缩措施来自国家公权力，同样也必须受到比例原则的约束，否则刑罚的动用缺乏正当性根据。一般情况下，公民基本权利受到公权力限制与压缩的程度越深，权利限制的正当性根据就应当更强。运用刑罚这一有害的“恶”惩治危害行为，需要从刑罚可罚性的角度思考危害行为类型犯罪化的必要性。对此，时延安教授提出剥夺自由惩罚的“量度”可为思考刑罚可罚性提供判断依据。[2] 笔者认为，时延安教授将剥夺自由惩罚的“量度”作为配置刑法范围的标准体现了均衡性原则，将剥夺自由作为边界即是衡量剥夺行为人自由与维护社会共同体基本生活秩序是否合乎比例，从而划定刑法与行政法律的调整边界，制约犯罪的设立。

第二，刑法立法贯彻均衡性原则还要求为具体犯罪配置刑罚须与犯罪以及刑事责任相适应，这与我国罪刑相适应原则的基本内涵相契合。[3] 根据罪刑相适应原则蕴含的均衡理念，犯罪人所应遭受刑罚的“恶”应当与决定罪行严重程度的事实相适应，决定“罪行”严重程度的因素不仅包括行为客观上侵害的价值，还包括行为人对刑法保护价值的对立态度以及行为人再犯罪的“社会危险性”。[4] 具言之，表现为三个方面：其一，行为侵害的价值越重要，侵害的程度越强，罪行越严重，刑罚的正当性根据就越强、程度越高，所以一般情况下侵害生命权的行为的刑罚会重于侵害健康权的刑罚。其二，行为人对刑法保护的利益的藐视态度越强并在意志支

---

[1] 参见张翔：《基本权利冲突的规范结构与解决模式》，载《法商研究》2006 年第 4 期。

[2] 参见时延安：《犯罪化与惩罚体系的完善》，载《中国社会科学》2018 年第 10 期。

[3] 罪刑相适应原则要求刑事立法为具体犯罪行为配置刑罚时，必须保持犯罪、刑事责任和刑罚三者之间的均衡关系，这是比例原则适度、均衡理念在刑法中的具体化。参见于改之、吕小红：《比例原则的刑法适用及其展开》，载《现代法学》2018 年第 4 期。

[4] 参见陈忠林：《刑法的界限——刑法第 1－12 条的理解、适用与立法完善》，法律出版社 2015 年版，第 166～171 页。

配下实施犯罪行为，刑罚非难程度就越高。我国处罚故意为原则、处罚过失为例外的规范设置就体现了行为人对立态度对刑罚的影响。其三，行为人体现的再度实施犯罪行为的危险性同样影响刑罚的配置。总体而言，立法者为具体犯罪配置刑罚应当与行为侵害利益的价值、手段、造成危害结果等反映客观危害程度的事实，主观罪过等反映主观恶性大小的事实以及其他反映人身危险性的事实相协调。这就意味着，不仅是《刑法》分则体系内罪与罪之间的罪刑梯度应当建立在上述事实的基础之上，而且个罪内部的罪刑配置也应当符合均衡性的要求，基本犯与加重犯的法定刑配置要与罪行严重程度相适应，反之亦然。

第三节　遵守“多次”有关规定司法适用的基本规则

司法适用规则是司法机关在相关案件裁量过程中应当遵循的适用方法和准则，是罪刑相适应原则等刑法基本原则以及刑法基本价值诉求在具体案件中的体现。前文梳理的“多次”规定适用问题与缺乏明确的司法适用规则或者对适用规则存在误读有关，因此，应当深入研究“多次”规定的立法与司法实践，制定合理的适用规则。总体而言，为了解决前述司法适用问题，充分发挥“多次”立法规定的功效，适用中应贯彻主客观相统一原则、全面评价原则以及合理释读禁止重复评价原则。本部分拟分别对这三个原则的基本内涵及其在“多次”规定中的展开进行阐述。

一、遵循主客观相统一原则

（一）主客观相统一是刑法的基本价值诉求

主客观相统一原则是现代刑法普遍尊崇的一项基础性原则，曾有学者将其誉为整个刑法理论大厦的节点，也是支撑我国刑法理论的“阿基米德基点”[1]，是我国刑法走向现代化的重要注脚。[2] 主客观相统一原则作为我国的犯罪概念、犯罪构成以及有我国刑法理论关键词之称的“社会危害性”得以建立的依据：不仅社会危害性需要建立在主客观相统一原则的基础之上，而且由于社会危害性内部结构的主客观统一，犯罪构成进而也体现为主观因素与客观因素的相统一。[3] 探知主客观相统一原则的哲学基础，通常认为主客观相统一原则体现了马克思主义实践论有关人类活动的基本规律。根据相关原理，实践活动（人的活动）是人类在一定意志支配下实施的，主观见之于客观的东西。人类通过认识客体的本质与规律，通过“自觉能动性”改造客体，使客体为主体的需要和目的服务。犯罪活动作为实践活动的组成部分，也是人类主客观相统一的反社会实践活动。

从刑法中主客观相统一原则产生的背景来看，主客观相统一原则是在对主观主义与客观主义不断批判与扬弃的基础上发展而来的。刑事古典学派主张行为刑法，是以行为人的客观“单一行为”类型为本位的刑法制度，其认为犯罪是人的理性产物，刑事可罚性是与在行为构成方面加以限定的单一行为或多个行为相联系的，表现为单一行为（有的可能是多个行为）的反应。[4] 申言之，行为刑法以客观的违法行为作为刑事责任的基础。对于行为人是否加以刑事处罚，必须视该行为人对行为是否构成可罚责任的因素而定，采“行为责任”的立场[5]，对于惩罚的根据与对象坚持客观主义的立场。古典学派认为，人人均有平等自由意志，在对行为人追究刑事责任时，无须再对主导行为的主观因素进行判断，仅认识危害行为及结

---

〔1〕参见齐文远、周详：《对刑法中“主客观相统一”原则的反思——兼评主观主义与客观主义》，载《法学研究》2002 年第 3 期。

〔2〕赵秉志教授将主客观相统一原则誉为“我国刑法现代化的坐标”。参见赵秉志主编：《主客观相统一：刑法现代化的坐标》，中国人民公安大学出版社 2004 年版，第 1 页。

〔3〕参见张明楷：《犯罪论原理》，武汉大学出版社 1991 年版，第 20、110 页。

〔4〕参见［德］克劳斯·罗克辛：《德国刑法学总论：犯罪原理的基础构造》（第 1 卷），王世洲译，法律出版社 2005 年版，第 106～107 页。

〔5〕参见张明楷：《刑法的基本立场》，中国法制出版社 2002 年版，第 38 页。

果的有无、大小即认为已查明行为人的主观恶性；刑事实证学派构建的以行为人“危险特征”类型为本位的刑法观念体系，主张“行为人刑法”思想。它认为，刑事可罚性与行为人的人格性相联系，其表现为对行为人整体生活导向的反应。申言之，刑事责任的基础是不法行为显示出的危险人格，刑罚与行为人对社会的危害程度相适应。行为人不是因为实施一个行为而有罪，而是因为他是“这样一个人”而受到法定责难，行为人需负“生活操行责任”。[1] 持行为人刑法思想的学者对惩罚的根据与对象持主观主义的立场，强调犯罪行为并非科刑的根据，是探知行为人危险性的外部途径，只要通过行为认为行为人具备危险性格，即可追究责任。

主客观相统一原则是批判客观主义与主观主义在认识论局限性的基础上产生的，主观主义与客观主义均认识到了主观因素与客观因素相依存并统一于一体的事实，却忽视了两者相互分离的状况；而主客观相统一原则是在承认两者可相互分离的基础上，在刑事责任的判断过程中，检验主观因素与客观因素是否相统一，是否内在一致，避免认为存在其中一个方面则另一方面就自然存在，根据其中一个方面就可以追究刑事责任的认识论错误。[2] 正因如此，主客观相统一原则在马克思主义哲学实践论的指导下，批判主观主义与客观主义而产生，并且因为能够防止与杜绝主观归罪或者客观归罪侵犯行为人人权，逐渐成为刑法中重要的价值诉求，应当在刑法中的每一章、每一节和每一条都得到充分反映。[3]

（二）主客观相统一包括定罪与量刑的主客观因素统一

其实，从内容层次上看，主客观相统一原则是确定刑事责任有无（定罪）、考量刑事责任大小（量刑）到刑事责任落实（行刑）的具有“全局

〔1〕 参见张明楷：《刑法的基本立场》，中国法制出版社2002年版，第38页；［德］克劳斯·罗克辛：《德国刑法学总论：犯罪原理的基础构造》（第1卷），王世洲译，法律出版社2015年版，第106页。

〔2〕 参见张智辉：《刑事责任通论》，警官教育出版社1995年版，第363页。

〔3〕 参见樊凤林等主编：《中国新刑法理论研究》，人民法院出版社1997年版，第43页。

性”指导作用的原则，包含定罪主客观因素相统一、量刑主客观因素相统一两个层次。

其中，定罪层面的主客观相统一分为广义与狭义两种观点。狭义的观点认为，刑法中的主客观相统一，特别是犯罪构成中的主客观相统一，是指犯罪的主观要素、客观要素间的统一关系。而“统一”是指客观要素与主观要素应当“同时具备、缺一不可”。只有在主观罪过支配下的客观危害行为才可予以定罪。[1] 与此不同，广义的主客观相统一不仅包括犯罪构成内容结构中的主观因素与客观因素应当相统一，还包括司法工作人员认识论中的主客观相统一，即在认定犯罪过程中应当将司法工作人员对案件的主观认识与客观的案件事实相统一。[2]

量刑层面的主客观相统一不仅是指裁定行为人已然之罪的报应之刑应注重主客观相统一，还包括对行为人未然之罪的预防刑的人身危险性（是否存在或者程度大小）的判断结合行为人罪前、罪中和罪后的主客观因素，而“不是纯主观的东西”[3]。例如，行为人罪前是否有犯罪前科，罪后是否主动采取措施防止犯罪造成的危害规模进一步扩大，是否存在自首、坦白、立功等客观事实，以及是否积极获得被害人谅解等。而且，刑事责任裁量的主客观相统一不仅指审判阶段的刑事责任裁量应当注重主客观相统一，行刑阶段裁量行为人主观的人身危险性是否减轻或者消失同样应当结合征表行为人人身危险性的一切客观事实予以判断，做到判断根据与客观事实相统一。通过行为人的客观行为表现，如是否遵守监规、是否具有悔改表现等判定行为人是否接受教育改造、接受改造的程度，以及是否具有再犯罪的危险。

---

〔1〕 参见王勇：《定罪导论》，中国人民大学出版1990年版，第34页。
〔2〕 参见陈兴良：《刑法哲学》，中国政法大学出版社1997年版，第574页。
〔3〕 石经海：《量刑个别化的基本原理》，法律出版社2010年版，第46页。

（三）定罪时主客观因素相统一是主客观相统一原则的重要方面

定罪，是法院依据刑事法律确认某一行为是否构成犯罪、构成什么犯罪以及重罪还是轻罪（是构成某个犯罪的基本犯还是加重犯或减轻犯）的一种刑事司法活动[1]，需要在贯彻主客观相统一原则的基础上，综合考虑反映犯罪行为社会危害性的主客观因素，为量刑选定正确的量刑基准。而按照主客观相统一原则，社会危害性的体现和评价依据不仅包括犯罪行为及其危害后果等客观方面因素，也包括犯罪的故意、过失即作为构成要件的目的甚至动机等主观恶性因素。在具体判断中，表现社会危害性的犯罪构成主客观要件应当在犯罪构成这个有机统一整体中予以判断，任何要件都不能脱离其他要件进行孤立判断。以作为犯罪客观要件中的“行为”为例，“行为”的判断有赖于其与主观要件、主体要件以及客体要件组成的犯罪构成整体的成立，“犯罪客观要件中‘行为’的客观性质、存在形式及存在范围，都必然要受犯罪构成的其他要件的制约”[2]。

具体表现为：第一，只有满足犯罪主体要件的行为人实施的行为才能作为犯罪构成客观要件中的“行为”。只有行为人具有刑事责任能力或者《刑法》分则中规定的特殊身份要件，才能成为犯罪客观要件中的“行为”；反之，行为人未达法定刑事责任年龄或者不具有实施犯罪的特殊身份，即使行为人实施的行为形式上满足一定行为类型特征，也不构成犯罪客观要件中的“行为”。例如，构成私自开拆、隐匿、毁弃邮件、电报罪要求行为人具有邮政工作人员的身份，如果主体身份阙如，即使实施私自开拆或者隐匿邮件、电报行为也不构成此罪。第二，犯罪客观要件中的“行为”有赖于客体要件存在。也即是说，是否成为“行为”离不开具体犯罪对象的存在状态判断，离开具体犯罪对象的存在状态则

---

〔1〕 参见陈兴良：《刑法哲学（修订三版）》，中国政法大学出版社 2004 年版，第 595、641 页。

〔2〕 陈忠林、徐文转：《犯罪客观要件中“行为”的实质及认定》，载《现代法学》2013 年第 5 期。

无法区分行为人是举刀实施抢劫行为还是戏谑地在朋友面前对着空气乱砍。第三，构成犯罪客观要件的“行为”离不开行为人主观罪过的有无以及具体内容、形式的判断。这不仅表现在主观罪过的有无影响是否成立犯罪客观要件中的“行为”，因为“行为人的行为在客观上虽然符合客观不法构成要件所描述的行为情况，但是行为人主观上并不具有构成要件故意者，仍不构成犯罪”[1]，如正当防卫、紧急避险行为；而且还表现为主观罪过的具体内容影响“行为”性质、内容的判断，如主观罪过是否具有杀人的故意是区分举刀故意伤害致人死亡行为与故意杀人行为的关键。除了结合客观事实查清行为人主观罪过的具体故意内容外，无法区分行为的性质。值得注意的是，对于行为人实施的多个行为是成立一罪还是数罪也需要根据罪过的具体内容及其实现程度予以判断。例如，手段行为和目的行为是否存在“牵连关系”，进而成立牵连犯以一罪处理，需要客观行为围绕追求“一个终极的、同一的犯罪目的”[2]，并在其支配下实施手段行为与目的行为。也正是因为行为是在一个罪过支配下，结果行为并未脱离目的行为的主观罪过认识与控制范围，并且体现为客观的数行为之间具有手段与目的、原因与结果的关系，才可认定存在牵连关系。[3]

(四)“多次”的次数认定应当贯彻主客观相统一原则

就作为入罪条件的“多次”有关规定和作为加重处罚条件“多次”有关规定而言，“多次”的次数判定应当遵循主客观相统一原则。主要原因在于：一方面，无论是作为入罪条件“多次”有关规定中的单次行为还是作为加重处罚条件“多次”规定中的单次行为，作为刑法意义上规范评价的“行为”，总是行为人基于行为意志，拟对外界事物产生或可能产生一

---

〔1〕 林山田：《刑法通论》(上)，北京大学出版社2012年版，第171页。

〔2〕 高铭暄、叶良芳：《再论牵连犯》，载《现代法学》2005年第2期。

〔3〕 参见张二军：《牵连犯中的牵连关系研究》，西南政法大学2010年博士学位论文，第141～142页。

定影响的活动，是主体要件或者主观要件的客观化。因而，从行为的客观产生规律而言离不开主观因素的判断。另一方面，离开主观罪过具体内容的判断，难以查明多次行为的因果进程，无法准确判定构成一次还是多次。对于次数的判断，如果行为人仅实施一次行为，则构成一次，通常不存在争议；争议的问题在于，行为人实施多个行为时是成立一次还是多次。离开主观要件的具体内容、形式的判断，难以言明多个行为的因果关系，从而通过把握多个行为的具体联系进而判定行为次数。倘若仅以客观的空间大小、时间长短等因素作为判断标准，不仅容易步入机械解释的窘境，而且容易将数个独立行为作为一次行为处理，导致轻纵犯罪；或者反之，将一次行为作为多次行为处理，不当增加行为人的责任非难。如前述将“蚂蚁搬家”式地连续盗窃同一辆车上的财物解释为多次便是很好的例证。

二、释读禁止重复评价原则

禁止重复评价原则的价值内涵，可以追溯到古罗马法时期的诉讼竞合制度。尽管古罗马法学家乌尔比安的《论告示》与法学家盖尤斯的《论行省·告示》中所指的诉讼竞合制度属于诉讼法的问题，但是其“同一侵害事实不得作多次重复评价”的内容蕴含了禁止重复评价的精神，并逐渐在刑事实体法中得到贯彻。[1] 同时，禁止重复评价原则在我国宪法与刑法中虽然没有明文规定，但是其价值内涵与罪刑法定原则、罪刑相适应原则的要义相一致，并在事实上成为指导刑法立法、司法的重要刑事法治原则。[2] 判断作为入罪条件“多次”规定中的“次”是否包含受过行政处罚或者刑事处罚的行为，以及解读视情况考察入罪或者加重处罚条件“多

〔1〕 参见［意］桑德罗·斯奇巴尼亚：《民法大全选译：司法管辖权·审判·诉讼》，黄风译，中国政法大学出版社1992年版，第73页。
〔2〕 参见皮勇、王刚、刘胜超：《量刑原论》，武汉大学出版社2014年版，第448~449页。

次”规定中“未经处理”的内涵，关键在于受过行政处罚和刑事处罚的行为作为“次”是否违背禁止重复评价原则。笔者认为，行政处罚与刑事处罚都具有一致的公共性能与公法性能，不能仅从两者的性质差推异导出双重处罚的合理性；对同一事实的不同侧面、属性再次评价不违背“不得重复评价”的要求，而对主观危险性的多次评价与禁止重复评价原则相悖。具体而言：

（一）行政处罚与刑事处罚性质相异不代表一律“双重处罚”

受过行政处罚后的行为是否能够纳入刑事制裁的范畴予以再次评价是一个聚讼不断的话题。如果以行为所受评价的性质作为判断是否存在处罚竞合问题的依据，刑事处罚与行政处罚是两种性质不同的处罚，对行为进行不同性质的评价符合禁止重复评价原则不无道理。但问题在于，行政处罚与刑事处罚是否具有相同属性，进而判断是否能够进行双重处罚的问题不能片面依据给予处罚的性质，而应当结合处罚的内容、责任结果、功能等方面因素综合判断。从行政处罚与刑事处罚的性能、惩罚内容及方式等方面来看，两者具有较高的同一性。具体原因在于：

一方面，行政处罚与刑事处罚在责任追究的范围与指向性等方面具有一致的公共性能。虽然按照通说观点，刑事处罚与行政处罚具有“质”与“量”的差异，但是刑法处于行政法的保障法地位决定了，行政处罚与刑事处罚所保障的社会关系具有很大的重合性与一致性。行政法领域规范文本中大量存在的“……构成犯罪的，追究刑事责任”规范模式表明了，刑事责任与行政责任在公权力制裁层面的“无缝衔接”[1]。这从侧面展现出了行政处罚与刑事处罚在处理公共事务层面责任追究指向性以及保护的社会关系具有一致的公共性能，并均“统一于国家对越轨社

〔1〕参见吴振宇：《行政处罚与刑罚交错适用之困境与出路——从“永帮公司诉枣庄国税局税务行政处罚案”展开》，载《当代法学》2013年第5期。

会成员的制裁”[1]。因而，从国家权力配置的正当性根据上讲，不得恣意行使行政、司法的公共职权，否则就背离国家运用公权力保障公民基本人权的法治理念。

另一方面，行政处罚与刑事处罚在处罚内容与方式上具有相通性，“双重处罚”并非刑事处罚与行政处罚适用的普遍面向。从行政处罚与刑事处罚的责任追究内容与形式上看，行政处罚与刑事处罚在对公民、法人剥夺、限制或者压缩的权益性质上具有相通性。例如，作为行政处罚的拘留与作为主刑的拘役或者有期徒刑，作为行政处罚的罚款与刑事处罚中的罚金、没收财产与没收违法所得等。在此情况下，二者在同一行为的管辖与适用上应具有分工，行为危害程度较低的，由行政机关依照相关行政法规作为行政违法行为处理；一旦达到应受刑事处罚的程度则构成犯罪，由司法机关按照刑法处理，在行政处罚与刑事处罚间择一适用。[2] 可能有观点质疑，认为我国行政法规中设置的刑事处罚后补充适用行政处罚的规定为两者的并罚提供了法律根据，如《食品卫生法》中规定“生产经营不符合卫生标准食品构成犯罪的可以同时吊销许可证”。笔者认为，这种情况不能推导出行政处罚与刑事处罚实行并罚具有普遍性的观点。毋庸讳言，行政处罚措施对刑事处罚具有补充作用，行为人通过行政管理职权获得的具有行政职权专属性质的相关许可或者权益，可以在适用刑事处罚之外运用行政处罚的形式限制或剥夺，避免出现处罚不足的情形。然而，作为“择一适用”的例外，行政处罚措施与刑事处罚的合并适用需满足两种处罚措施属于不同属性或者行政处罚

〔1〕 陈伟、赵赤：《多次犯中的行政处罚与刑罚交叉适用问题研究》，载《西南政法大学学报》2017 年第 4 期。
〔2〕 参见王周户、王漾：《论行政处罚的适用条件及其与刑罚的适用关系》，载《法律科学（西北政法大学学报）》2011 年第 3 期。

措施具有行政职权专属性质时才可补充适用。[1]

（二）“禁止重复评价”不禁止不同侧面、属性再次评价

关于如何定义禁止重复评价原则，学界有犯罪构成事实说[2]、案件事实说[3]、行为事实说[4]以及事实或情节说[5]四种具有代表性的观点。犯罪构成事实说不当地限缩了禁止重复评价的界域范围，将影响刑罚裁量的量刑事实排除在外；案件事实说由于“案件事实”的内涵外延较为模糊，对司法实践的指导作用不强；行为事实说同样也将禁止重复评价的对象限缩为“行为事实”，存在评价对象过窄的问题。目前通说观点认为事实或情节说较为合理[6]，只是对重复评价的具体判断以及不得“不利被告人重复评价”的限定是否合理的问题存在争议。有学者进一步修正事实或情节说，提出禁止重复评价原则不仅禁止不利于被告人的重复评价，有利于被告人的重复评价同样有违罪责刑相适应原则；并认为分别提取同一事实的不同侧面或不同属性的不同具体对象给予的评价并非禁止重复评价原则所禁止的“同一事实的多次评价”[7]，笔者认为是合理的。例如，倘若行为人运用致被害人死亡的暴力手段实施抢劫行为，将使用暴力作为行

---

〔1〕参见叶群声：《行政处罚与刑罚的适用衔接》，载《江西社会科学》2004年第3期。

〔2〕犯罪事实说认为，刑法上的重复评价是指在定罪量刑时对同一犯罪构成事实予以两次或两次以上相同性质的法律评价。参见陈兴良：《禁止重复评价研究》，载《现代法学》1994年第1期。

〔3〕案件事实说认为，重复评价实质在于定罪量刑时对同一案件事实重复评价。参见石金平、游涛：《量刑重复评价相关问题研究》，载《中国刑事法杂志》2010年第3期。

〔4〕行为事实说认为，刑法上的重复评价是指对反映同一不法内涵和同一反规范人格态度的同一行为事实进行重复使用。参见王明辉、唐煜枫：《论刑法中重复评价的本质及其禁止》，载《当代法学》2007年第3期。

〔5〕事实或情节说认为，重复评价是指对于同一事实或者情节，在定罪或量刑上作不利于被告人的多次评价。参见张明楷：《刑法格言的展开》，北京大学出版社2013年版，第526～527页。

〔6〕参见熊亚文：《刑法上禁止重复评价原则之界定》，载《黔南民族师范学院学报》2014年第1期。

〔7〕参见石经海：《黑社会性质组织犯罪的重复评价问题研究》，载《现代法学》2014年第6期。

为人构成抢劫罪的犯罪基本事实，而将致人死亡的暴力程度作为量刑情节不违背禁止重复评价原则。[1]

（三）主观危险性给予两次评价违背禁止重复评价原则

禁止重复评价原则禁止对“同一事实”同一侧面或者属性、目的的多次评价。如果将已经受过刑事处罚的行为作为体现行为人主观危险性的事实再次评价为另一同种犯罪的定罪情节，受过刑事处罚的事实同时满足《刑法》第65条的累犯规定，则违反了禁止重复评价原则。从功能上分析，将已经受过刑事处罚的行为再次评价为另一同种犯罪的定罪情节，如盗窃罪将“曾因盗窃受过刑事处罚”作为“数额较大”的“打折条款”，即因为盗窃受过刑事处罚之后，再次实施的盗窃行为达到“数额较大”标准的50%就可认定为盗窃罪。将受过刑事处罚的事实作为定罪情节，是考虑到行为人屡教不改的主观危险性，从而降低入罪门槛处理。[2] 而累犯从重处罚根据也是行为人再次实施犯罪行为的主观危险性较高，从而对其从严惩处。刑事处罚前科在累犯与作为“打折”根据的功能一致，如果同时适用就违反了禁止重复评价原则，司法中应当予以避免。

三、充分贯彻全面评价原则

（一）全面评价原则是罪刑相适应原则的内在要求

何为全面评价原则？它的界域范围为何？学界的认识并非完全一致。有观点将全面评价原则界定为量刑情节合理使用的基本原则，认为该原则是区别于量刑适用规则的、专门针对量刑情节的适用环节而言的原则，与具体评价原则和禁止重复评价原则并列作为量刑情节合理适用的关键性原

---

〔1〕 周光权教授也认为，“是否存在暴力”与“暴力的具体程度、造成的损害后果等”，前者可作为定罪情节，后者可作为量刑情节。参见周光权：《论量刑上的禁止不利评价原则》，载《政治与法律》2013年第1期。

〔2〕 参见胡云腾、周加海、周海洋：《〈关于办理盗窃刑事案件适用法律若干问题的解释〉的理解与适用》，载《人民司法》2014年第15期。

则。如此主张，旨在强调在刑罚裁量过程中应当将所有可能体现行为社会危害性、行为人人身危险性的主客观事实情状进行全面的考量，不得有所忽视或者遗漏[1]，特别是“应权衡、综合考虑一切对于行为人有利与不利的情况”[2]。也有观点将全面评价原则界定为一项定罪原则，旨在强调司法机关在刑事裁判过程中应当对各个构成要件的主客观因素进行全面评价，认为如果结合主客观事实判断某个犯罪的主客观因素已经充足，则可以认定成立相关犯罪。[3] 还有观点认为，全面评价原则，是指“用尽原则”，不仅是一项定罪原则也是量刑原则，强调在司法裁量过程中，“应尽可能将所有不法、罪责要素都完整、无遗漏地涵括于定罪、量刑的刑法评价之中”[4]。笔者认为，全面评价原则的功能界域不应局限于定罪或者量刑中某一个领域，而应是罪刑相适应原则对定罪、量刑司法活动的基本要求。正如学者所言：“贯彻全面评价原则，应注意定罪全面评价和处断全面评价二者不可偏废。刑法对刑法的评价，是犯罪宣告和刑罚宣告一体的综合评价……如果只有定罪的全面性而缺乏处刑的全面性，则刑法对行为的评价只能仅具有形式上的全面性，而缺乏实质上的全面性。”[5]

罪刑相适应从观念到原则的嬗变历史，实质上就是一部刑罚的进化史。[6] 罪刑相适应原则来源于古老的报应观念，甚至可以追溯到人类社会的起源。正如法国社会学家埃米尔·德克海姆所言：“没有哪一个社会会不存在刑罚必须与犯罪相对称的规则。”[7] 发源于原始的“以牙还牙、以

---

〔1〕参见敦宁：《量刑情节适用的基本原则》，载《河北大学学报（哲学社会科学版）》2012年第6期。

〔2〕马克昌：《刑罚通论》，武汉大学出版社1999年版，第352页。

〔3〕参见甘添贵：《罪数理论之研究》，中国人民大学出版社2008年版，第5～6页。

〔4〕陈山、蔡鹤：《罪刑法定原则、罪刑相均衡原则与法条竞合之特别关系》，载《中国刑事法杂志》2013年第2期。

〔5〕许玉秀：《当代刑法学思潮》，中国民主法制出版社2005年版，第810页。

〔6〕参见刘邦明：《罪刑相适应原则及其应用》，法律出版社2017年版，第52页。

〔7〕Ernest van den Hang: *Punishing Criminals: A Very Old and Painful Question*, Basic Books, 1974, p. 191. 转引自邱兴隆：《配刑原则统一论》，载《中国社会科学》1999年第6期。

眼还眼”因果报应观念，罪刑相适应原则作为刑法中的一项重要原则，是近代启蒙运动人权保障观念的产物。意大利刑法学家贝卡里亚在《论犯罪与刑罚》这本小册子中第一次系统提出了罪刑相适应原则，“犯罪对公共利益的危害越大，促使人们犯罪力量越大，制止人们犯罪的手段就应该越强有力。这就需要刑罚与犯罪相对称”[1]，阐明了其公正性、正义性的核心价值。除了贝卡里亚之外，英国功利主义思想家边沁、德国哲学家康德、德国哲学家黑格尔也分别从理论上阐明罪刑相适应的思想，表达资产阶段对罪刑相适应的诉求。[2] 法国大革命胜利之后，罪刑相适应原则以规范文本的形式予以确立，1793 年《法国宪法》中所附的《人权宣言》明确提出“刑罚应与犯法行为相适应，并有益于社会”。随后颁布的《法国刑法典》也秉承罪刑相适应原则，在罪刑关系的相关内容中贯彻了罪刑相适应的基本精神。从此，罪刑相适应原则作为刑法中的重要原则被世界各国的刑法典接受，成为一项基本准则。

虽然我国 1979 年《刑法》未明确将罪刑相适应原则作为一项基本原则，但是“罚当其罪、罪刑相称”的相关理念已在总则与分则的相关罪刑配置中得到体现。1997 年《刑法》第 5 条明确赋予了罪刑相适应原则基本原则的地位，规定“刑罚的轻重，应当与犯罪分子所犯罪行和承担的刑事责任相适应”。从罪刑相适应原则的基本内容看，有学者认为罪刑相适应原则是“刑罚一定要和犯罪相称，即罚当其罪”，“决定刑罚的轻重要与犯罪危害性的大小相当，重罪适用重刑，轻罪适用轻刑”[3]。也有学者提出，罪刑相适应是指确定刑罚的时候应当考虑行为人所犯罪行与刑事责任大小，不仅考虑行为的客观危害与主观恶性，还应当充分认识行为人的人身

---

〔1〕［意］贝卡里亚：《论犯罪与刑罚》，黄风译，中国法制出版社 2002 年版，第 75 页。
〔2〕参见张军主编：《刑法基本原则适用》，中国人民公安大学出版社 2012 年版，第 75～76 页。
〔3〕高铭暄主编：《中国刑法学》，中国人民大学出版社 1989 年版，第 34 页。

危险性程度。[1] 作为刑法的基本原则，罪刑相适应原则是所有刑法立法与司法应当遵循的基本准则。为了实现对行为人所犯罪行“罚当其罪、罪当其罚”，对于刑法立法而言，需要合理衡量罪刑之间的对应关系，通过在总则与分则中确立科学严密的刑罚体系、合理的刑罚方法、规定区别对待的刑罚裁量原则与执行方法并准确为分则罪名配置对应幅度的法定刑，从而形成合理的罪刑阶梯，为刑事司法起到规制与指导作用；对刑法司法而言，需要处理好“罪质、罪量与刑质、刑量的对应关系”[2]，使追究行为人的刑事责任与犯罪的社会危害性以及行为人的人身危险性程度相适应。

以上对罪刑相适应原则内容的阐述表明，全面评价原则无疑是罪刑相适应原则的内在要求，是保障罪刑适应的重要保障。唯有把“所有不法、罪责要素在定罪量刑中充分评价”[3]，将体现行为实然存在的社会危害以及具有应然惩罚必要的主客观因素充分予以考察与评价，通过分析、考察犯罪事实、刑事与情节，才能综合评价犯罪的社会危害性程度，做到罪与刑的内在均衡。

（二）应当秉持刑罚裁量中定罪事实全面评价原则

在定罪时贯彻全面评价原则，要求在行为罪与非罪、此罪与彼罪以及构成基本犯、加重犯或者减轻犯的裁量中，应当充分考察基本犯罪事实和选定具体法定刑的事实，结合犯罪构成的主客观因素充分考察行为的社会危害性程度。全面评价不仅需要关注满足基本犯罪构成要件的主客观因素，而且对于满足修正犯罪构成要件的未遂犯、预备犯和中止犯等犯罪未完成形态，以及教唆犯、帮助犯等狭义共犯的事实也应当进行全面考察。虽然修正的犯罪构成要件没有造成基本犯罪构成要件规定的危害结果，或

---

〔1〕参见陈兴良：《刑法疏议》，中国人民大学出版社1997年版，第77页。
〔2〕张军主编：《刑法基本原则适用》，中国人民公安大学出版社2012年版，第84~89页。
〔3〕陈山、蔡鹤：《罪刑法定原则、罪刑相均衡原则与法条竞合之特别关系》，载《中国刑事法杂志》2013年第2期。

者危害结果并非由行为人实施引起，但是如果具有应受刑罚处罚的社会危害程度，同样予以充分考虑，否则会造成对具有刑事可罚性的行为未予充分评价，背离罪刑相适应原则。[1] 具体就未遂犯而言，随着处罚早期化的合理性日益受到重视，人们普遍接受行为所制造的法所不容许的侵害危险同样具有处罚的必要性，对于不符合基本构成要件结果要件但具有处罚必要性的未遂行为同样可纳入犯罪圈予以评价。

现行刑法有关“多次”的规定将行为人的多次行为作为犯罪成立（作为入罪条件的“多次”）或者升格法定刑档次处理（作为加重处罚条件的“多次”）的条件，是否构成规范意义上的“多次”，需要全面评价体现行为社会危害性的主客观因素。构成“多次”中的“次”是否受犯罪形态限制的问题是划定作为入罪条件“多次”与作为加重处罚条件“多次”处罚范围的问题，判断的关键在于是否对案件事实进行了全面评价，是否满足“罚当其罪”的内在要求。解决此问题需要在秉持刑罚裁量中定罪事实的全面评价原则的理念之下，合理解构作为加重处罚条件“多次”规定与作为入罪条件“多次”规定“次”的标准，廓清应否评价未遂行为的基础。原则上，倘若未遂行为能够达到以下标准均可作为“多次”中的“次”。

1. 加重型“多次”中“次”以独立追究刑事责任为标准

如何解构作为加重处罚条件“多次”有关规定中的“次”以及“次”是否受犯罪形态的限制等问题，对于划定其处罚范围至关重要。肯定说、否定说抑或折中说对于未遂形态行为是否评价的限定不一。究其原因，主要在于对作为加重处罚条件“多次”加重处罚根据以及对未遂行为予以评价之基础，即可罚性实质存在认识差异。比较来看，折中说以“可否单独追究行为人的刑事责任”作为判断“次”的标准，在一定程度上具有可取之处。

---

〔1〕 参见石经海、熊亚文：《何以“以刑制罪”：罪、责、刑相适应原则的定罪意义》，载《社会科学战线》2015年第2期。

首先，虽然作为加重处罚条件“多次”规定的处罚是基于客观违法性的提升，体现行为人反规范意识的阶梯性深化，立法规定的侧重点在于多次抢劫、行为人主观恶性较大，整体规模达到情节严重的规范程度，单次行为的形态并非立法者的考虑之列。然而，这种认识不仅违背唯物辩证法关于整体与部分的哲学原理，而且忽视了单次行为的情节判断，存在整体情节判断载体虚置之风险，因而不具有可取性。因为，作为加重处罚条件“多次”是特定犯罪中“情节严重”的具体情形类型化，“情节严重”作为一项综合性的判定，需要通过对案件诸多情节进行综合分析和判断才能认定。当某一情节因素表现特别明显，足以使行为的社会危害性达到加重法定刑的程度时，可直接认定为“情节严重”[1]。而“多次”只是一种对行为次数的统计结论，其本身没有为行为的违法性提供实质根据。多次行为之加重处罚不是由行为的次数多寡，而是由每次行为（部分）所组成的多次行为集合（整体）的实质违法性所决定的。随着行为规模的扩张，整体违法性由量变达至质变。“次”仅是违法性的形式要求，而“次”所承载的违法性才是实质面向；脱离单次行为违法性实质谈及行为次数，不能合理解释作为加重处罚条件“多次”的立法依据。所以，单次行为的情节达到相当严重的程度，才可使数行为综合情节的违法性由量变发生质变，从而适用10年以上有期徒刑、无期徒刑甚至死刑的法定刑。

其次，作为加重处罚条件“多次”是以行为复数作为加重处罚情节的具体情节加重犯。《刑法》第263条第4项中的“多次抢劫”，第292条第1款第1项中的“多次聚众斗殴”，第293条第2款中的“纠集他人多次实施前款行为”等均是其体现。根据刑法原理，具备特定的情节或条件（通常表现为违法所得数额巨大、首要分子、特殊的目的或动机、行为对象复

〔1〕参见利子平、周建达：《非法获取公民个人信息罪“情节严重”初论》，载《法学评论》2012年第5期。

数等）并非情节加重犯适用的充分必要条件，情节加重犯的构成要件应当以基本行为符合犯罪构成为前提，否则将基本行为认定为一般违法行为，更遑论构成情节加重犯〔1〕。虽然作为加重处罚条件“多次”以独立的数次行为构成，理论上并未区分基本情节与加重情节，但是成立作为加重处罚条件“多次”仍应以一次行为构成犯罪为前提。为实现体系内解释结论的逻辑自洽，解释同一罪名内的相同概念应秉承系统性思维，涵盖相同的语义内容。因此，当多次行为中的某一“次”行为具有成立犯罪的必然性时，其余的单“次”行为也应满足符合犯罪的基本构成的条件。没有理由作为“基本行为”的“次”以成立犯罪为必要，而其余的行为仅达到一般违法程度即可。有基于此，2005 年最高人民法院发布的《关于审理抢劫、抢夺刑事案件适用法律若干问题的意见》第三部分“关于‘多次抢劫’的认定”明确规定，多次抢劫“应以行为人实施的每一次抢劫行为均已构成犯罪为前提”。这对解释作为加重处罚条件“多次”的成立条件无疑具有借鉴意义。

2. 入罪型“多次”中“次”以达到行政违法程度为标准

作为入罪条件“多次”规定中的“次”应当达到怎样的危害程度呢？虽然刑法典未对“次”的危害程度进行明确解读，但是理论界与实务界对于相关罪名中作为入罪条件“多次”规定解读已形成较为统一的认识。例如，按照学界通说观点，多次盗窃的成立不以每一次盗窃行为构成盗窃罪为条件，“一次”的社会危害性达到行政违法的程度即可。〔2〕而且，从相关规范文件的精神可以看出，每一次盗窃行为无须达到应受刑事处罚的程度。例如，最高人民法院 2017 年颁布的《关于常见犯罪的量刑指导意见》

〔1〕 参见刘德权主编：《最高人民法院司法观点集成（刑事卷）》，人民法院出版社 2011 年版，第 668～669 页。

〔2〕 参见张明楷：《刑法学》，法律出版社 2018 年版，第 953 页；王飞跃：《论我国刑法中的“次”》，载《云南大学学报（法学版）》2006 年第 1 期。

中明示，多次盗窃达到数额较大以上的，以盗窃数额确定量刑起点，盗窃次数作为调节基准刑的量刑情节；数额未达到较大的，以盗窃次数确定量刑起点。换言之，多次盗窃达到数额较大的，即无须通过“多次”这一行为类型入罪，按照“数额较大”这一行为类型入罪即可；而只有多次盗窃整体未达到数额较大这一入罪标准的情形，才诉诸“多次”这一行为。对“多次”整体如此，对“多次”的每一次更是如此。因此，既然认为每一次行为不以构成犯罪为前提，那么“一次”行为没有必要“以数额巨大的财物或国家珍贵文物为窃取目标”，需要判断的是每一次行为能否达到行政违法的程度。

（三）应当秉持刑罚裁量中量刑情节全面评价原则

根据我国《刑法》第5条规定，刑罚的轻重，应当与犯罪分子所犯罪行和承担的刑事责任相适应。据此，为达到罪刑相适应，需做到刑罚的轻重与行为人所犯罪行相适应、刑罚的轻重与行为人所应承担的刑事责任相适应。这就意味着，刑罚裁量应秉持全面评价影响罪行与刑事责任事实的原则，而不能有忽视或遗漏。根据全面评价原则，量刑时应当充分考虑体现行为社会危害性与行为人人身危险性的主客观事实，无论是说明罪刑轻重程度的法益侵害事实（犯罪形态、手段、时空、环境条件、行为次数等），还是体现行为人再犯可能性大小的罪前罪后事实均应纳入裁量之列。犯罪未遂作为犯罪既遂的修正形态，是影响行为不法侵害程度的重要考量因素。因犯罪未遂“增加危害发生的可能性，产生危害风险”与犯罪既遂“不法阻碍他人利益而导致权利遭受实际危害”间存在侵害程度差异的可能，故而在惩罚上有区分的必要。

对于作为加重处罚条件“多次”中部分行为未遂时的刑罚裁量，应当始终遵循量刑情节的全面评价原则。就作为加重处罚条件“多次”的内部结构而言，每“次”构成行为在客观层面上相互独立，具有存在犯罪未完成形态的可能[1]。基于全面评价原则，在量刑过程中应当充分考虑未遂行为产生的“危害风险”与既遂行为造成的“实际危害”间的差异，以求不法侵害程度与刑罚相适应。

然而，在刑罚裁量中充分考虑犯罪未遂这一可予从宽处罚的情节，应当具有从宽处罚的适格条件。换言之，需要以相关法定刑升格条件存在未遂形态为前提，否则难言是否评价这一情节。解决这一问题需要厘清成立犯罪未遂形态的基本根据。笔者认为，判断法定刑升格条件是否存在未遂形态，应当以符合犯罪构成要件基本品格为前提。因为符合犯罪构成的基本特征，是成立犯罪未遂的必要条件，当法定刑升格条件的犯罪构成基本特征阙如，则阻却犯罪未遂的成立。这是因为“犯罪构成是成立犯罪的标准与规格，有无犯罪构成或具有什么犯罪构成，说明犯罪与非犯罪、此罪与彼罪的界限”[2]。因此，犯罪构成是犯罪成立之依据。犯罪未遂属于未完成的犯罪，是犯罪危害结果（状态）的未得逞而形成的犯罪既遂构成要件特征的修正形态。我国刑法并未框定犯罪未遂的处罚范围，原则上犯罪未遂均可进行刑事处罚。因此，犯罪未遂与犯罪既遂等犯罪形态是在构成犯罪的基础上，即犯罪的未完成形态是在犯罪成立基础之上对犯罪完成形态的修正，犯罪未遂形态的成立应当以符合犯罪构成要件的特征作为基本前提。

具体而言，作为（客观）构成要件，这种品格集中表现在三个方面：第一，为行为违法性实质判断提供根据，即通常情况下可“推定”行为具有违法性的机能（违法推定机能）；第二，划定故意所需要的认识内容和意志内容范围的机能（故意规制机能）；第三，与其他犯罪相区别，从而

---

〔1〕 虽然作为加重处罚条件“多次”被法律拟制为一罪处理，但是从作为加重处罚条件“多次”是否成立的判断路径上看，首先需要考察单次行为的犯罪构成符合性，然后再从整体视域进行是否满足“多次”的判断。所以，从第一层面上说，每“次”行为具有相对独立性。

〔2〕 高格：《定罪量刑的理论与实践》，吉林人民出版社1994年版，第122～124页。

将犯罪予以个别化的机能（犯罪个别化机能）。[1] 此外，因为构成要件的基本特征符合性判定并非法定刑升格条件未遂形态判定的完整评价体系，成立犯罪未遂还需以犯罪未遂的立法规定为基本内容，具体评价应结合分则的具体规定与《刑法》第 23 条之规定进行综合考察。忽视犯罪未遂的具体规定，将会造成理论与实践的诸多困境。[2]

---

〔1〕参见山口厚：《刑法总论》，付立庆译，中国人民大学出版社 2018 年版，第 26～27 页；陈兴良主编：《刑法总论精释》，人民法院出版社 2016 年版，第 137～139 页。

〔2〕例如，众所周知，间接故意犯罪与过失犯罪不存在未遂形态。然而，间接故意犯罪与过失犯罪均具有构成要件该当性，如果误将“前提”作为判定的唯一标准，即会不当地扩大犯罪未遂的成立范围，将间接故意与过失两种责任形式的犯罪纳入未遂的成立范围，造成“未得逞”“意志以外”等犯罪未遂成立条件存在解释论困境。关于《刑法》第 23 条基本内容的相关著述已相当丰富，故本书不具体展开。

第五章　刑法中“多次”有关规定的立法展望与司法协调

通过厘清作为入罪条件的“多次”、作为加重处罚条件的“多次”规定的处罚根据与视情况考察入罪或加重处罚的“多次”规定的内在机理，明晰“多次”规定设立的比例原则以及司法适用的裁量规则，为解决“多次”规定的立法、适用问题提供了基点，本章将在此基础之上分别对立法的设置范围与规范模式进行展望，并具体阐释适用问题的完善路径。

第一节　“多次”有关规定设置范围与模式展望

一、“多次”有关规定的立法设置范围展望

正如马克斯·韦伯所言，若将目的、手段以及附随后果作为行为取向，并且同时把目的与手段、目的与附随后果以及其

他可能的目的相比较，作出合乎理性的价值权衡，就是合乎理性的行为。[1] 比例原则为我们论证“多次”规定设立的限度提供一般性的分析框架，衡量“多次”有关规定增设的实质正当性。比例原则的三个子原则虽然具有相对独立的审核内容，但是三项内容并非横向并列，而是有着层层推进、层层深入的逻辑进路。运用比例原则思考立法是否合乎比例，需要依次进行适当性、必要性与均衡性审查，逐级分析目的是否正当，手段是否有效、手段是否损害最小以及立法的损益是否均衡，并且三项内容的逻辑顺序不能颠倒，否则将会造成适用时的逻辑混乱。[2] 本部分内容将运用比例原则的适当性原则、必要性原则以及均衡性原则分别对三类“多次”规定的设置范围进行展望，以期为“多次”规定的设立提供一项一般性原则。

（一）作为入罪条件“多次”立法规定的设置范围展望

作为入罪条件“多次”规定的设置涉及将原本属于民事、行政违法的行为纳入刑事制裁体系中予以惩处。不可否认，设立作为入罪条件的“多次”规定具有深层次的现实基础与理论支撑，是刑罚预防功能的现实折射。但是，不容忽视的是，倘若过度强调刑罚预防功能，将原本的一般行政违法行为纳入刑事制裁体系，具有造成社会治理过度刑法化、刑罚制裁不成比例的隐忧，从而导致对公民自由权利不当的限制与压缩。由此，为了防范国家刑罚权过度膨胀进而侵害公民人权的弊端，同时又充分考虑犯罪的演变与动态发展对立法技术提出的价值需求，在立法修订时，需要审视将多次违法行为纳入刑事制裁体系目的是否正当、必要性何在、是否会造成刑罚配置不均衡、是否能够取得预期效果等基础性问题。根据比例原则的逻辑进路，防范作为入罪“多次”规定的过度设置应当贯彻适当性原则、必要性原则与均衡性原则。

---

〔1〕 参见［德］马克斯·韦伯：《经济与社会》（上卷），林荣远译，商务印书馆1997年版，第57页。

〔2〕 参见刘权：《目的正当性与比例原则的重构》，载《中国法学》2014年第4期。

1. 坚持作为入罪条件"多次"规定设置的适当性

适当性原则要求一项公权力措施的行使不仅目的具有正当性，而且手段能够达到其预设的目的，即"目的正当"与"手段适合目的"两个方面。反之，如果罪刑规范的设置全然不能实现或者对实现法律利益保护目的没有助益，那么就不具有适当性。对于作为入罪条件"多次"规定而言，由于其目的在于通过处罚特定类型的多次危害行为，从严惩治具有实施某种行为常习性、惯常性特点的行为人，从而预防值得刑法保护的利益受到侵害。因而，只有存在实施某种危害行为具有常习性、惯常性的行为人（而且要求不是"稀罕"之事[1]）并危及值得刑法保护的利益时，才能够设置作为入罪条件的"多次"规定；如果不存在具有实施某种行为呈常习性、惯常性的行为人，或者具有实施危害行为呈常习性、惯常性的行为人但并非刑罚足以规制，则不应设置作为入罪条件的"多次"立法规定，此时设置此类"多次"规定要么不正当（不存在追求的规范目的），要么手段无效（不能实现规范保护的目的）。作为入罪条件"多次"规定的设置满足适当性原则至少应当符合以下三个方面要求：

第一，普遍存在具有实施某种危害行为呈常习性、惯常性的行为人。立法将多次违法行为作为犯罪处理，是为适应惩治具有某种多发性、高发性危害行为的需要。由于行为人一而再、再而三地实施危害行为，体现了行为人具有较高的主观恶性与人身危险性，对其使用相关行政处罚措施捉襟见肘，只能采取刑罚这一更为严厉的处罚措施予以惩处。倘若某种危害行为不具有多发性、高发性的特点，则不具有设立此种规定的事实基础，因而设置此类"多次"规定缺乏具体的规范目的，目的不具有正当性。

---

[1] 根据法谚"立法者不尊重稀罕之事"，对于极为稀罕的危害行为，即使较为严重，也没有必要规定为犯罪。参见张明楷：《刑法格言的展开》，法律出版社 1999 年版，第 109 页。由此，如果行为人常习性实施危害行为具有稀罕性，就没有必要考虑将"稀罕"之事作为犯罪处理。

第二，行为人实施的危害行为侵害了值得刑法保护的利益。这是对行为“质”的要求。申言之，并非所有的社会利益都是刑法的保护对象，“纯粹的道德以及单纯的价值观保护应排除在刑法立法之外”〔1〕。一种有力的观点将“法益”作为框定刑法保护利益的边界，并将法益与宪法相关联，拟为立法者选定刑法保护利益的范围设定宪法边界。〔2〕笔者赞同刑法保护的利益需从宪法上获得正当性根据。因为，从刑罚权的配置角度看，刑法保护的公民基本自由或者生活权益也应当在宪法保护的利益范围之内。倘若相关立法所欲保护的利益与宪法存在冲突，那么将排除其作为刑法保护法益的正当性。然而，我国采用违法犯罪的二元制裁体系，对相关违法犯罪行为进行分层处理，说明并非所有的宪法保护利益均需要动用刑罚予以保护，刑法对法益的保护具有补充性；设定刑法保护法益的范围，可以以宪法保护的公民基本权利为核心，判断具体的法益类型是否属于满足国民生存、发展需要的个人利益以及可否还原为国民的个人利益。〔3〕由此，作为入罪条件的“多次”规定的增设应大体上限于受宪法保护的公民人身与民主权利、财产权利以及与公民切身相关的利益，而对他人的法益不造成实质侵害的无被害人危害行为，以及单纯侵害社会管理秩序与经济秩序的危害行为应谨慎设置此类“多次”规定。

第三，设置相应的罪刑规范能够遏制危害行为。手段有助于目的的实现是作为入罪条件的“多次”规定具有适当性的必要条件。为确保运用此类“多次”规定规制相关危害行为的有效性，需要进一步深入剖析形成危害行为的原因。换言之，应深入剖析利益受到侵害是不是危害行为引发的。例如，当考虑是否将金融违法行为作为犯罪处理时，需要具

〔1〕张明楷：《刑法理论与刑事立法》，载《法学论坛》2017年第6期。

〔2〕参见张翔：《刑法体系的合宪性调控——以“李斯特鸿沟”为视角》，载《法学研究》2016年第4期。

〔3〕参见张明楷：《法益初论》，中国政法大学出版社2000年版，第166~167页。

体分析危害行为是不是现行金融制度管理不善引起的，是不是经济市场化程度不高造成的。倘若是上述因素造成的，应尽可能通过完善体制、推进市场化改革等经济手段使危害行为自身消解，否则“可能出现刑罚无效的效果”[1]。

考虑设置作为入罪条件的“多次”规定目的正当性与手段有效性，可为是否运用这一立法技术将劳动教养中相关事由犯罪化的问题提供框架性思路。在劳动教养制度废除之前，我国采用刑罚、劳动教养和治安处罚三级制裁体系[2]。在劳动教养制度废除之后，如何衔接行政法与刑法从而弥补相关违法行为治理空白是重要的时代课题。其中，将予以治安管理处罚难以达到治理效果的部分行为纳入刑事制裁体系是未来刑法改革的重点之一。[3] 有学者提出可将劳动教养事由予以分类，依据不同对象划分为非违法行为、非常习违法行为、常习性违法行为。[4] 笔者认为，为了满足设立作为入罪条件“多次”规定的适当性，可以考虑在“常习性违法行为”中设置此类“多次”规定。反之，对刑法不予处罚的非违法行为，如不务正业、不服从工作分配（不侵害值得刑法保护的利益），或者不具有常习性的偶发性轻微违法行为（不具有规范保护的事实基础），不宜增加此类“多次”规定予以犯罪化。

2. 坚持作为入罪条件“多次”规定设置的必要性

必要性原则，是指在多种能够达成目的的有效手段中，应当选择对公民基本权利限制或者压缩最小的手段。也即是说，应当选择具有相对最小损害性的手段。必要性原则并非一味追求损害性最小，而是在充分考量实

[1] 何荣功：《自由秩序与自由刑法理论》，北京大学出版社 2013 年版，第 287 页。

[2] 参见储槐植：《刑事一体化论要》，北京大学出版社 2007 年版，第 108 页。

[3] 参见赵秉志、王俊平：《改革开放三十年的我国刑法立法》，载《河北法学》2008 年第 11 期。

[4] 参见赵秉志、商浩文：《论劳动教养制度的废止与刑法调整》，载《法律科学（西北政法大学学报）》2015 年第 3 期。

现目的的有效性程度及手段损害性程度的前提下，选择相对的最小损害，从而避免变成简单化地以损害程度高低作为判断依据。具体到设置作为入罪条件的“多次”规定，满足必要性原则意味着唯有设置此类“多次”规定方能达到惩治某类具有高发性的违法行为。倘若其他损害更小的手段同样能够遏制此类违法行为，则设置此类“多次”规定不具有必要性。这需要立法者在设置此类“多次”规定之时思考：增加“多次”这一行为类型是否必不可少？是否还有其他更为缓和的有效手段能够达到同样的治理效果？具体而言，为充分考虑目的有效性与手段损害性两个变量，应分为相同有效性与异同有效性两种情况讨论。

在具有相同有效性的情形下，应当遵循刑罚经济性原则。申言之，当刑罚与民事、行政等手段能够取得同样的规制效果时，刑罚就不具有不可替代性，刑事制裁就不得介入相关违法行为。尽管从法理上讲，刑法规范比其余规范更为严厉，无须判断两者制裁有效性的问题；实际上，行政处罚手段对违法行为的制裁效果与刑罚手段的制裁效果具有相当性的例子并不鲜见，特别是在前置法的制裁手段包括限制人身自由内容的情形下。例如，对于嫖娼行为，刑法并未将其作为犯罪处理，而是由行政处罚法给予限制人身自由的处罚。因此，倘若结合前置法的处罚措施类型，刑罚手段与民事手段、行政手段具有相同有效性时，运用司法资源投入更多、社会运行成本较高的刑罚手段就不具有必要性。在相同有效性视域下，判断增设作为入罪条件的“多次”规定是否必要，可以参照“成本—收益”经济学研究方法，充分考虑前置法的制裁措施类型；结合司法资源投入、刑事制裁后可能产生的影响、是否存在执法困难等因素综合分析动用刑罚是否必要。其实，作为入罪条件“多次”规定的设立范围演变规律，体现出权衡前置法制裁措施的有效性与刑罚措施运用必要性的立法思维。例如，从前文梳理的“多次”规定演变进程来看，1957 年《刑法草案（初稿）》（第 22 稿）删除了大量此前修改稿中的“多次”规定，究其原因，在于

1957 年国务院颁行了《关于劳动教养问题的决定》（已废止），将不需要判处刑罚，但违反治安管理、屡教不改的行为纳入劳动教养制度的规制范畴。或许因为劳动教养包含限制人身自由的处罚措施，一定程度上能够发挥与短期自由刑相当的制裁效果，基于相同有效性的考量，一些原本可予以刑事处罚的“多次”纳入劳动教养制度中。

在具有异同有效性的情况下，应当遵循刑罚的最后手段性原则。毋庸讳言，并不是刑罚手段应当一律让位于损害较小的民事手段或者行政手段。在社会治安防控体系中，刑法具有其独特的价值。追究刑事责任不仅代表着国家对越轨行为的否定性态度，还包括对实施危害行为的行为人的伦理谴责。[1] 虽然民事赔偿、行政罚款和罚金具有相同的处罚内容，但是相比前两者而言，罚金具有对行为人的标签效应和耻辱效应，对危害行为的预防功能更强。在相较于民事、行政手段，刑罚手段有效性更强的情况下，仍应强调刑罚发动的不得已，即只有在其他手段不足以防控危害行为时，或者仅能通过刑事制裁手段满足公众的正义观念时，才能动用刑罚这一最后手段。申言之，应将民法、行政法功能不能正常发挥的临界点（最高限）作为刑法干预的逻辑起点（最低限）。[2]

循此逻辑，在高利转贷罪与骗取贷款罪等经济犯罪中设置此类“多次”规定应当慎重。以骗取贷款罪为例，立法者设立此罪是为了遏制骗取贷款行为，保护银行等金融机构信贷资金的安全。[3] 不可否认，运用刑罚手段禁止行为人多次运用欺诈手段骗取贷款行为，具有更为强劲的遏制效力。因为，具有剥夺行为人人身自由的刑事制裁手段具有耻辱效应与标签效应，能够达到更优的制裁效果。但是，由于符合次数标准并不必然使

---

〔1〕 参见毛玲玲：《犯罪化与非犯罪化的价值与边界》，载《华东政法大学学报》2011 年第 4 期。

〔2〕 参见梁根林：《刑事法网：扩张与限缩》，法律出版社 2005 年版，第 65 页。

〔3〕 参见郎胜主编：《〈中华人民共和国刑法〉理解与适用》，中国民主法制出版社 2015 年版，第 291 页。

“巨额资金陷入巨大风险”，从而危及银行等金融机构的贷款安全[1]，将“多次”一律认定为犯罪“难以认为是必要的”[2]。实际上，运用私法手段予以调整更符合“成本—收益”的经济原理。或许是这个原因，一些地方司法机关意识到运用刑罚手段惩治“多次”具有处罚过量的风险，对这一入罪标准的适用进行了限缩性纠偏。[3]

3. 坚持作为入罪条件“多次”规定设置的均衡性

均衡性原则，亦称狭义的比例原则，要求立法者在考量目的与手段是否适当、欲达目的的手段是否具有最小损害性时，还应当关注刑罚对犯罪人造成的“损害”与运用刑罚所获得的社会增益是否平衡。对于刑法立法而言，在增设新的罪刑规范之时，不仅需要论证欲予犯罪化的行为具有严重的社会危害性，还需要权衡所欲达到的公益保护目的是否超过对个人自由带来的损失。对于设立作为入罪条件的“多次”规定而言，符合均衡性原则意味着运用“多次”规定限制或者压缩行为人基本权利的程度，“明显小于”[4] 预期产出的社会利益。特别是在“权利相互性”的场合，即公民

---

〔1〕有论者指出，骗取贷款罪“常态的入罪条件是造成‘重大损失’……由于行为人的欺骗手段，使银行或者其他金融机构的‘巨额资金陷入巨大风险’的情况下，才能危及银行或者其他金融机构贷款资金的安全，将其界定为‘有造成重大损失危险的’，才具有相当性”。参见吴杰、张梅：《使用虚假材料骗取贷款的行为定性》，载《中国检察官》2015 年第 10 期。笔者赞同此观点。

〔2〕何荣功：《经济自由与刑法理性：经济刑法的范围界定》，载《法律科学（西北政法大学学报）》2014 年第 3 期。

〔3〕例如，重庆市高级人民法院 2014 年印发的《如何处理当前刑事诉讼案件中亟待解决法律问题的会议纪要》指出：“实践中，在手续上存在一定虚假的贷款行为较普遍，如果不区分具体情形，对符合贷款数额、次数标准的行为一律认定为犯罪，将使相当数量并没有给金融机构造成任何损失，没有社会危害性或者社会危害性明显轻微的企业融资行为受到刑事追究，这有违刑法的基本理念，也不利于维护经济秩序的稳定，不利于促进经济发展。对为了生产经营、生活需要，向金融机构贷款，手续有一定虚假，但没有给金融机构造成损失的，可以不作为犯罪处理。”参见孙国祥：《骗取贷款罪司法认定的误识与匡正》，载《法商研究》2016 年第 5 期。

〔4〕在行政法领域，通常要求限制手段所造成的损害，不得逾越追求目的所获得的利益。但是，正如学者提出的观点，刑罚措施的均衡性应当达到更严格的要求，即明显小于所欲追求的目的获得的利益，否则刑罚手段所造成的侵害与追求目的获得的利益相当，意味着刑罚目的没有实现。参见张明楷：《法益保护与比例原则》，载《中国社会科学》2017 年第 7 期。

基本权利与国家公权力行使存在互斥关系时，应当进行价值权衡。正如阿什沃教授强调的“公民有不被犯罪化的权利”[1]，对涉及公民基本权利的范畴，国家动用刑罚权予以犯罪化应当慎之又慎。不仅在权利冲突的场合应在宪法的框架下进行价值位阶的考量，权衡刑罚介入的限度，而且不能将公民行使基本权利的行为作为犯罪处理。

例如，为规制经济法领域的相关事项而增设“多次”规定时，需要考量通过刑罚遏制多次违法行为是否会抑制公众参与经济活动的积极性，是否会阻碍社会经济的平稳向前发展。又如，国家在行使公权力保障社会管理秩序时，需要权衡秩序保障的价值追求是否会阻碍公民行使言论自由、集会自由等宪法保护的基本权利。禁止将权利行使行为等同于应当予以制裁的扰乱社会管理秩序行为。实际上，《刑法修正案（九)》将“多次扰乱国家机关工作秩序”的行为犯罪化之所以受到学界的诟病，主要原因就在于其将人们参与国家事务的权利行为视为犯罪行为[2]。这可能造成对公民基本权利的不当限制，“不仅难以经受批判性法益概念的检验，也难以通过合宪性审查”[3]。

（二）作为加重处罚条件“多次”立法规定的设置范围展望

作为加重处罚条件的“多次”立法规定是将原本适用同种数罪处罚规则（以一罪从重处罚）的行为升格法定刑档次处理。虽然行为人客观上实施的多次犯罪行为使行为整体的规模扩大，客观危害结果叠加，为立法配置相较基本犯更高的刑罚提供了正当性根据，但是作为加重处罚条件“多

---

〔1〕 参见何荣功：《社会治理“过度刑法化”的法哲学批判》，载《中外法学》2015年第2期。

〔2〕 车浩教授提出，实践中的“缠访”“闹访”行为，往往是涉及公民个人的自由及其发展的事项（如征地拆迁补偿、案件处理等），大部分诉求都有一定根据，即使其方式欠妥，解决或回应这些诉求，也本应是国家机关工作秩序的一部分。参见车浩：《刑事立法的法教义学反思——基于〈刑法修正案（九)〉的分析》，载《法学》2015年第10期。

〔3〕 张翔：《刑法体系的合宪性调控——以“李斯特鸿沟”为视角》，载《法学研究》2016年第4期。

次”规定的设置具有突破责任加重根据[1]预防犯罪的隐忧。由此，与作为入罪条件的“多次”规定相似，为了防范过剩的刑罚侵害公民基本权利，同时充分尊重加强犯罪综合治理对立法技术提出的价值需求，有必要在设置此类“多次”规定之时，接受比例原则的审查。

按照比例原则“三阶”原理，审查作为加重处罚条件的“多次”规定同样需要考察是否满足适当性（目的是否正当、手段是否具有有效性），手段是否具有相对最小损害性，所欲保护的目的是否与保护该目的获得的收益相均衡。由于作为加重处罚条件的“多次”规定成立以单次行为构成犯罪为基础，所以，其与设立作为入罪条件的“多次”立法规定是否符合比例原则的具体判断相比，侧重点有所不同。具体而言，设立作为加重处罚条件“多次”规定应坚持以下原则：

1. 坚持设置作为加重处罚条件“多次”立法规定的适当性

设置作为加重处罚条件“多次”规定时满足适当性原则，同样需要具有目的正当性与手段有效性。简而言之，对于此类“多次”立法规定而言，由于同样体现了立法者对实施特定类型犯罪呈常习性、惯常性的行为人的关注，为从严惩治此类具有高发性的犯罪行为，升格处罚多次犯罪行为[2]；因此，设置作为加重处罚条件“多次”规定要实现目的正当性与手段有效性，不但需要事实层面普遍存在实施某类犯罪行为呈常习性、惯常性的行为人，其实施的行为具有侵害值得刑法保护利益的危害性，而且需要通过设置“多次”规定能够有效地惩治多次犯罪行为。否则，要么因

---

〔1〕根据通说观点，法定刑升格的根据是责任的加重，而不是预防的必要性增大。参见张明楷：《责任刑与预防刑》，北京大学出版社2015年版，第177页。虽然学者提出这一规则排除条文有特别规定的情形，但是作为原则的例外，同样需要考察正当性，从而防止过量风险。

〔2〕毋庸讳言，与作为入罪条件“多次”规定不同，由于成立作为加重处罚“多次”规定需以每次行为构成犯罪为必要条件，促使社会危害性突破加重处罚“界值”的主要因素是多次行为整体的客观危害性，主观危险性（主观罪过和人身危险性）相对处于次要地位，但是不可否认，相对于结果、数额等加重处罚根据而言，此类“多次”规定具有考量行为人人身危险性的偏重。

为不存在具有常习性、惯常性的行为人，使得设立此类“多次”规定的规范目的不真实存在，导致目的不正当；要么因为升格法定刑不能有效遏制多次犯罪行为，导致手段不具有有效性。

一方面，设置作为加重处罚条件的“多次”规定具有目的正当性需要普遍存在实施某种犯罪行为呈常习性、惯常性的行为人，其行为侵害刑法保护的利益。与作为入罪条件“多次”规定不同，此类“多次”规定以每次行为构成犯罪为前提条件，按照立法的设定根据，惩治这些犯罪行为具有保护刑法法益的目的正当性。[1] 所以目的正当性的考察主要集中于相关犯罪是否呈高发态势，从而为此类“多次”规定的设立提供法益保护真实性的基础。这一判断并非一项纯经验性的逻辑推理，而是需要运用犯罪学的相关实证统计分析方法，客观分析犯罪态势，进而为犯罪惩治力度大小、方式等政策的形成提供合理的现实基础。

另一方面，需要审查设置作为加重处罚条件的“多次”规定对惩治多次犯罪行为是否具有促进作用。有学者质疑设置此类“多次”规定对惩治多次犯罪的有效性，认为行为人屡教屡犯犯罪行为的现象表明，刑罚对其作用力较弱，加重行为人的刑罚难以改善行为人的行为，所以加重刑罚意味着惩治目的失效。[2] 笔者认为，不能以刑罚效果（部分）失效的可能性否认设置此类“多次”规定的手段有效性。因为，公法领域的手段妥当性判断依据并非事后的事实发展，而是以行为当时作为审查时限，“本质上是一种对未来事物之预测性决定，而预测始终只是可能性判断”[3]。刑罚功能作为刑法本身可能具有而在动态过程中发挥出来的作用，属于客观

---

〔1〕 目前，学界对于部分无被害人的犯罪以及仅扰乱社会秩序类的犯罪化根据存在质疑，笔者认为不具有犯罪化正当根据的行为自然不能将相关犯罪的多次形态作为加重犯处理，只是相关内容超过本部分的研究范畴，所以预设法定的规范保护目的具有正当性。

〔2〕 参见邓超：《多次加重犯限缩论》，载《中国人民公安大学学报（社会科学版）》2007 年第 4 期。

〔3〕 许玉镇：《比例原则的法理研究——私人权益控制政府权力的法律维度》，中国社会科学出版社 2009 年版，第 57 页。

范畴，不依赖于人的主观意志而转移[1]；如果无视其功能是一种可能属性，必将导致将刑法功能与效果混为一谈，从而将刑罚的功能限于能够显示并能证明的刑罚效果。[2] 所以，在目的正当性前提下，设置作为加重处罚条件的“多次”规定通常符合手段的有效性。

2. 坚持设置作为加重处罚条件“多次”立法规定的必要性

无论是基于法治国家比例原则的基本内涵还是基于我国刑法谦抑性的基本理念，设置作为加重处罚条件“多次”规定应当贯彻必要性原则。必要性原则，是指用以实现目的的手段需具有相对的最小损害性。强调手段的相对最小损害性，旨在说明考虑手段损害性的同时不能忽视手段的有效性因素，而是在考虑手段有效性差异的前提下追求相对的最小损害性。在设置作为加重处罚条件的“多次”规定时贯彻必要性原则，意味着在特定历史条件下，某种具有多发性、常发性的犯罪行为，唯有通过升格法定刑的方式才足以有效遏制时，才能在相关罪名中增加作为加重处罚条件的“多次”规定。立法之初需要审慎思考：对行为人加重处罚予以从严惩治是否必不可少？遏制高发的犯罪态势是否不存在其他更为有效的或者更为轻缓的处罚措施？在具体判断中，需要充分考虑有效性与损害性两个变量因素，区分相同有效性与异同有效性两种情况予以考量。

在相同有效性的情形下，根据“两害相权取其轻”的旨趣，如果对多次犯罪按照同种数罪的一般处理规则（通常而言是以一罪从重处理）予以处理即可达到处罚效果，则没有必要增设作为加重处罚条件的“多次”规定。虽然“治乱世用重典”被奉为我国几千年来治国安邦的要旨，“没有谁敢否定严刑峻法能弹压犯罪”[3]，加重刑罚具有更强的威慑效果。但是，实际情况并非必然如此。分则中，某些犯罪的基本刑起点比较高，按照同

---

[1] 参见储槐植等：《刑法机制》，法律出版社2004年版，第31页。

[2] 参见邱兴隆：《刑罚的哲理与法理》，法律出版社2003年版，第158页。

[3] [挪威] 安德聂斯：《刑罚与预防犯罪》，钟大能译，法律出版社1983年版，第47页。

种数罪的一般处罚规则处理多次犯罪本身就能够起到威慑犯罪的效果，不必然诉诸升格法定刑予以处理。以绑架罪为例，行为人以勒索财物为目的实施绑架行为本身就可处以10年以上有期徒刑或者无期徒刑，没有必要再为“多次绑架”增设升格法定刑。因此，在相同有效性的前提下，贯彻必要性原则“关键是要用最低的刑罚成本换取更大最大的刑罚效果，讲求刑罚的效益”[1]，需要运用“成本—收益”的分析方法判定增设加重型的“多次”规定是否属之损害最小的手段。倘若两种刑罚手段获得效果相同，只有成本小的刑罚才是最符合效益观念的刑罚；成本大的刑罚虽然也是有益的刑罚，但是缺乏经济性，不是最符合效益观念的刑罚。有些罪名基本犯的法定刑较重（原则上基本刑包括无期徒刑时设置“多次”规定应禁止，基本犯的法定最高刑达到10年有期徒刑时应谨慎设置），运用“成本—收益”的分析方法判定设置作为加重处罚条件“多次”规定并非遏制多次犯罪最小损害的手段时，增设此类“多次”规定不具有必要性。

在异同有效性的情形下，应以处罚手段对犯罪的有效遏制作为基点，并在此基础上选择司法资源投入最小的刑罚手段。为了避免一味地追求手段损害性最小，导致难以实现立法者所期望的有效性，在异同有效性情况下，应当确立手段对目的的最低限度的促进程度：手段的最低可接受收益。[2] 然后，在手段的最低可接受收益基础之上，选择相对具有最小损害性的手段。一方面，这一方法可以确保公益保护目的的达成；另一方面，在达成手段最低可接受收益基础上，选择成本最小的手段，满足效益性需求。

就设置作为加重处罚条件的“多次”规定而言，当多次犯罪加重处罚与按照同种数罪的一般处理规则所获得的处罚效果具有差异时，可以在确定处罚多次犯罪所欲达到的最低限度惩罚效果前提下，选择对被处分人权

---

〔1〕 邱兴隆：《刑罚理性泛论：刑罚的正当性展开》，中国检察出版社2018年版，第155页。
〔2〕 参见刘权：《论必要性原则的客观化》，载《中国法学》2016年第5期。

利剥夺最小的手段。至于最低限度的惩罚效果如何确定，属于立法者的裁量范围。笔者认为，结合罪刑关系的相关原理，判断所欲达到的最低限度制裁效果应当坚持报应与功利相统一的基本立场：一方面，应当避免为了追求一般或特殊预防目的，将加重处罚视为遏制犯罪尤其是严重犯罪的最有力手段，从而步入威慑万能论的藩篱。由此，应当用报应限制功利目的[1]。另一方面，应当在报应要求刑罚作出不利于公民而功利要求作出有利于公民的选择时，促使报应让步于功利。以多次犯罪的有效遏制作为最低可接受的惩罚效果，不仅符合报应与功利相统一的基本立场，也是刑罚经济性的应然选择。因为，过剩的刑罚不仅对预防犯罪没有必要，而且是对国家有限司法资源的巨大浪费。[2] 对于是否具有对多次犯罪的有效遏制性，不仅应从国家公权力层面进行解读，还应当从公众的角度入手，判断增设作为加重处罚条件“多次”规定是否符合社会主流价值观念，并运用社会科学实证研究中的统计分析方法，客观分析相关犯罪的增长态势，发挥公众评价的实质理性。

3. 坚持设置作为加重处罚条件“多次”立法规定的均衡性

均衡性原则要求追求目的的手段所造成的损害与实现保护目的获得的收益之间具有衡平关系。设置作为加重处罚条件的“多次”有关规定符合均衡性原则，需要加重处罚多次行为产生的制裁效果（收益）与行为人遭受的权利损失成比例，避免对行为人造成过量的损害。具体而言，应主要把握两个方面：一方面，设置作为加重处罚条件的“多次”规定所保护的法益与其所压缩或者限制的行为人利益是否成比例。另一方面，所欲保护法益受到侵害的程度与行为人权利限制的程度是否具有衡平性。如果说前者用法益位阶为均衡性判断提供了“质”的考量标准，那么后者则是用权

---

〔1〕参见邱兴隆：《刑罚理性辩论——刑罚的正当性批判》，中国检察出版社2018年版，第123～124页。

〔2〕参见姜涛：《比例原则与刑罚积极主义的克制》，载《学术界》2016年第8期。

利限制程度与法益侵害程度的均衡性对此类"多次"规定的设置提出了"量"的考量要求。如前所述，较低位阶公民基本权利的核心遭受严重侵害所造成的危害程度并不必然比较高位阶公民基本权利边沿遭受轻微损害的危害程度低。[1] 所以，在关注损益双方价值位阶的同时，需要关注损益的程度是否均衡。具言之，在利益冲突之时，权衡对多次行为施加的刑罚限度时需要考量：多次犯罪侵害的利益类型与对被处分人限制、压缩的权利类型究竟是平等的，还是存在位阶的高低之别，以及刑罚介入的强度与用以保护法律利益的力度是否均衡。一般来讲，多次行为侵害公民基本权利的核心领域，侵害程度越强；反之，侵害仅触及公民基本权利的外围，则侵害程度越弱。《刑法修正案（八）》取消盗掘古文化遗址、古墓葬罪的死刑体现了均衡性的考量，修正了利用生命刑罚遏制"多次盗掘古文化遗址、古墓葬"等严重盗掘古文化遗址、古墓葬行为[2]体现出"损益"的价值位阶与惩罚强度的不衡平现象。

（三）视情况考察入罪或加重处罚"多次"立法规定设置范围展望

如前所述，视情况考察入罪或者加重处罚"多次"立法规定虽然与徐行犯、集合犯、连续犯、同种数罪的处罚规则存在竞合，但是"合罪定刑"的内在机理不仅在犯罪个数判断层面突破了成立徐行犯（需要行为人故意将一个犯罪行为拆分成数个接续行为并连续实施）、集合犯（需要行为人实施同种违法犯罪是为实现营利目的）的主客观条件限制，而且在数罪处罚层面突破了同种数罪、连续犯的一罪并罚处理规则。申言之，"多

---

〔1〕 参见许玉镇：《比例原则的法理研究——私人权益控制政府权力的法律维度》，中国社会科学出版社2009年版，第71页。

〔2〕 《刑法修正案（八）》出台之前，2009年《刑法》第328条第1款规定："盗掘具有历史、艺术、科学价值的古文化遗址、古墓葬的……有下列情形之一的，处十年以上有期徒刑、无期徒刑或者死刑，并处罚金或者没收财产：（一）盗掘确定为全国重点文物保护单位和省级文物保护单位的古文化遗址、古墓葬的；（二）盗掘古文化遗址、古墓葬集团的首要分子；（三）多次盗掘古文化遗址、古墓葬的；（四）盗掘古文化遗址、古墓葬，并盗窃珍贵文物或者造成珍贵文物严重破坏的。"《刑法修正案（八）》取消了该罪加重犯的死刑。

次”规定涵盖的数额累计处罚规则可以划分为两个部分：一是原本可以按照集合犯、徐行犯等形态处理的部分；二是由于法律规定才予以“合罪定刑”的部分。其中，第一部分规定属于数额累计的注意规定，而第二部分含有法律拟制的成分。由于第二部分相关的数额处理规则不仅涉及将原本的多个行政违法行为作为犯罪处理，而且涉及将原本以一罪从重处罚的数罪，合并数额予以处理，较一罪从重处理处罚更重，有必要在比例原则框架下讨论加重处罚“多次”规定设置的适当性、必要性与均衡性。

首先，设置视情况考察入罪或者加重处罚“多次”规定应符合适当性原则。满足设置此类“多次”规定的适当性，需要具有设置的目的正当性与手段有效性。通常情况下，运用数额累计处罚规则与按照连续犯、同种数罪或者集合犯相关原理处理犯罪数额一样具有有效性，因此，是否满足适当性原则主要考虑通过“多次”规定设定数额累计处罚规则是否具有目的正当性。目的正当性的判断包括以下三个方面：第一，所欲累计的数额能否反映出对刑法保护法益的侵害程度。申言之，需要累计的对象能够用以衡量对个人、社会或者集体的财产性法益造成侵害的程度大小。因为数额并非一个纯粹的数字符号，不能脱离被量化标定的事物而独立存在〔1〕，倘若行为本身没有严重社会危害性的“质”，就没有谈及“量”的必要。第二，与前两类“多次”规定相同，设立此类“多次”规定隐含着严厉惩治实施某种惯常性行为人的立法意图〔2〕，所以设置此类数额累计处罚规则需要以某类违法犯罪具有频发性、高发性为事实基础，否则会存在惩治目的不存在的窘境。第三，“目的本身必须符合宪法”〔3〕，即目的正当性

〔1〕参见张勇：《犯罪数额研究》，中国方正出版社2004年版，第84～85页。

〔2〕例如，按照立法者的说明，设置《刑法》第347条第7款，即“多次走私、贩卖、运输、制造毒品，未经处理的，毒品数量累计计算”的规定，是为了防止犯罪分子钻法律空子，有利于更加严厉地打击毒品惯犯。参见郎胜：《〈中华人民共和国刑法〉理解与适用》，中国民主法制出版社2015年版，第653页。

〔3〕许玉镇：《比例原则的法理研究——私人权益控制政府权力的法律维度》，中国社会科学出版社2009年版，第55页。

需要符合权力行使的合宪性，遵从“无法律、无拟制”的权力限制，法律上的拟制需要以法规明文事先规定为限。此类“多次”规定具有法律拟制成分，关乎犯罪圈大小以及刑罚介入强度的大小，触及刑法设置的根源，应当满足宪法关于立法职权与司法职权的关系原理，防止司法职权恣意侵害公民自由。详言之，设置具有拟制成分的数额累计处罚规则的主体应限定为立法机关。[1] 司法解释为11个非集合犯罪设置数额累计规则有超越司法解释职权之嫌，可以考虑将已形成成熟司法经验的规定通过立法形式予以确立。

其次，设置视情况考察入罪或者加重处罚的“多次”规定应符合必要性原则与均衡性原则。其中，满足设置视情况考察入罪或者加重处罚“多次”规定的必要性，是指在既有罪数理论中涉及的数额处理规则与“多次”规定设置的数额累计处理规则之间选择具有相对最小损害性的手段；根据个罪的具体情况，区分不同数额处理规则具有相同有效性还是异同有效性的情形予以具体分析。满足设置视情况考察入罪或者加重处罚“多次”规定的均衡性，需要权衡设置此类“多次”规定是否会造成对公民基本权利的限制、压缩与数额合并处理达成的惩罚目的之间“不成比例”，从而缺乏正当性根据。具体的分析框架可以参照设置作为入罪条件“多次”规定与作为加重处罚条件必要性与均衡性的判断思路与规则。

二、规范“多次”有关规定存续期限的设置

基于对不同类型“多次”规定设置根据与内在机理的考量，对于作为入罪条件的“多次”规定而言，存续期限是印证行为人的主观危险性的必

---

〔1〕 不可否认，数额累计处罚规则的设置顺应了打击诸如知识产权犯罪、经济秩序类犯罪的紧迫性与现实必要性，但是从立法原理与罪刑法定的基本精神，通过司法解释增设累计规定似乎有超越司法解释权限之嫌。可以考虑将具有设置必要的规定通过立法形式纳入分则或者总则条款之中。

要因素；虽然作为入罪条件“多次”规定与作为加重处罚“多次”规定都以处罚行为人的人身危险性为内在动因，但是作为加重处罚的“多次”规定与作为入罪条件的“多次”规定不同，即以每次行为构成犯罪为必要条件，行为的客观危害性仍是其主导因素，对存续期限无须严格限制；由于视情况考察入罪或者加重处罚的“多次”规定的内在机理在于通过“合罪”对多次行为的整体数额进行处罚，是否需要对存续期限作出严格限制需要进行类型化分析。

就作为入罪条件的“多次”规定而言，因为其是将多个违法行为入罪处理，行为由量变达到质变的关键在于多次行为所体现的行为人较高人身危险性，因而多次行为需要体现行为人违法、犯罪习性的行为间隔时间来“背书”。有基于此，存续期限的规定应是作为入罪条件的“多次”规定的必要要件。就具体的存续期限设置规则而言，无须采用统一化的标准，而是需要与相关行政违法行为的处罚时效相结合，充分考虑不同类型行政违法行为追诉时效的差异性，并注意与刑事政策的理性协同。一般情况下，根据《行政处罚法》第36条第1款规定，违法行为在2年内未被发现的，不再给予行政处罚，法律另有规定的除外。有基于此，对于一般行政违法行为（适用2年追诉时效的行为）可以设置较为统一的标准；而对于追诉时效“另有规定”类型的行政处罚，存续期限的设置应进行具体区分。例如，根据《税收征收管理法》的规定，与税收相关的违法行为的追诉时效为5年，那么存续期限的设置就可以长于一般的2年期限。不过，行政违法行为的追诉时效只是存续期限设置的重要参考，具体的设置仍需结合相关的刑事政策、刑法精神予以判断。

对于作为加重处罚条件的“多次”规定而言，通常情况下，存续期限并非其成立的必要要件。因为与作为入罪条件的“多次”规定不同，虽然两者的处罚根据都体现了对行为人人身危险性的考量，但是，由于作为加重处罚条件的“多次”需要每次行为构成犯罪，此类“多次”的处罚占据主导地位的仍是行为的客观危害性。所以，不需要行为的存续期限来为多次行为整体的社会危害程度“背书”；处于刑法追诉时效之内的行为应当累计。但是，有一个罪名的“多次”规定需要区分处理，即骗取出口退税罪的“多次”加重处罚规定。因为骗取出口退税罪采取了暗示型的“多次”规定，即2002年最高人民法院颁布的《关于审理骗取出口退税刑事案件具体应用法律若干问题的解释》（法释〔2002〕30号）第4条第2项、第5条第2项将“因骗取国家出口退税行为受过行政处罚，两年内又骗取国家出口退税款数额在30万元以上的”“因骗取国家出口退税行为受过行政处罚，两年内又骗取国家出口退税款数额在150万元以上的”分别作为《刑法》第204条骗取出口退税罪的“其他严重情节”（第二档法定刑）、“其他特别严重情节”（第三档法定刑）。此种规范模式与“多次……”不同，因为受过“行政处罚”无法为客观违法性提供助力〔1〕，所以行为整体的社会危害性需要存续期限为其“背书”。这时应设置相应的存续期限，限制“多次”的成立范围。

就视情况考察入罪或者加重处罚的“多次”有关规定而言，数额、数量作为犯罪构成的罪量因素，是行为违法性程度的重要支撑，也是定罪量刑的处罚依据。原则上，数额的累计需要其在能够被规范评价为违法或者犯罪行为的期限之内，根据满足此类“多次”规定的多次行为的形态差异〔2〕，存续期限的设置必要性需要类型化分析：第一，对属于集合犯、徐行犯等形态的部分，无须存续期限的限制，仅需要按照《刑法》第87条与第89条的规定，整体考虑多次行为的追诉时效，无须依次考虑每次行为的存续期限，因为徐行犯本身就属于一个行为。而集合犯由于行为人出

〔1〕 参见吴亚安：《论多次加重犯的“次”》，载《政治与法律》2015年第8期。

〔2〕 按照前文对视情况考察入罪或加重处罚“多次”规定的解析，此类“多次”规定涵盖的数额累计处罚规则可以划分为两个部分：一是原本按照集合犯、徐行犯等形态即可累计数额处罚的部分；二是由于法律规定才予以“合罪定刑”的部分。

于营利的目的[1]，多个行为被并合为一个犯罪构成，属于一个行为，所以每次行为的客观危害程度置于整体行为予以考虑即可，无须单独考虑每个行为。第二，对属于因为法律规定才予以“合罪定刑”的部分，为了合理划分行政处罚与刑罚的界限，有必要再进一步划分类型分析存续期限设置的必要性。按照三种不同的形态[2]，可分为三种情形。第一种是每次行为均构成犯罪的“多次”情况，客观侵害因为行为次数的增加而得以叠加，只要行为仍处于追诉期限之内，构成一次行为，法益侵害（或危险）便会发生。因而，同种犯罪行为的累计仅需满足追诉时效的规定处理即可，无须增加存续期限的限制。第二种是部分行为构成犯罪、部分行为构成违法的“多次”情形，此种情形的“多次”同样不需要存续期限的限制，只要相关违法、犯罪行为未超过诉讼时效，即可予以累计计算。第三种是每次行为均未构成犯罪的“多次”情形，涉及将行政违法行为纳入刑罚调控圈的问题。针对第三种情形，有必要设置存续期限，以免将行政处罚不予处罚的行为作为刑事处罚的对象，造成两法衔接不合理的现象。一般情况下，按照行政违法行为的追诉时效设置存续期限。

三、规范“多次”有关规定中“多”的界定

基于对三种类型“多次”规定设置根据与内在机理的辨析，“多次”是“三次以上”的解释结论并不能当然地运用到视情况考察入罪或者加重处罚的“多次”规定中。此类“多次”规定中的“多次”应当仅是指

---

〔1〕成立集合犯需要行为人具有以实施不定次数的同种犯罪行为营利的犯意倾向。参见林亚刚：《论集合犯》，载《法学研究》2001 年第 3 期。

〔2〕适用此类“多次”规定的违法、犯罪行为可分为以下 3 类犯罪形态：一是行为人多次实施同种行为，且每一次行为涉及的数额、数量均达到犯罪标准；二是行为人多次实施同种行为，且每一次行为均未达到犯罪的数额、数量标准；三是行为人多次实施的同种行为，一部分行为的数量或者数额达到犯罪标准，另一部分则是一般违法行为。笔者认为，除了第二种情形需要通过设置存续期间限制成立范围之外，其余两种类型的规定无须存续期间的“背书”，但需注意追诉时效的规定。

“数次”，即达到两次以上。也即是说，行为达到两次以上即可累计数额或者数量处理，无须达到三次以上。具体原因在于：

一方面，从规范目的上看，视情况考察入罪或者加重处罚的“多次”规定中的“多次”并非表征违法性的基础，决定违法量是否达到入罪或者刑法升格的基础是“多次”行为所引起的法益侵害之结果的叠加。通常而言，就是给被害人造成的财产损失、彰显破坏社会管理秩序程度的走私物品数量或者贩卖、传播淫秽物品的数量等。由于行为人两次实施侵害行为对应的数额、数量与三次实施侵害行为对应的数额、数量具有等价性，所以无法将两次行为造成的财产损失排除在需要累计的范围之外。因此，“多次实施……未经处理，数额或数量累计计算”的规定，与司法解释表述为“二次以上实施内幕交易或泄露内幕信息行为，未经行政处理或刑事处理的，应当对相关交易数额依法累计计算”的规定，属于同类规定，发挥同种规范功能。

另一方面，将视情况考察入罪或加重处罚的“多次”规定中的“多”解释为二次或者二次以上不违背罪刑法定原则。因为，将此类规定中的“多”解释为二次或二次以上并未超出国民的预测可能性范围，反而与人们一般的心理预期相符。将刑法中的“多”放在具体适用的条文中，检验其是否合理，是否会导致该刑法条文出现不合理之处——如导致刑法条文互相矛盾、出现漏洞或重复、违背人们的一般心理预期等[1]，是符合罪刑法定原则的应然之举。如果为了追求形式上的统一，将此类“多次”规定中的“多”解释为三次以上，会造成不合理的解释结论，从而违背公民的正义观念，不符合其心理预期。例如，甲实施二次走私普通货物、物品的行为，第一次偷逃应纳税额 9 万元，第二次偷逃应纳税额 2 万元；乙实施了三次走私普通货物、物品的行为，偷逃的应纳税额分别是 3 万元、4

---

〔1〕 参见王政勋：《刑法解释的语言论研究》，商务印书馆 2016 年版，第 242 ~ 243 页。

万元与 3 万元。如果一律采用“多次”是三次以上的解释结论，会出现甲偷逃应纳税额 11 万元被处以两次行政处罚，而乙偷逃应纳税额 10 万元却涉嫌犯罪的结果。〔1〕所以，对于“多义词”的语义解释，“为了得出具有具体妥当性的解释结论，尽可能地作软性的思考（对用语作相对性理解）也是必要的”〔2〕，应将视情况考察入罪或加重处罚“多次”规定中的“多”解释为二次以上。

综上所述，《刑法》中“多次”规定的“多”应区别对待，进行类型化解析。就作为入罪条件的“多次”规定和作为加重处罚条件的“多次”规定而言，“多”应当指“三次或者三次以上”；而对于视情况考察入罪或者加重处罚的“多次”规定而言，“多”不宜解释为“三次及三次以上”，应跟随规范目的，解释为“二次或二次以上”，相当于“数次”的概念。

第二节　协调“多次”有关规定的司法适用标准

一、协调“多次”有关规定“次”的认定标准

（一）统一作为入罪条件“多次”规定的“次”的认定标准

1. 统一作为入罪条件“多次”有关规定的次数认定标准

解决作为入罪条件的“多次”规定的一次行为判定标准问题，应当坚持主客观相统一原则。“次”的判定应坚持主客观相统一原则，是指一次行为的划定不仅应当考虑行为的客观事实样态，还应当结合主导客观行为实施的主观罪过具体内容。因为，“除了用行为人的心理状态与身体现象

---

〔1〕按照 2014 年“两高”《关于办理走私刑事案件适用法律若干问题的解释》（法释〔2014〕10 号）第 16 条规定，走私普通货物、物品，偷逃应纳税额在 10 万元以上不满 50 万元的，应认定为《刑法》第 153 条第 1 款的“偷逃应纳税款数额较大”，构成走私普通货物、物品罪。

〔2〕［日］川端博：《刑法各论》，成文堂 1999 年版，第 14 页。转引自王军仁：《管窥我国刑法中的“多次”》，载《法治论丛（上海政法学院学报）》2007 年第 2 期。

的对应关系来作为判断行为同一性的标准之外，客观上并无所谓一个行为或两个行为的概念”〔1〕。正如根本不知道生物有肚子饿的事实，我们将无法判断在溪水中洄游的小鱼在三个小时的时间里到底做了什么行为。脱离行为人的主观意识，我们不仅无法准确判断客观行为的性质，亦无法得知看似独立的客观行为间存在怎样的因果联系。正因如此，判断行为人实施的多个客观举动分属“一次”或者“多次”行为，应结合行为人的主观意识形态进行判断，每一客观的行为要素均需镶嵌在主观罪过形态的主干之上，分析行为要素的意义。同时，应当充分重视主观意志对客观举动的支配作用，不可对客观举动进行纯客观的事实价值判断，更不可对一个主观故意进行切割，将一个故意指导下的“分步”行为解构为数个行为或者数次行为，从而扩大刑法的打击范围。但是，也不可步入主观标准说的泥沼，基于主观故意间的概括性联系，将多个或者多次相对独立的行为概括为一个或一次行为，背离设置“多次”规定的立法目的，轻纵行为人。

对作为入罪条件的“多次”规定中“次”的认定，应当结合案件事实的主观与客观因素，辩证地看待客观行为历程。同时，应当以行为人罪过作为判断次数的主要根据，结合客观上行为的时间、作案环境、行为人侵害能力范围等因素综合判断。以罪过作为主要判断根据，不仅符合惩罚作为入罪条件“多次”的根据，而且符合司法认定犯罪行为的过程。

一方面，以罪过作为判断次数的主要根据符合惩罚作为入罪条件“多次”的目的。不仅是因为“犯罪行为中包含的主观罪过是行为人承担刑事责任的唯一根据”〔2〕，“犯罪构成的主观要件——行为中所包含的主观罪过”是犯罪构成的核心〔3〕，将主观罪过的内容与形态作为判断次数的根据，符合犯罪构成判断的一般性规则；而且，就作为入罪条件的“多次”

---

〔1〕 黄荣坚：《基础刑法学》（下册），中国人民公安大学出版社2009年版，第579页。
〔2〕 陈忠林：《刑法散得集》，法律出版社2003年版，第274页。
〔3〕 参见陈忠林：《刑法散得集》，法律出版社2003年版，第269页。

规定而言，其本身就考虑到行为人屡罚屡犯，罪错心理强，人身危险性较高，更强调惩罚行为人主观的“恶”。正是因为行为人基于多个罪过实施了多次行为，体现出相较于以单个罪过实施一次行为的行为人更高的主观恶性，凸显出惩罚其多次行为的必要性。申言之，以罪过作为判断次数的主要根据契合惩罚行为人主观“恶”的价值追求。

另一方面，以罪过为主要根据符合司法认定犯罪行为的过程。以罪过作为次数判断的核心不仅在理论上存在依据，实践中也存在现实基础。作为入罪条件“多次”中的单次行为，虽然不以构成犯罪作为必要条件，但是同样反映行为人对维护社会秩序的社会规范的敌视、蔑视或者漠视、轻视的主观态度。源于行为人的这种态度，才会进一步形成反社会的意识，进而形成实施违法、犯罪行为的决意；当行为人的决意通过意志努力外化为具体行为时就转化为罪过，成为支配行为人实施危害行为的内在动因。所以，学者们认为“犯罪行为实际上是行为人的主观罪过在现实中的展示”[1]，“除了用行为人心理状态与身体现象的对应关系来作为判断同一性标准以外，客观上并无所谓一个行为或两个行为的概念”[2]。

一般情况下，当行为人基于一个犯罪故意实施一个违法行为时，行为构成“一次”。有疑问的是，当存在多个同种行为时，应当如何判断行为的次数？笔者认为，行为人一个罪过支配下的多个行为应视为一次。简言之，对于多个行为是否构成“一次”的具体判定应注意从以下两个层面考察：一是主观上是基于一个主观罪过；二是客观上，多个行为在作案时间、作案环境等方面具有高度的密集、连续关系。其中，行为人一个罪过支配下的高度连续一致性行为故意是判断一次行为的核心因素。需要注意的是，以行为人高度连续的一致性行为故意为导向的判断规则并非纯粹以主观意志，进而脱离客观行为因素作为认定次数的标准，而是强调主客观

[1] 梅传强：《犯罪心理生成机制》，中国检察出版社2004年版，第132页。
[2] 黄荣坚：《基础刑法学》（下），中国人民大学出版社2009年版，第579页。

相统一，用数个行为时间上紧密程度、地域空间大小、行为实施的辅助工具（交通工具、作案工具）等客观事实情状作为依据，综合判断行为故意是否具有连续性，即是否构成一次行为。实际上，当行为人基于数个独立的犯意，并在具有明显间隔的时空条件内实施多次同种违法行为时，对行为次数的判断通常不存在争议。问题在于，行为人在相对集中的时间内连续实施同种违法行为应当如何判断？基于以上立场，笔者认为以下典型事例可视为一次行为：

第一，行为人基于一个行为决定，同时控制在场的数个对象，逐步完成违法行为意图时，针对多个对象的违法行为视为一次行为。例如，行为人基于一个确定的故意，对同一时间、同一地点的多个对象实施敲诈勒索行为的情形。

第二，行为人基于一个行为目标，对目标对象“分步”、连续地实施违法行为。例如，前文所述的“蚂蚁搬家”式的行为方式。行为人基于盗窃一辆车内的财物为目标，采用“分步”实施的行为模式，高度连续地挪取同一目标车辆内的财物，表现为在完成“一步”行为并挪至目标地点之后，再次返回同一地点实施“下一步”行为的整体历程。虽然每一步的挪取工作可以成立一个个的个别行为，但是因为主观故意的同一性及个别行为的高度连续性，整体上可以看作一次违法行为。又如，国家工作人员针对同一请托事项、向同一人多次索贿，事前、事后多次索贿的时间间隔不长的情形，原则上不作为“多次索贿”，而按照单次行为处理。[1]

第三，行为人基于一个罪过，形成实施同种违法行为的决意，主导其连续实施数个同种违法行为的形态。例如，行为人意图盗窃职工宿舍楼1楼房间A、房间B、房间C内的财物，并连续实施盗窃房间A、房间B、房间C中的财物的行为。

---

〔1〕 参见周光权：《论受贿罪的情节——基于最新司法解释的分析》，载《政治与法律》2016年第8期。

2.“多次”中刑罚与行政处罚交叉时的适用标准

基于对禁止重复评价原则的相关解读，笔者认为，肯定说由于忽视了将受过刑事处罚的行为予以累计会造成与累犯制度评价内容的重复，因而不可取；否定说提出行政处罚与刑事处罚虽然具有性质差异，但是由于两者在制裁的公共性能、内容、保护目的等方面具有较高同一性，应当以二者“择一适用”为原则，行政处罚行为不得视为“多次”的“次”。这一观点明确受过行政处罚的行为数额不得予以累计处理具有合理性，但是并不必然能够证成其不能予以次数累计。相对而言，部分否定说的结论较为合理，只是证成受过行政处罚的行为予以次数累计的合理性根据并非刑事处罚与行政处罚的性质差异，而是其对同一事实评价的侧面与内容不同。综上，已经受过行政处罚的行为可以作为“多次”中的“次”予以累计，但是受过刑事处罚的行为不得视为“多次”中的“次”。具体解析如下：

一方面，根据禁止重复评价原则的内在机理，“不得重复评价”不禁止对“同一事实”不同侧面、属性的再次评价。将违法犯罪行为的客观危害作为行为人主观危险性的重要表现再次评价，不应视为违反禁止重复评价原则。具体而言，因为两次评价的功能、侧面存在差异，第一次评价是对行为所造成的客观危害的评价；第二次评价不是对第一次行为造成客观危害的再次评价，而是对行为人较高的主观危险性，具体表现为对相较于初犯行为人更高的藐视、敌视、漠视或轻视规范态度的评价。刑法中有关累犯、毒品再犯制度的设置均体现出对曾受过刑事处罚的行为人主观危险性再次评价的精神。因此，基于人身危险性的考量将受过处罚的违法行为作为“次”不违背禁止重复评价原则。

另一方面，虽然将受过刑事处罚的行为作为“多次”中的“次”也体现出对同一事实不同侧面与内容的评价，但是将其作为“次”会造成与累犯制度的评价内容相同，从而违反了禁止重复评价原则。因为，将受过刑事处罚的行为再一次作为定罪情节是由于行为凸显出行为人的人身危险性，显示其较高的再犯可能性；而累犯制度的处罚根据也是行为人再次实施犯罪行为显示出其较高的主观危险性，所以将犯罪前科作为“次”与累犯制度的评价功能相同。如果进行同时评价会造成对同一事实同一侧面评价两次的结果，违背禁止重复评价原则。由此，受过刑事处罚的行为不能作为“多次”中的“次”。

（二）统一作为加重处罚条件“多次”规定的“次”的认定标准

基于次数判断应当贯彻主客观相统一原则的基本立场，笔者认为，以行为人主观意思联系为基础划定“次”的思维方式较为合理，但是笔者不认可其以行为人“对结果实现的一致性动机”作为一次行为成立的主观罪过基础。如果以行为的时间、地点、侵害行为能力范围等客观征状或者以“针对结果的相当程度的危险”的涵盖范围作为一次行为的划定标准，其核心问题在于脱离行为人的主观意思状况，意图通过时间、空间范围来框定一次行为的存在范围。因为缺乏对贯穿整个行为历程主观意思的考察进而直接确立客观的判定标准，不仅像是缺乏情景设定的“故事”，使“故事”中的各个情节彼此孤立、缺少联系，而且难以避免如“点状”“线状”“面状”等客观规则之间存在相互矛盾的问题〔1〕。因此，脱离主观意思的考察，进而依靠时间、空间或者侵害行为范围来框定“次”的客观成立范围的理论进路具有片面性。

以行为主观意思为导向的认定进路是合理的，然而论者将以结果为基础的一致行为动机作为判定一次行为的主观罪过基础值得商榷。这是因为，论者对动机的界定未作阐释，具体是指行为动机或是犯罪动机未予明确说明。

〔1〕 按照论者的观点，“同一地点”是判定行为是否成立一次的核心因素，并提出“点状地点”“线状地点”“面状地点”三种情形。但是，“点状地点”与“面状地点”的判定标准之间存在矛盾。例如，论者强调与外界隔绝并独立的地点是“点状地点”，如果行为人连续撬窃三家独立的居民住宅就是三次盗窃。但是按照论者提出的“面状地点”判断标准，地点转移具有承接性时应认定为同一地点。例如，行为人在按一个地点实施聚众淫乱活动完毕之后转移至另一地点，前后淫乱活动具有承接性时视为一次。参见王飞跃：《论我国刑法中的“次”》，载《云南大学学报（法学版）》2006 年第 1 期。

从论者“行为人必须具有结果实现的一致性动机”的论断可以推知，这里的“结果”应是指犯罪的危害结果，那么主导犯罪危害结果发生的直接动机应是犯罪动机。按照我国通说观点，犯罪动机存在于直接故意犯罪案件中。犯罪动机作为推动犯罪行为实施的直接动因，意味着在行为之前，行为人对行为的非法性质已有认识。而间接故意对犯罪行为的危害结果持放任态度，在危害结果发生之前，行为人对行为性质的认识往往不确定，因而间接故意犯罪不存在犯罪动机。这似乎意味着缺乏犯罪动机指引的间接故意犯罪不能与同种直接故意犯罪作为一次犯罪处理。然而，这一解释结论是不合理的。因为按照司法解释的观点，行为人以同一故意，在同一地点连续实施犯罪行为应认定为一次犯罪，这里的“故意”不应仅指直接故意，还应包括间接故意。

因此，笔者认为多个行为不是基于具有结果实现的一致性动机成为一次，而是在一个罪过支配下实施的多个行为成为一次。因为，“主观罪过是刑事责任的唯一根据”[1]，危害行为、危害结果、行为对象以及行为当时的特定时空条件等体现犯罪客观危害的事实情状是主观恶性的外化表现。[2] 犯罪行为的产生表现为主观恶性在先，客观危害行为在后，客观危害行为是主观恶性见之于主观罪过的现实化；那么对行为一次或者多次的判断，也需要探知主观罪过之间的联系，并通过探知主观罪过间的联系，发现数个自然行为间的关联，从而明晰客观行为的整体发展脉络。“一个罪过”是行为人内心意思的动态实现过程，是包括具体的人在具体的时间，采用何种方法，实施何种具体危害的具体犯罪心态[3]。这里的“罪过”不是一个抽象的同一概括故意，如行为人抽象地规划在一个星期或者一个月内要实

[1] 梅传强:《论刑事责任的根据》，载《政法学刊》2004 年第 2 期。
[2] 参见李继红、肖渭明:《自由意志行为刑事责任论纲》，载《法律科学》1997 年第 2 期。
[3] 参见童春荣:《结果加重犯之罪过新论》，载《重庆大学学报（社会科学版）》2016 年第 4 期。

施或者可能实施数个行为，而是具有具体罪过内容的、包含连续的一致性行为故意的主观意思形态；并且，罪过的具体内容和实现程度必须在客观方面表现出来，否则难言罪过。

具体而言，行为人一个罪过支配与控制范围内的，具有一致性行为故意的多个行为，方能成立一次行为。以是否受一个罪过支配与控制判定行为次数，不是脱离行为的客观因素进行纯粹的主观意思判断，而是强调时间、空间的紧密关系，只是判断行为人多个行为是否处于一个罪过支配的参考因素，其本身不具有独立判断行为数目的功能。是否属于一个罪过支配下的一致性的行为故意（可以是一个犯罪故意，也可以是连续的同一犯罪故意）需要以数个行为时间上的紧密程度、地域空间范围大小，以及行为实施的辅助工具（使用的交通工具、作案工具）等客观事实情状作为依据，综合以上客观因素作整体性的判断。

实际上，以一个罪过支配下的多个行为作为一次行为符合2005年最高人民法院《关于审理抢劫、抢夺刑事案件适用法律若干问题的意见》第三部分中有关“多次抢劫”的次数认定标准。按照条文结构“行为人基于一个犯意实施犯罪的，如在同一地点同时对在场多人实施抢劫的；或……一般应认定为一次犯罪”，上述规定中“如在同一地点同时对在场多人实施抢劫的”等列举的具体客观情状，有界定“一个犯意”的作用，只有根据主客观相统一原则，主观上基于一个罪过，客观上的多个行为具有连续性或者同时性(需要时间、地点等客观情状证明)，才能认定为一次。通常而言，需要通过行为发生在相对集中的时间与空间范围之内，证明主观故意的连续性与继续性。倘若行为人决意在未来的某个时间伺机而为，虽计划具有整体性，但是结合行为发生的时间、空间因素，行为并未呈现高度的连续性与继续性，不应认为是整体故意之内的行为。笔者认为，司法解释规定，“一栋居民楼中”“同一时间”“同一地点”等因素，正是通过时空标准来阐释行为人数个实行行为间整体存在连续性、继续性，是基于一个罪过实施的行为，从而应成为一次行为。需要注意的是，对时间、空间、行为方式等客观因素需要进行综合判断，“一栋居民楼”等某一因素的作用不应绝对化，不能认为“空间相隔的其他楼栋无论如何都不应属于一次行为的空间涵摄范围”〔1〕。行为人在抢劫一栋居民楼一楼的居民后，迅速转移至其他具有紧密关系的相邻楼栋实施抢劫，数个行为同样具有认定为一次行为的可能性。实际上，在交通日益发达的今天，空间条件的限制渐渐松弛，成立一次行为的空间范围可能会扩大。

根据时间、空间等客观事实情状的不同，一个罪过支配下实施的多个行为会呈现不同的具体状态，无法穷尽地具体列举，只能借助典型事例进行“管中窥豹”式的研究。一个罪过支配下的多个行为构成“一次”较为典型的事例，就是行为人基于一个犯罪决定连续实施多个同种犯罪行为，即行为人形成犯罪决定之时，对一定时空范围内的犯罪对象有概括认识，并决意对这一时空环境内的多个对象实施同种犯罪行为的形态。通常表现为，行为人基于一个具体的犯罪决定，对同一地点内的多个犯罪对象进行控制，并逐个或者同时实现犯罪意志的形态。虽然针对每一个侵害对象实施的侵害行为具有一定独立性，但是由于行为人的行为是基于一个犯罪决定，针对每个对象的犯意之间存在整体计划的统筹，使得数个实行行为间有所牵连且连续性较强，所以整体上构成一个行为。例如，行为人基于“抢劫这辆公交车”的决定，针对公交车上的所有人实施威胁、恐吓的行为，达到足以压制乘客的反抗之后，逐一抢劫每位乘客的财物，通常视为一次抢劫行为。〔2〕

---

〔1〕 吴亚安：《论多次加重犯的“次”》，载《政治与法律》2015 年第 8 期。

〔2〕 这种情形属于 2005 年最高人民法院《关于审理抢劫、抢夺刑事案件适用法律若干问题的意见》（法发〔2005〕8 号）第 3 条所指的“在同一地点同时对在场多人实施抢劫”，成立一次抢劫。

（三）统一视情况考察入罪或加重处罚“多次”规定的“次”的认定标准

1. “多次”的“未经处理”认定标准

基于对禁止重复评价原则的相关解读，笔者认为，视情况考察入罪或加重处罚“多次”规定中的“未经处理”既指未经刑罚处罚的行为，也包括未经行政处罚的行为。根据禁止重复评价原则，行为人不得因同一事实的同一侧面在定罪量刑中受到两次或者两次以上的法律评价，这是罪刑相适应原则的派生原则与实质内涵之一。如果基于同一目的对同一事实的同一侧面予以重复评价，无论是使行为人从宽还是从严处理，都意味着刑事责任受到不当地限缩或者扩张，与罪刑相适应原则相悖。既然行为的客观危害已经过刑事诉讼程序得到相应处罚，就不得再次对该行为的客观危害进行定罪或者量刑，否则违背“任何人不应受两次磨难”等基本理念。因此，受过刑事处罚的行为数额不得予以累计。

其实，争议的焦点集中于受过行政处罚的行为是否视为“未经处理”的行为。笔者认为，答案应该是否定的。正如前述，禁止重复评价原则要求不得基于同一目的，对同一事实的同一侧面与属性进行两次以上的评价。这不仅适用于刑事处罚之间，也应当适用于行政处罚与刑事处罚之间。虽然有观点认为，刑罚和行政处罚是两种性质不同的处罚，二者完全可以独立存在[1]，二者在目的、种类和适用范围等方面存在不同，因而具有并列适用的一面[2]。但是，刑罚与行政处罚是否具有相同属性不能仅以处罚的性质予以论证，二者不仅在责任追究范围与指向性层面具有一致的公共性能，而且在处罚内容与方式层面也具有相通性，所以“双重处罚”应在行政处罚措施具有行政职权专属性质等条件下补充适用，不具有

〔1〕 参见陈兴良：《论行政处罚与刑罚处罚的关系》，载《中国法学》1992 年第 4 期。
〔2〕 参见汪永清：《行政处罚与刑罚的适用范围和竞合问题》，载《政治与法律》1993 年第 2 期。

普遍适用性。刑期、罚金的折抵制度就体现了刑罚与行政处罚性能的同质性考量，两者的异质性具有相对意义。由是观之，通常情况下，曾受行政处罚的行为数额不得因为行为的客观危害性再次受到刑事处罚。不可否认，行为人受过行政处罚之后再次实施同种违法行为具有较高主观恶性，然而这一事实可以在量刑中作为人身危险性的考量因素，而无须将行政处罚过的数额再次进行刑罚，以免重复评价。

2.“多次”中“次”的危害程度界定

基于对视情况考察入罪或加重处罚的“多次”规定内在机理的解析，多次行为的数额累计计算处罚规则体现了“合罪定刑”的处罚思路，即将一定时期内的数个违法犯罪行为的社会危害性综合相加，视为一个犯罪构成，然后再根据综合的社会危害程度选择刑罚幅度予以处罚。对于每次均构成犯罪的“多次”类型而言，虽然将多次犯罪行为的数额累计处罚突破了传统罪数理论关于处断一罪的处罚规则，但是按照同种数罪不并罚的司法传统〔1〕，将构成犯罪的多次行为数额予以累计不存在争议；就每次均为违法行为的“多次”与部分构成犯罪、部分构成违法行为的“多次”类型而言，违法或者犯罪行为的数额同样可以予以累计。除了“合罪定刑”的处罚思路可为其提供正当性根据之外〔2〕，“多次”规定的规范结构以及政策目的也可为其正当性提供佐证。具言之：一方面，基于对规范文本的文义解释，“多次实施……行为未经处理的”等表述中的“行为”并未限制为“应当追诉”或者“构成犯罪”的行为，因而条文中的“行为”包含行政违法行为并未超出国民的预测范围；另一方面，相关犯罪属于国家从严惩治的对象，具有“打早打小”的政策倾向，对于

---

〔1〕 不可否认，对于同种数罪应当并罚的相关观点逐渐受到理论界与实务界的关注。参见张明楷：《论同种数罪的并罚》，载《法学》2011年第1期。但是目前实务中同种数罪不并罚的做法仍占据主流。

〔2〕 虽然多次数额累计处罚规则存在拟制成分，规则设置存在权利配置适当性的质疑，但是基于规范要件的教义学解释立场，“合罪定刑”的处罚思路包含将违法行为予以累计的内涵。

多次实施未达到犯罪程度的违法行为，累计数额、数量构成犯罪的，依法追究刑事责任。例如，2012 年“两高”《关于办理行贿刑事案件具体应用法律若干问题的解释》（法释〔2012〕22 号）第 1 条为行贿罪增加“多次”累计的规定，即是对多次小额行贿未经处理的，累计行贿数额达到 1 万元的，以行贿罪追究刑事责任。[1]

3. “多次”无须基于同一或概括故意

按照设置视情况考察入罪或加重处罚“多次”规定体现的“合罪定刑”处罚思路，部分多次行为的数额累计规则与徐行犯、集合犯以及连续犯的处理规则存在竞合；由于成立相关的犯罪形态需要主观上具有反复实施同种犯罪行为目的[2]、具备同一或者概括的犯罪故意[3]或者一个预期的目的，所以部分多次行为的数额得以累计是基于行为人实施多次行为具有同一或者概括犯罪故意或者一个预期目的等。但是，这并非意味着行为人多次行为前缺乏连续的犯意或者预期目的时，表现为多次临时起意的违法、犯罪行为不能适用视情况考察入罪或加重处罚“多次”规定。这是因为这一观点与立法或者有权解释中“多次”规定的内在机理相左，恐会造成规范适用范围窄化。按照“合罪定刑”的处罚思路，“多次”规定设立的数额累计处罚规则突破了徐行犯、集合犯、连续犯的内涵界域，立法者

---

〔1〕 参见李少平主编：《解读最高人民法院司法解释、指导性案例》（刑事卷），人民法院出版社 2016 年版，第 979 页。

〔2〕 虽然目前我国对于集合犯概念的界定并未形成一致观点，但无论是将集合犯界定为“基于特定的犯罪，反复实施同种性质危害行为的犯罪形态”，还是“反复实施同种犯罪行为，或者虽然只实施一次，但确有反复意图，因而概括地评价为一罪”，抑或“以一定犯罪倾向，反复实施同种犯罪行为，依法律特别规定，成立一罪的犯罪”均将主观方面的实施多次行为前反复实施行为的意图，或者一定犯罪倾向作为必要条件。参见姜伟：《犯罪形态通》，法律出版社 1994 年版，第 341～342 页；马克昌：《犯罪通论：根据 1997 年刑法修订》，武汉大学出版社 1999 年版，第 661 页；吴振兴：《罪数形态论》，中国检察出版社 1996 年版，第 208 页。

〔3〕 目前学界对连续犯的定义具有“同一罪质 + 同一法条说”“相同罪质说”“同一基本构成说”“法益说”等观点。参见王志祥、姚兵编著：《罪数形态专题整理》，中国人民公安大学出版社 2009 年版，第 87～90 页。笔者认同同一基本构成说，需以同一或者概括的故意作为其成立条件。

将数个违法行为或者部分构成违法、部分构成犯罪行为的社会危害性相加，并合为一个犯罪构成予以处理；无论是基于同一、概括故意或者连续故意，还是数个行为只对应数个相互独立的故意，均应予以累计。例如，涉嫌行贿罪的案件中，只要是多次小额行贿未经处理，累计行贿数额达到1万元的，以行贿罪追究刑事责任。[1] 在实践中，“多次”既可是为同一目的、对同一对象多次行贿，也可是为了不同目的，对不同对象行贿。[2]

二、“多次”与同一罪名罪量要素关系释读

（一）“多次”的处罚需要考虑数额等情节要素

从作为入罪条件“多次”规定的处罚根据来看，在侵财型犯罪中，难言与数额处于绝对独立的关系，“多次”相关规定的构成通常需要考虑数额等情节要素。不可否认，“多次”作为“数额较大”的并列罪量要素，就设定入罪根据的标准而言，二者具有独立性，不可重复与交叉。从这一角度出发，“独立说”具有一定合理性。然而，相对于“数额较大”等入罪根据而言，“多次”以处罚行为人的人身危险性作为内在动因，但是是否具有危险性的判断并非凭空臆断，其核心还是在于多次违法、犯罪行为造成的客观危害结果。“多次”相关的主客观因素是否达到追究刑事处罚的程度，需要但书发挥规制作用。

从我国《刑法》第13条“但书”规定的机能与定位来看，但书对于“多次盗窃”的成立具有实质的限缩作用，对于“多次盗窃”内涵的罪量要素具有信条性的刑事政策指引功能。究其原因，在于就刑法条文的总分则关系而言，“刑法分则关于罪名条文的规定并不是一个完整的刑罚规范”[3]，

---

[1] 参见李少平主编：《解读最高人民法院司法解释、指导性案例》（刑事卷），人民法院出版社2016年版，第979页。

[2] 参见刑事判决书（2018）赣02刑终56号。

[3] 石经海：《故意伤害“轻伤与否”定性共识的刑法质疑——以刑法总分则关系下的完整法律适用为视角》，载《现代法学》2017年第3期。

并非具体犯罪成立的全部构成要件，仅是“部分定罪要件”。具体个罪是否成立、应当追究何等刑事责任离不开总分则所有相关的规定的体系化适用。因此，司法层面上，司法机关不仅应当判定行为是否符合个罪的行为类型特征，还应实质评判行为是否达到法定的罪量标准。[1] 评判的实质在于，通过对实行行为的社会危害性进行实质评价，判断其是否达到应受刑罚处罚的程度。

虽然，学界对于分则中既规定了犯罪实行行为模式，也规定了具体情节或者后果要件，并明确描述定量标准的罪名适用“但书”持谨慎态度，认为这一类型的规定“最难以用‘但书’来出罪”[2]，但是，笔者认为，与分则及司法解释中明确规定罪量数额、情节、结果的罪名相比[3]，构成“多次盗窃”的“二年内盗窃三次以上”的标准具有不明确性。正如学者所言，“‘多次’只是一种次数累计的结论”[4]，多次行为达到应受刑罚处罚的危害程度是否对单次行为或者多次行为整体的危害程度具有要求，具有何种限制性要求的问题不明确，理论与实践中对此认识往往不统一。有基于此，需要发挥“但书”在“多次盗窃”罪量要素的内涵解读上的“信条性的刑事政策指引功能”[5]。具体而言，基于主客观相统一的理念，除了“多次”的次数要件之外，还需要结合多次行为具有的情节与手段、行为反复性、行为目的等体现行为人人身危险性的主客观因素予以判断，从而

---

[1] 参见梁根林：《刑事法网：扩张与限缩》，法律出版社2005年版，第29页。

[2] 储陈城：《出罪机制保障论》，法律出版社2018年版，第131页。

[3] 例如，盗窃罪成立犯罪的“数额较大”标准，即盗窃公私财物价值1000~3000元。

[4] 柏浪涛：《加重构成与量刑规则的实质区分——兼与张明楷教授商榷》，载《法律科学（西北政法大学学报)》2016年第6期。

[5] 根据梁根林教授的观点，但书具有立法性的刑事政策指引功能与信条性的刑事政策指引功能，其中，前者针对“但书”对立法的功能而言，后者针对司法。“信条性的刑事政策指引功能”是指，不仅“在司法者解释与适用规定了罪量要素的刑法分则条文时，要具体判断行为是否该当构成要件的类型特征、达到罪状规定的罪量标准，两者兼备时，才能判定行为该当构成要件（此即但书的照应功能)，而且体现在解释与适用罪状中只含定性描述而未做罪量要求的刑法分则条文时，但书仍然具有出罪功能”。参见梁根林：《但书、罪量与扒窃入罪》，载《法学研究》2013年第2期。

探知行为人是否具有可能继续实施更严重违法、犯罪行为的可能性。违法行为的数额作为侵财行为客观危害判定的重要情节要素，从这一层面上讲，“多次”与数额要素的独立性仅具有相对意义。至于每次行为或者多次行为的数额需要达到何种程度无须进行绝对化的规定，因为数额仅是判断“多次”是否达到应受刑罚处罚程度的情节要素之一，需要结合侵财目标、手段等其他因素进行综合判断。一般情况下，倘若行为人每次盗得的财物价值较低，如每次仅在文具店盗得一个文具盒、数支铅笔等财物，虽然行为满足“多次”的次数与存续期限要求，但应当视为“情节显著轻微危害不大”的情形，不作为犯罪处理。

（二）应合理分层不同法定刑档次的“多次”要素

基于均衡性原则的要求，不仅刑法典应当罪刑配置均衡，司法解释中的细化性规定同样应当体现均衡性。这就意味着，司法解释不仅需要在横向维度发挥规范目的的构成要件解释目标机能，在刑法用语的语义范围内对行为方式、手段等构成要件进行实质解释，从而使其体现个罪罪名性质特征，实现罪刑相适应原则“质”的相当性层面的基本目标；而且需要在纵向维度上使“情节严重”“情节特别严重”等概括性罪量要素的解释与个罪基本构成、加重构成之间的罪刑梯度相契合，体现出基本犯罪与加重构成之间的侵害程度差异。对于基本犯与加重犯的“情节”标准，受贿罪的相关司法解释使用同样的“多次索贿”立法表述，为司法留下了较大的解释空间，一定程度上易弱化“情节”在定罪中的作用，有违均衡性的立法要求。

然而，正如学者所言，应当“以预先给定的内容和权威为前提，而不是对该前提进行批判性检验”[1]。面对规范中的相关问题，可以通过司法中的合目的性释读，达到合理适用的效果。针对《关于办理贪污贿赂刑事案件适用法律若干问题的解释》第1条第2款确立的“数额+情节”的二

---

〔1〕［德］沃尔福冈·弗里希、赵书鸿：《法教义学对刑法发展的意义》，载《比较法研究》2012年第1期。

元化定罪量刑标准未对“多次索贿”等情节进行合理分层的问题，应当通过探求规范目的，并在刑事政策的指引下，充分发挥“多次索贿”等情节要素在受贿罪评价体系中的地位与作用。因为“多次索贿”是在“数额+情节”的定罪量刑标准中适用，讨论其合理分层，确保“多次索贿”在基本犯与加重犯的“情节”中充分发挥作用，应当在“数额”和“情节”的交互关系中讨论，具体分为以下两个方面：

一方面，应充分发挥“多次索贿”等情节要素在选取法定刑档次过程中的重要作用，特别是数额与情节要素在同一案件中存在竞合时，为避免量刑失衡的后果，应综合分析两者的作用力。具体可分为两种情形：一是在情节要素与数额较大、数额巨大、数额特别巨大在同一幅度内竞合并存在轻重差异时，可考虑以较重的要素作为定罪标准，其他因素作为量刑标准。例如，行为人的受贿总数是150万元，其中“多次索贿”的数额达到20万元时，无论是按照数额标准，还是按照“数额+情节”标准均属于同一档次，此时，可在3年以上10年以下有期徒刑的法定刑档次内处刑。二是在情节标准与数额标准分属不同法定刑档次并且按照情节标准可以适用更高量刑幅度时，应当按照“多次索贿”等情节要素决定法定刑档次。例如，行为人共受贿180万元，其中160万元是多次索贿所得。倘若按照数额标准，应在3年以上10年以下法定刑档次内处刑，而按照“多次索贿”的情节标准，则可以适用10年以上有期徒刑、无期徒刑或死刑的法定刑档次。此时，按照罪刑相适应的要求，应按照情节标准适用较重的法定刑档次。

另一方面，应综合考虑次数以及每次行为的情节在刑量裁量中的重要作用。申言之，在按照“多次索贿”的标准适用升格的法定刑档次予以处罚时，不可忽略其他情节要素对量刑的作用力；应当结合充分考虑单次行为中表征行为社会危害性与行为人人身危险性程度的主客观因素，综合考量索贿对象、索贿方式、索贿行为发生的时间与地点、索贿目的等情节配置刑罚，使“罪”与“刑”具有相当性、均衡性。

除此之外，个罪的“曾因实施……受过二次行政处罚又实施……”情节因素未合理分层“行政处罚”，同样可能造成同类案件罪刑失衡的现象。依据《行政处罚法》与《治安管理处罚法》的相关规定，不仅行政处罚包含人身罚、财产罚、行为罚及申诫罚[1]四种类别，而且根据行为人违法程度的大小之分，不同种类处罚可处以的处罚种类也有不同。针对情节轻微的违法行为施以的警告或者较小数额罚款与行政拘留、数额巨大的罚款均可解释为“行政处罚”。虽然相关“多次”规定着眼于处罚行为人屡罚屡犯的人身危险性，用以实现社会防卫的效果，但是将受过二次巨额罚款处罚后仍执意实施违法行为的行为人与因情节轻微，未造成实际损失处以警告或小额罚款的行为人同等对待，是不合理的。适用此类“多次”规定，应当考虑前置性行政处罚的类别、程度等因素，作为考虑罪与非罪、罪轻罪重的实质判断依据。

三、协调“多次”部分行为未遂时的适用标准

（一）作为入罪条件“多次”中部分行为未遂的具体认定

基于全面评价原则的基本立场，在作为入罪条件“多次”中部分行为未遂情形下，单次行为达到行政违法的危害程度时应当作为一次予以累计。结合“多次”规定设立的规范目的与未遂行为的处罚根据，未遂行为对违法性程度具有加功作用而且能够反映行为人实施违法行为的惯常性，因而未遂行为理应予以累计。具体理由如下：

一方面，从客观危害层面来讲，由于未遂行为对多次行为整体的法益侵害程度具有实质的加功作用，理应作为“一次”行为予以累计。从法理层面来讲，随着处罚时期早期化的合理性日渐处于优势地位，未遂行为的处罚日益受到重视。我国《刑法》第 23 条对未遂犯采用得减主义的立场

---

〔1〕 参见马怀德主编：《行政法学》，中国政法大学出版社 2007 年版，第 205 ~ 206 页。

表明，未遂行为“可以”而非“应当”从轻或者减轻处罚。未遂行为招致的法益侵害高或然性危险不但可以予以处罚，而且当未遂行为可能招致重大侵害危险之时，裁判者可以对未遂行为不予从宽裁量。所以，从法益保护必要性优先的见地来看，既遂行为造成的法益侵害（实害）与未遂行为造成的法益侵害（危险）同样具有可罚性。

另一方面，从主观危险性的角度来看，未遂行为同样能够体现行为人实施违法行为的习性，理应纳入“多次”的累计予以从严惩治。与常态的犯罪化根据相比，作为入罪条件的“多次”规定呈现非常态化的特点，即处罚根据兼具主观危险性与客观危害性的考量。承载于行为人反复实施同种违法行为映射的规范性意识否定性态度的主观人身危险性，不仅可以通过既遂行为得以显现，未遂行为同样可以作为其载体。未遂行为通过实行行为将犯罪意思表现于外部，虽然缘于意志以外的因素使得危害结果未得逞，但是其主观恶性与既遂行为没有质的差异。申言之，未遂行为所映射的规范意识否定性态度与既遂行为无异，能够体现行为人较为顽固地实施违法、犯罪行为的意志，基于犯罪预防之目的，有必要把未遂和既遂行为同等对待，作为“一次”行为。

有学者担忧，将未遂行为一律纳入行为次数的累计恐会造成刑事处罚范围的极度扩张，使多次行为造成财产损失极小甚至分文未取，或者扰乱社会秩序的程度轻微的案件犯罪化，模糊行政违法与犯罪的边界。毋庸讳言，动用作为最后手段的刑罚对此类行为予以规制不禁令人怀疑，由此产生的担忧不无道理。实际上，将未遂行为纳入次数累计不代表多次行为一律作为犯罪处理。“多次”中包含未遂行为的案件是否一律入罪不能采用“一刀切”的司法模式，从立法意图上看，立法者期望通过降低“多次”行为的犯罪门槛，严惩具有实施某些类型违法行为惯常性的行为人，解决“抓了放、放了抓”的治理困境。我国刑法坚守的行为刑法基本立场决定了行为次数彰显的行为人人身危险性并非处罚的唯一根据，多次行为所造成的客观危害仍在罪与非罪的裁量中处于基础性地位。综合案件的情节因素，倘若未遂形态或者其他表现客观危害轻微的情节因素使全案的整体情节达至《刑法》总则第13条但书规定的“情节显著轻微危害不大”程度，可对多次行为予以出罪处理。

（二）作为加重处罚条件“多次”中部分行为未遂的具体认定

基于在作为加重处罚条件“多次”中部分行为未遂情形下应秉持全面评价原则的基本立场，单次行为达到独立追究刑事责任危害程度时应当作为一次予以累计，部分行为未遂造成的侵害（危险）较之既遂行为的侵害（实害）程度的差异应在量刑中充分评价，但是犯罪未遂形态的成立需要以符合犯罪构成要件基本品格为前提，应避免出现未遂形态评价不适格的问题。具体而言，司法上对“多次”中部分行为未遂的具体认定应注意如下三个方面：

1.“多次”仅是影响罪量的犯罪构成

对于作为法定刑升格条件的多次犯罪是否存在未遂形态，需对“多次”法定刑升格条件的性质进行剖析，结合事物之本质特征进行判断。笔者认为，可以以构成要件的属性为标准，满足构成要件之固有属性，则法定刑升格条件属于加重构成并肯定作为加重处罚条件的“多次”未遂形态的存在，否则认定“多次”型法定刑升格条件仅对量刑具有影响，无既遂、未遂形态可言。

如果仅以犯罪构成的违法性推进机能与故意规制机能作为判断标准，作为加重处罚条件的“多次”更像是加重的犯罪构成。因为作为加重处罚条件的“多次”加重处罚的根据在于行为规模的扩大，多次犯罪行为累积的法益侵害（危险）提高，从而使违法性加重；“多次”中的每一次行为以构成犯罪为条件，需要贯彻责任主义原则、主客观相一致原则，行为人对每一次行为均应存在故意自不待言，因而满足“故意规制”的要求。问题在于，除了上述两个机能外，构成要件还需满足犯罪个别化机能，即构成要件是犯罪的类型或定性，是区别某一犯罪与其他犯罪之功能。[1]“多次”并未使基本犯性质（行为类型）发生变异，正因如此，作为加重处罚条件的“多次”并非典型的加重构成。然而，这并不意味着可断然认为作为加重处罚条件的“多次”是量刑规则。

一方面，正如金德霍伊泽尔教授所言，单纯的量刑规则与加重构成要件的区别在于，前者在适用上具有开放性，后者在适用上具有强制性。[2]反观我国刑法中“多次”的法定刑升格条件，作为法律明文规定的升格条件，法官在裁判时具有强制适用的效力。故而不能将作为加重处罚条件的“多次”理解为德国法意义上的量刑规则及其范例。[3]另一方面，将作为加重处罚条件的“多次”与典型的量刑规则（首要分子、违法所得数额较大等）相提并论是不合理的。因为，“首要分子”“违法所得”与违法性（法益侵害）的判断并无直接的逻辑联系，故而不需要贯彻责任主义，成为故意的认识内容。而“多次”作为具有违法性推定与故意规制作用的构成要件要素，与典型的量刑规则相互区别。如果将两者等同对待，恐会造成认定难题及结果的罪刑失衡。

实际上，关键的问题在于如何解读犯罪个别化机能。在域外的相关理论中，“构成要件必须具有能够进行个别化的机能”[4]，“构成要件是刑罚法规规定的行为类型”，“只有某犯罪中所固有的、类型的可罚的要素，才是构成要件要素”[5]。要求所有的构成要件均具有个别化机能的观点，在

---

〔1〕参见［日］山口厚：《刑法总论》，付立庆译，中国人民大学出版社2018年版，第26～27页；陈子平：《刑法总论》，中国人民大学出版社2009年版，第96～97页。

〔2〕参见柏浪涛：《加重构成与量刑规则的实质区分——兼与张明楷教授商榷》，载《法律科学（西北政法大学学报）》2016年第6期。

〔3〕张明楷教授在相关文章中也提及，德国的量刑规则及范例与我国应当相区别。参见张明楷：《加重构成与量刑规则的区分》，载《清华法学》2011年第1期。

〔4〕［日］大谷实：《刑法总论》，黎宏译，中国人民大学出版社2009年版，第102～103页。

〔5〕［日］町野朔：《犯罪论の展开Ⅰ》，有斐阁1989年版，第52～59页。转引自张明楷：《加重构成与量刑规则的区分》，载《清华法学》2011年第1期。

德、日国家尚不存在较大问题。然而，这一观点与我国立法模式不相契合。因为在犯罪界定方面，与德国、日本等大陆法系国家采取的“立法定性＋司法定量”的模式不同，我国采用的是“立法定性＋定量”的模式，即对刑事违法的行为类型和作为犯罪处罚时行为需要达到的违法性程度都在立法上进行了明确规定。具体罪状的描述，除了行为“质”（行为类型）的构成要件要素之外，还包括“量”（行为程度）的构成要件要素，从而将刑事不法与行政不法、民事不法等行为相区分，所以犯罪成立所需的、表征违法程度的罪量要素均应被视为构成要件要素。只是“量”的构成要件要素缺乏个别化功能，在性质上应当与“质”的构成要件要素相区分，前者作为罪体构成要件要素，后者作为罪量构成要件要素。[1] 既然在基本犯中可将表征行为违法程度的要素作为构成要件要素，那么没有理由将加重犯中“量”的要素排除在构成要件要素之外，所以作为加重处罚条件的“多次”应属罪量的构成要件要素。然而，因为作为加重处罚条件的“多次”行为规模的实现由数次独立的同种犯罪行为构成，而“纯粹的数字并不反映‘具体对象’的‘特征构成’”[2]，“多次”本身并非构成要件结果的实现，所以不能将行为人对多次行为整体具有认识作为必要要件，故而“多次”不能作为得逞与否的判断标准[3]，“多次”作为法定刑升格条件不存在未遂形态。

2. 作为加重处罚条件“多次”的“次”包含具有可罚性的未遂行为

将未遂行为纳入多次累计。之所以存在“是”与“否”的争论，根本原因在于：一方面是裹挟在我国刑法分则立法模式下的作为加重处罚条件的

---

〔1〕王彦强博士在文章中提出罪体的构成要件要素与罪量的构成要件要素的概念，一方面，符合我国刑法的立法实际；另一方面，有利于解决区分说内部因划分标准而产生的争议。参见王彦强：《区分加重构成与量刑规则——罪量加重构成概念之提倡》，载《现代法学》2013 年第 3 期。

〔2〕［德］齐佩利乌斯：《法学方法论》，金振豹译，法律出版社 2009 年版，第 144～146 页。

〔3〕参见吴亚安：《论多次加重犯的“次”》，载《政治与法律》2015 年第 8 期。

“多次”立法性质的差异性判断；另一方面是基于对完成形态与未完成形态行为法益侵害程度的考量。以结果犯为例，如果三次行为法益侵害危险的叠加相较于一次或者二次法益侵害（实害）弱，反而获得加重的刑事处罚结果，与罪刑相适应原则相去甚远。因而，有学者提出，应从严掌握作为加重处罚条件的“多次”的适用条件，单次行为未遂不能予以累计，作为加重处罚条件的“多次”的“单次行为仅限既遂行为”[1]。针对第一方面的原因，前文已有所涉及；对于第二方面的原因，解决问题的关键在于明确犯罪未遂的处罚根据以及作为加重处罚条件的“多次”“次”成立标准。

刑法的目的是通过保护法益来维护社会秩序。[2] 处罚构成要件要素充足且造成法益侵害结果的既遂行为无可厚非，然而，各国对刑法提出的风险控制与预防犯罪之机能主义期待，致使值得刑法保护的范围扩张至法益侵害与法益侵害之现实、紧迫危险。具有招致结果不法高概率的未遂行为纳入处罚范围应属理所当然。[3] 在法益保护必要性优先的前提下（相对于公民自由的保护），“处罚时期的早期化”合理性处于优势地位。[4] 虽然理论上未遂的处罚根据以客观未遂论为主流[5]，但是刑法规定的得减主义揭示我国并未完全采纳客观未遂论的观点，裁判者“可以”而非“应当”予以从轻、减轻处罚。换言之，对于造成轻微危险的行为，尚可在法定刑幅度内从宽处罚；对于重大侵害危险的行为（如实施个别性质特别恶劣、手段特别残忍的杀人行为），裁判者亦可对未遂犯处以既遂犯相同的处罚，未遂行为与既遂行为同样具有无价值性与可谴责性。

需要进一步指出的是，虽然在理论上我国承认所有直接故意犯罪均有

---

〔1〕 万鄂湘、张军：《最新刑事法律文件解读》，人民法院出版社2007年版，第86页。

〔2〕 参见［日］大谷实：《刑法总论》，黎宏译，中国人民大学出版社2009年版，第36页。

〔3〕 参见林山田：《刑法通论（上）》，台北，兴丰印刷厂2008年版，第46~47页。

〔4〕 参见［日］大谷实：《刑法总论》，黎宏译，中国人民大学出版社2009年版，第102~103页。

〔5〕 参见张明楷：《刑法学》（上），法律出版社2016年版，第227~229页；邓超：《多次加重犯限缩论》，载《中国人民公安大学学报（社会科学版）》2007年第4期。

成立未遂的可能，但是实践中并非所有的未遂行为均能成立未遂犯罪。为遵循作为加重处罚条件的“多次”的“次”以独立承担刑事责任为标准，在判断具体行为是否可以作为“一次”时，应当对未遂行为进行可罚性判断，否则将会不当地扩大作为加重处罚条件的“多次”的成立范围。[1]对未遂行为可罚性判断的必要性，是由我国犯罪概念的实质出罪机能及刑事司法理性所决定的。我国《刑法》第13条规定：“一切危害……的行为，依照法律应当受刑罚处罚的，都是犯罪，但是情节显著轻微危害不大的，不认为是犯罪。”这要求司法机关在解释具体犯罪的构成要件时，应使犯罪构成整体所反映的社会危害性达到应受刑罚处罚的程度。反之，即便一个行为形式上符合构成要件，但是如果应受刑罚处罚程度的社会危害性阙如，那么司法上也应认定为“情节显著轻微危害不大”。与德国、日本的立法模式不同，我国《刑法》分则中并未框定未遂犯罪的成立范围。所以，任何犯罪的未遂行为均可认为符合修正的犯罪构成。但是，行为结果样态的多样性决定了行为的社会危害性能否达到应罚的程度，需要对其进行实质判断。例如，就数额犯而言，行为人可能在着手之后分文未取，也可能获得了一定数额但未达到犯罪成立条件的标准。行为人是否应当负刑事责任还应综合全案的主客观事实进行判断，如此理解也与相关司法解释的精神相契合[2]。当未遂行为没有达到可罚性程度时，理应运用《刑法》第13条但书的规定予以出罪。

综上，作为加重处罚条件的“多次”的“一次”以达到犯罪的可罚性

---

〔1〕未遂行为的概念存在广义说与狭义说。我国通常在狭义的范围内适用未遂行为的概念，即指犯罪未遂处罚范围内的实行行为。广义的未遂行为是指未遂的实行行为，包括可罚的未遂行为与不罚的未遂行为，可罚的未遂行为构成犯罪未遂，不罚的未遂行为通常作出罪化处理。笔者在广义的概念范畴内理解未遂行为。

〔2〕例如，2013年“两高”《关于办理盗窃刑事案件适用法律若干问题的解释》第12条规定：“盗窃未遂，具有下列情形之一的，应当依法追究刑事责任：（一）以数额巨大的财物为盗窃目标的；（二）以珍贵文物为盗窃目标的；（三）其他情节严重的情形的。”有基于此，盗窃未遂行为只有满足“情节严重”的条件才具有可罚性。

程度作为必要条件。笔者认为，未遂行为一律累计或者不累计的观点是片面的，因为“未遂既不是影响犯罪行为社会危害性程度的唯一情节，未遂情节也不是独立地发挥作用的……未遂情节是与全案的其他各种情节一起影响、决定案件的社会危害性程度的”[1]。因此，在决定未遂行为是否应当累计时，不应仅将标准囿于犯罪未完成形态的判断之中，而应当结合全案的主客观因素进行综合考量。

3. “多次”中部分未遂的认定应坚持“面”“点”结合

处理“多次”犯罪中部分行为未遂、部分行为既遂的实践难题，应坚持“面”与“点”相结合的思路。“面”侧重司法机关对部分行为未遂的“多次”施予从宽的可能区间，为可予适用从宽规定的作为加重处罚条件的“多次”划定一个范围；“点”侧重部分行为未遂的作为加重处罚条件的“多次”可予从宽的最高幅度以及所对应的从宽限度。其中，从宽规定适用的“面”是“点”的逻辑前提。

从宽裁量之“面”主要围绕作为加重处罚条件的“多次”中部分行为未遂时能否获得从宽处罚以及可能获得的从宽裁量范围的问题。针对能否适用从宽处罚规定的问题，肯定说主张在裁判中适用从宽处罚规定，这一点是值得肯定的。但正如前述，作为加重处罚条件的“多次”是罪量的构成要件要素，因“多次”本身不能作为得逞与否的裁量标准，多次型法定刑升格条件不存在未完成形态，故而不得因为作为加重处罚条件的“多次”整体未遂而适用总则中未遂的从宽处罚规定。虽然否定说对多次型法定刑升格条件的品质判定与笔者观点具有相通之处，但是因为一味地否定在加重的量刑幅度之内或者之下从轻、减轻处罚，会造成量刑不均衡的极端结果，因而否定说并不可取。限制说在否定说的基础上，一方面，将作为加重处罚条件的“多次”从典型的加重构成中分离出来，否定作为加重

[1] 赵秉志：《犯罪未遂形态研究》，中国人民大学出版社2008年版，第380~381页。

处罚条件的“多次”本身成立犯罪的未完成形态；另一方面，为限制排除适用从宽处罚规定的不当结果，部分（当每次行为均未遂时）肯定《刑法》第23条从宽处罚规定的适用。对此，笔者认为有两点值得商榷：第一，从宽规定的适用根据存在疑问。既然限制说否定了作为加重处罚条件的“多次”未遂形态的成立，那么在作为加重处罚条件的“多次”刑罚裁量中适用未遂的从宽处罚规定不无疑问。第二，从宽规定限制适用之根据缺乏合理性论证。为何仅在所有行为均未遂时才可适用从宽处罚规定？若缺乏对这一问题的合理解释，难免落入一个极端走向另一个极端的桎梏，导致量刑规则的机械化适用。

其实，作为加重处罚条件的“多次”未遂形态否定论与基于未遂行为法益侵害（实害）结果阙如而从宽处罚的观点并非“水火不容”，从宽处罚的根据涵摄于罪刑相适应等原则的实质内涵中。虽然作为加重处罚条件的“多次”是同种数罪法律拟制为一罪的犯罪形态，多次犯罪行为按照一罪处理，但是裹挟在每次犯罪行为之内影响罪刑轻重的事实情节（除未遂形态之外，实践中还存在单次行为存在坦白、从犯、帮助犯、退赃退赔等情形）不应当由于法定裁量规则而被忽视。虽然我国现有的量刑方法对于同种数罪的量刑情节适用存在难题〔1〕，但是仅是方法论之难题，而不否认对未遂行为进行从宽处罚。笔者认为，可以将部分行为未遂的事实作为一个酌定量刑情节，根据量刑原则，参照《刑法》第23条的从宽处罚规定，决定具体的从宽范围与幅度。例如，行为人被判处有期徒刑以上刑罚，刑罚执行完毕或者赦免之后再次犯罪的情形。当满足累犯的法定从重

〔1〕同种数罪既遂、未遂处理方式存在矛盾。虽然各地高级人民法院发布的量刑实施细则在处理数额型同种数罪部分既遂、部分未遂的问题上观点较为统一，但是非数额型同种数罪不能照搬上述经验。《量刑指导意见》在这一问题上采取回避态度，而参照最高人民法院刑事审判第三庭《量刑规范化实务手册》进行处理将颠覆《量刑指导意见》关于“同向相加、逆向相减”的处理原则。参见骆多：《规范化量刑方法构建基础之检讨》，载《法商研究》2016年第6期。

处罚条件时，可按照《刑法》第65条之规定从重处罚；若不满足“五年以内”的期限条件或再次犯罪未能达到可能判处有期徒刑刑罚以上的条件时，虽不能按照累犯之规定予以从重，但是行为人此前犯罪的事实可作为犯罪前科，在新罪中作为酌定量刑情节从重处罚。

从宽裁量之“点”，也即作为加重处罚条件的“多次”中可因未遂行为获得的从宽幅度，包括最高点与最低点，划定从宽之“面”的上限与下限。划定作为加重处罚条件的“多次”中未遂行为的从宽幅度具有特殊性，一方面，与普通的一罪相比，作为加重处罚条件的“多次”中部分犯罪的未遂从宽幅度不表现为单次犯罪视域下可获从宽幅度的直接对应〔1〕；另一方面，作为加重处罚条件的“多次”中未遂行为的从宽裁量同样不得照搬同种数罪的相关裁量规则。因为作为加重处罚条件的“多次”的设置是基于刑事政策的考量，结合特定历史时期的犯罪态势，对基本犯罪“情节严重”“情节特别严重”地细化规定并提高法定刑档次〔2〕。虽然普通同种数罪刑罚裁量方法〔3〕，对作为加重处罚条件的“多次”具有借鉴意义，但是忽略作为加重处罚条件的“多次”加重处罚的刑事政策意义而将普通同种数罪的从宽裁量基准作为参照，同样是不合理的。

确定从宽裁量之“点”需遵循部分至整体的基本思路，处理好单次犯罪从宽裁量之“点”与作为加重处罚条件的“多次”整体从宽裁量之“点”的关系。首先，综合考虑未遂犯罪行为的实行程度、造成损害的大小、犯罪未得逞的原因等情况，合理确定未遂情节对该次犯罪违法量的影

---

〔1〕 例如，行为人实施3次抢劫行为，其中1次犯罪未遂、2次犯罪既遂。如未遂的一次犯罪按照普通一罪进行判断，未遂情节可获减少基准刑20%的从宽处罚幅度，不得将“减少基准刑20%”的幅度直接适用到作为加重处罚条件“多次”的从宽裁量中。

〔2〕 参见邓超：《多次加重犯限缩论》，载《中国人民公安大学学报（社会科学版）》2007年第4期。

〔3〕 虽然关于同种数罪是否并罚的问题存在争议，但是同种数罪一般不予并罚，按一种行为从重处理。参见侯国云：《刑法总论探索》，中国人民公安大学出版社2004年版，第404～405页。

响程度。其次，结合未遂行为违法量减损程度在整体违法量中的占比及刑事政策因素确定从宽裁量的幅度。对于如何确定普通未遂犯的从宽之“点”不存在较大争议，在此不再赘述。对于作为加重处罚条件的“多次”整体可以适用阶梯性的从宽幅度以达到罪刑相当。其中，从宽幅度的上限，即部分或全部行为未遂获得的最高从宽幅度可以突破加重的法定刑档次，在下一法定刑档次内确定起刑点。这是因为，虽然基于犯罪预防之政策目的将多次实施犯罪行为加重处罚，不得随意减轻处罚；但是如前所述，次数仅是违法量的载体，当危险叠加之违法性低于加重处罚条件界值所承载的违法量时，可基于罪刑均衡之考量减轻处罚。具体而言，可以以同一罪名内其余加重处罚条件作为参照系数进行价值衡量。以抢劫罪为例，“多次”的危害程度应当与“入户抢劫”“在公共交通工具上抢劫”“抢劫银行或者其他金融机构”“抢劫致人重伤、死亡”等8项升格条件程度相当，低于这些加重法定刑档次违法量界值的，则减轻处罚。从宽的下限之“点”可无限趋向于零。申言之，倘若犯罪未遂造成的法益侵害（危险）与犯罪既遂可能造成的法益侵害（实害）相当，加之未遂行为违法量在整体违法量占比偏低时，可不予从宽。在从宽之上限与下限之间，可以“未遂行为违法性减损程度”与“未遂行为违法性在整体违法性中的占比”两个变量为基础，综合考虑从宽裁量的具体幅度。

（三）视情况考察入罪或加重处罚“多次”中部分行为未遂的具体认定

如前文所述，视情况考察入罪或者加重处罚的“多次”规定，是我国有关数额、数量处理的一项具有拟制成分的规定。但是，与作为入罪条件“多次”有关规定、作为加重处罚条件“多次”有关规定不同，此类“多次”规定中的“多次”，是数额、数量的承载载体，不具有独立的限定意义，即不存在次数未达到“多次”不予以累计的问题。接下来的问题是，当数次行为中存在部分未遂、部分既遂的情形时，是否同样适用盗窃罪、诈骗罪有关部分行为未遂时的处理规则。

按照“两高”《关于办理诈骗刑事案件具体应用法律若干问题的解释》第6条的规定，以及“两高”《关于办理盗窃刑事案件适用法律若干问题的解释》第12条第2款的规定，多次行为既遂与未遂并存的情形下，采取的是法定刑幅度轻重不同择一重，二者并重则以既遂作为定罪数额处罚的做法。其实，这两则规定的设置逻辑不无问题，可能产生罪刑失衡的判决结果。特别是以未遂数额作为基准和以既遂数额作为基准存在“跳档”的情形时，量刑结果恐会产生较大差异。例如，行为人以诈骗50万元为目标，实际上诈骗获得2万元。按照司法解释的认定标准，诈骗的目标数额达到了“数额巨大”的档次，需在“十年以上有期徒刑或者无期徒刑，并处罚金或者没收财产”这一档进行量刑；而既遂数额仅达到“数额较大”的标准，在“三年以下有期徒刑、拘役或者管制，并处或者单处罚金”这一档法定刑幅度内量刑。倘若按照司法解释的规定予以量刑，会造成量刑的结果失衡。虽然存在未遂行为可以适用《刑法》第23条的从宽处罚规定，但是由于我国对于犯罪未遂采用得减主义，而非必减主义，参照第23条可得从宽的路径虽然存在，仍不能保证量刑结果的均衡。

有基于此，笔者认为，盗窃罪与诈骗罪中部分行为未遂时的处理模式不能作为一项普适性的处理规则。通常而言，我们仍应将行为的犯罪目标作为选取法定刑档次的依据，而未遂行为与既遂行为在多次行为中的比例可以作为重要的量刑考量因素。也即是说，当行为存在部分未遂、部分既遂时，应当以多次行为整体的目标数额作为选择法定刑档次的依据（定罪事实），将未遂数额、既遂数额在整体数额的占比作为重要的参照指标，合理选择未遂从宽条款的从宽力度。这样一来，能够很好地实现罪刑均衡，并且与《刑法》第23条未遂从宽规定的适用精神相契合。

结　语

“多次”作为近年来刑法修正中的“高频词”，彰显出功能主义的立法理念，是根据社会情势变化，维持社会生活基本秩序稳定的应然之举[1]，体现了立法对环境资源、毒品、经济秩序等有关民生福祉与集体安全法益的重点关注。“多次”这一立法现象并非偶然现象，而是我国刑事政策不断演进以及刑法社会治理功能调整的微观体现。在我国，学界关于刑法中“多次”的研究起步较晚，且基本上是对“多次”中的一类或者两类犯罪形态的研究或者在个罪的规范要件解析时涉及“多次”。近年来，“多次”相关规定逐渐受到学界与实务界的重视，对“多次”的教义学解析逐渐增多。同时，随着我国刑法立法进入活跃期，“多次”能否在社会治理中发挥其应有功能以及哪些领域与具体犯罪可以通过设立“多次”实现犯罪预防，这直接关系到人权保障和科学立法目标能否实现。然

---

〔1〕 参见高铭暄、孙道萃：《预防性刑法观及其教义学思考》，载《中国法学》2018年第1期。

而，不仅“多次”立法的设立界限不明确，而且看似明确的“多次”在司法中存在诸多不明确之处，这不仅引发了理论上的困境与争议，而且对立法活动和司法实践造成了不良影响。

笔者围绕刑法中的“多次”这一立法现象的一系列立法问题和实践困惑展开研究。首先，对“多次”的基本内涵进行解读，遵循逻辑分类规则的基本规律，以“多次”在定罪量刑中的作用作为依据，划分为作为入罪条件的“多次”规定、作为加重处罚条件的“多次”规定以及视情况考察入罪或加重处罚的“多次”规定。并从纵向的历史视角和横向的域外视角两个维度对“多次”的相关规定进行考察，从中梳理立法发展规律以及与域外规定的异同。其次，运用系统性思维，从“多次”规定的内部系统、“多次”与刑法其他规定系统以及“多次”与其他部门法律交互关系系统三个维度梳理“多次”的立法与适用问题。在此基础上，剖析导致立法与适用问题的缘由。再次，结合刑法基本原则、刑事政策以及刑罚权合宪性调控等基本原理，明晰“多次”立法设置原则与司法的裁量规则。最后，在立法设置原则与司法裁量引导下，提出完善“多次”立法与适用的路径。

其实，诉诸“多次”等立法规定以谋求对秩序、安全的保护与刑法谦抑性具有一定紧张关系，立法不应忽视对人权的保障。笔者运用具有合宪性调控功能的比例原则为“多次”立法的设立提供了一个一般性的分析框架，但是对具体规定设置适当性、必要性与均衡性的理论证成之路漫漫，还需要结合犯罪学、刑事政策学以及统计学等社会科学进行一体化研究，相关研究亟须进一步推进。当然，任何一种理论都要经过时间的检验，更何况是不够成熟的理论本身还存在大量需要完善与修正的地方。衷心希望笔者的相关观点可以为“多次”规定未来的立法发展与司法完善贡献力量。

后　记

或许是因为暖冬的关系，五教旁边的银杏叶在今年冬天枯萎得晚一些，现在仍黄灿灿的一片，使我还未来得及察觉距离毕业离校的时间越来越近。直到毕业论文答辩顺利通过，毕业聚餐逐渐提上日程，猛地发现读博生涯即将画上一个句点，心里充满不舍。回首二十二年的求学生涯，博士阶段无疑是最为刻骨铭心的一段，以至于如今凌晨1点独坐在书桌前，回想起博士期间的种种经历，能够感受到一股强大的暖流由心涌出，深入骨髓，蔓延至每一根发丝。这离不开在博士期间给予我支持与帮助的严师益友以及我的家人们，谨以此记聊表对你们深深的谢意。

感谢恩师石经海教授。说起恩师石经海教授，“严师慈父”是我心目中对他最为贴切的注脚。恩师以“严”著称，治学严谨，对于工作与学术研究有着近乎苛刻的追求，所以在博士期间从大小论文写作、课题研究到教学助理工作等各个方面，恩师付出极大的心力给予细致认真的指导，是我未来人生道路上的宝贵财富。只是，学生愚钝，恐未能达到恩师心目中的要求，日后一定不忘初心，努力不辜负恩师期望。同时，恩师给予我们“慈父”般的关怀，在职业规划、心态调整方面给予我们莫大的指引。恩师为人耿直、宽容，通过言传身教，在处事、为人方面为我树立标杆。

感谢其他为我传道、授业、解惑的老师们。感谢刑法学科的老师们，梅传强老师、朱建华老师、李永升老师、王利荣老师、陈伟老师、袁林老师、姜敏老师、高维俭老师、陈小彪老师诸位老师们的悉心指导、倾囊相授；感谢校外答辩专家陈忠林老师与孙国祥老师对论文提出的宝贵意见，为论文的进一步完善指引方向。感谢我的硕士生导师吴大华教授，吴老师为人谦和、心胸豁达、见识宽阔，在求学期间敦促我静下心来多读书、善思考，成为一个对社会有用之才。吴老师的教导一直铭记于心。

感谢我的同门吴永辉博士，能够与其成为朋友实属我幸。作为同学眼中的“学霸”，他具有深厚的理论功底与独到的学术眼光，使我在平时的交流中受益良多。同时，永辉博士是一个积极乐观的人，总能使人在他的感染下倍感温暖与开心。感谢同门李阳阳博士，我想，无论什么时候回想起这段读博时光，都不会忘记每天饭后我们一起在毓秀湖边散步的场景，我们聊人生、聊理想、聊论文、聊课题，何其美好。感谢田熹文博士、明朗博士，感谢你们在我遭遇困惑的时候开导我、鼓励我。感谢论文写作期间一直陪伴我的图书馆五楼自习小分队：吴永辉、蔡荣、李阳阳、马梅凤和石莹博士。感谢博士论文修改期间一直陪伴我的图书馆六楼学习小分队：李阳阳、付倩、隋路明博士。感谢吴永辉、田熹文、史丰丽、李洁、蔡荣、霍俊阁、贾银生、赵东、文晓鹏、谷超、付胥宇、裴蕾、李鹏飞、王东海、伍晋、董为博士等2016级刑法博士班的全体同学对我主持班级工作时的鼎力相助。感谢骆多师兄和张永强学长在学习、工作与生活上给予我的帮助。感谢我的同门苏桑妮、周鑫、王桢、林需需等在论文的讨论中提出的宝贵意见，也感谢诸位在平时生活中的诸多照顾。感谢刁雪云、白星星、安军宇博士等全体答辩工作人员在毕业论文答辩活动中给予我的帮助，使得论文答辩顺利进行。

感谢我亲爱的家人在博士期间给予我的关心与照顾。感谢爸爸妈妈对我选择读博的支持与鼓励，也感谢你们对女儿求学艰苦的理解，虽然从家到学校短短十几分钟的路程，却时常数月不回家陪伴你们。感谢美文阿姨、祥金伯父、婆婆、外婆、外公、姑妈、幺爸等亲人们在博士期间给予我无私的爱。读博期间，最疼爱我的爷爷患病离世，弥留之际，仍嘱咐我保重身体，刻苦努力学习，顺利完成学业。我想，爷爷如今可以安心了。

2019 年 12 月 3 日

谨识于西政北苑 A 栋 601 室